Zu diesem Buch

«‹Die Sammlung wird fortgesetzt.› Dies war der Schlußsatz der Vorbemerkung zu dem Band ‹Briefe zur Verteidigung der Republik›, der vor Jahresfrist aus einem düsteren Anlaß veröffentlicht wurde. Nach Erscheinen nahmen sich Herausgeber und Autoren vor, einzelne Fälle, Entwicklungen und Vorfälle zu schildern, die sehr viel dramatischer das Leben einzelner und das Leben in der Republik bestimmen als die öffentliche Schmähung von Schriftstellern.

Einige der in dieser Sammlung behandelten Themen und Fälle sind – ein Zeichen für die größere Aufmerksamkeit der Öffentlichkeit – in den letzten Monaten diskutiert worden. Die Skandale um die Checklisten des Bundesgrenzschutzes, die Bestrafungsaktionen gegen Anti-Atom-Demonstranten, die oft schrille Reaktion auf das ‹Russell-Tribunal› – all das hat bei vielen Bürgern Zweifel an der demokratischen Gerechtigkeit der bundesdeutschen Politik aufkommen lassen, Zweifel, die vor allem ausgelöst wurden durch die Selbstgerechtigkeit bundesdeutscher Politiker.

Es gehört keine Phantasie mehr dazu, sich vorzustellen, was da alles – irgendwo und überall – an Informationen gespeichert und unkontrolliert weitergegeben wird. Die Politiker, die sich mit den Ursachen des Terrorismus auseinandersetzen wollen, sollten sich klar darüber sein, daß im Gefolge des Radikalenerlasses Gruppen, Kreise, ganze Szenen von ‹Unberührbaren› in unserer Gesellschaft geschaffen werden, von denen niemand weiß, wie und wohin sie einmal ‹ausschlagen› könnten.

Es gibt Anzeichen für einen Stimmungswandel; immer mehr und keineswegs nur ‹linke› Politiker, Publizisten, Kommentatoren beginnen, die Folgen des Radikalenerlasses für bedenklich, ja für verhängnisvoll zu halten.

Es wäre bedauerlich, wenn es nur beim Stimmungswandel bliebe und nicht auch zu einem Wandel in der Praxis käme. Dieses Taschenbuch ist – wie schon das erste – nicht auf Klage und Anklage gestimmt, es ist ein Gesprächsangebot und der Versuch, die Konfrontation nicht zu verstärken, sondern abzubauen.»

Freimut Duve/Heinrich Böll/
Klaus Staeck (Hg.)

Briefe zur Verteidigung der bürgerlichen Freiheit

Nachträge 1978

rororo

Rowohlt

rororo aktuell – Herausgegeben von Freimut Duve

Originalausgabe

Veröffentlicht im Rowohlt Taschenbuch Verlag GmbH,
Reinbek bei Hamburg, Oktober 1978

Umschlagentwurf Werner Rebhuhn
Satz Times (Linotron 505 C)
Gesamtherstellung Clausen & Bosse, Leck/Schleswig
Printed in Germany
580-ISBN 3 499 14353 4

Inhaltsverzeichnis

IV. Ein furchtbarer Jurist

V. Sommer 1978: Zwei Warnungen

Vorbemerkung der Herausgeber

«Die Sammlung wird fortgesetzt.» Dies war der Schlußsatz unserer Vorbemerkung zu dem Band ‹*Briefe zur Verteidigung der Republik*›, den wir vor Jahresfrist aus einem düsteren Anlaß veröffentlichten. Nach Erscheinen nahmen wir uns vor, uns um einzelne Fälle, Entwicklungen und Vorfälle zu kümmern, die sehr viel dramatischer das Leben einzelner und das Leben in der Republik bestimmen als die öffentliche Schmähung von Schriftstellern.

Die in dieser Sammlung behandelten Themen und Fälle sind – ein Zeichen für die größere Aufmerksamkeit der Öffentlichkeit – zum Teil in den letzten Monaten diskutiert worden. Die Skandale um die Checklisten des Bundesgrenzschutzes, die Bestrafungsaktionen gegen Anti-Atom-Demonstranten, die oft schrille Reaktion auf das «Russell-Tribunal» – all das hat bei vielen Bürgern Zweifel an der demokratischen Gerechtigkeit der bundesdeutschen Politik aufkommen lassen, Zweifel, die vor allem ausgelöst wurden durch die Selbstgerechtigkeit bundesdeutscher Politiker.

Es gibt Anzeichen für einen Stimmungswandel, immer mehr und keineswegs nur «linke» Politiker, Publizisten, Kommentatoren beginnen, die Folgen des Radikalenerlasses für bedenklich, ja für verhängnisvoll zu halten; es wäre bedauerlich, wenn es nur beim Stimmungswandel und nicht auch zu einem Wandel in der Praxis käme; dieses Taschenbuch ist – wie das erste – nicht auf Klage und Anklage gestimmt, es ist ein Gesprächsangebot und der Versuch, die Konfrontation nicht zu verstärken, sondern abzubauen. Auch der Brief von Rolf Hochhuth an Helmut Kohl, den wir in unsere Sammlung ungekürzt aufnehmen, enthält ja ein Gesprächsangebot.

Am Stimmungswandel ist die Diskussion um das Russell-Tribunal nicht unbeteiligt. Gewiß, das «Tribunal» hat einen schwerwiegenden Fehler gemacht: Es hatte den falschen Namen und die falsche Bezeichnung. Aber die bundesdeutsche Öffentlichkeit hat es sich – von wenigen Ausnahmen abgesehen – zu leichtgemacht, indem sie die behandelte Problematik am Titel des «Tribunals» scheitern ließ; gekränkt wies sie – mit Recht – den Vergleich zurück, der sich mit der Reihenfolge Vietnam–Chile–Bundesrepublik anbot, und versteckte hinter ihrer Gekränktheit die behandelte Problematik, die ernst genug ist, um weiter behandelt zu werden. Die Verdrängung scheint wieder einmal zu funktionieren.

Es wäre bedauerlich, wenn sie weiterhin funktionieren würde. Die Öffentlichkeit sollte ihre Gekränktheit über den Titel des Tribunals rasch vergessen und sich den Gegenständen zuwenden, die das Tribunal behandelt hat.

Es war verdienstvoll, sie aufzugreifen. Sie werden uns noch lange beschäftigen. Die «prominenten» Fälle – wir nennen nur die Namen Niess, Roth, Häberle – sind bezeichnend genug: von weniger bekannten Fällen sollen in diesem Buch einige behandelt werden. Die Landesregierungen sollten sich überlegen, ob sie über das Beamtenrecht und Beamtengesetz hinaus weiterhin im unklaren Feld von «Erlassen» schwimmen wollen, deren Auslegung Ermittlungen notwendig machen, die jeden von vornherein zum Verdächtigen machen und in vielen Fällen weit über das hinausgehen, was bei Strafprozessen üblich ist. Welches Ausmaß an Bürokratie sich als Folge des Radikalenerlasses breitgemacht hat in einem rechtlich undefinierten Bereich, könnte durchaus Gegenstand eines Kongresses werden.

Es gehört keine Phantasie mehr dazu, sich vorzustellen, was da alles – irgendwo und überall – an Informationen gespeichert, unkontrolliert weitergegeben wird. Die Politiker, die sich mit den Ursachen des Terrorismus auseinandersetzen wollen, sollten sich klar darüber sein, daß im Gefolge des Radikalenerlasses Gruppen, Kreise, ganze Szenen von «Unberührbaren» in unserer Gesellschaft geschaffen werden, von denen niemand weiß, wie und wohin sie einmal «ausschlagen» könnten.

Ein Großteil der Autoren des ersten Briefbandes ist auch in diesem wieder versammelt. Einige sind nicht mehr dabei, andere sind hinzugekommen. Von den uns spontan zugesandten Briefen haben wir zwei mit aufgenommen, die von Kristina Bonhage und Ilse Kreuter-Braun.

15. August 1978

Freimut Duve
Heinrich Böll
Klaus Staeck

I. Die Verteidigung des einzelnen

Heinrich Böll

«Der Fall von Frau Herberg ist nur ein Fall, es gibt deren Tausende»

An den Herrn
Kultusminister des Landes Nordrhein-Westfalen

Juni 78

Sehr geehrter Herr Girgensohn,

als wir, die Herausgeber von ‹*Briefe zur Verteidigung der Republik*›, eine Fortsetzung mit dem Titel ‹*Briefe zur Verteidigung der Bürger*› planten, standen uns Fälle, die wir hätten vortragen können, ausreichend zur Verfügung. Prominente – wie Roth, Niess, Gingold, Häberle, Offergeld –, weniger Prominente, die inzwischen zum bundesdeutschen Alltag gehören. Daß nicht einmal Prominenz, die in diesem Fall gleichbedeutend mit Öffentlichkeit ist, den Betroffenen nützt oder genützt hat, macht das Problem nicht weniger trostlos. Was aber geschieht mit denen, die nicht einmal den – wenn auch geringen – Trost der Prominenz haben? Was geschieht überhaupt mit den Betroffenen, gesellschaftlich, politisch, wirtschaftlich? Die Sorgen, die inzwischen einige SPD-Politiker über die Folgen des sogenannten Ministerpräsidentenbeschlusses äußern, bieten wenig Trost, bieten nicht die geringste Hoffnung, denn es dauert lange, wenn nicht ewig, bevor sich diese höheren Einsichten nicht nur auf allen bürokratischen Ebenen durchsetzen, es dauert einige Ewigkeiten, bevor die Stimmung bereinigt ist, die immer mehr Verdächtige und Verdächtigte schafft, die angesichts der Arbeitslosigkeit leicht auszuschalten, abzulehnen sind; denen man dann nicht mehr Anhörungen, Prüfung ihrer Vita, Beschnüffelung ihrer Gesinnung zuzumuten braucht, die man einfach als «nicht qualifiziert» ablehnen kann; es braucht dann gar keine politische Benotung mehr stattzufinden – man braucht weder den Ministerpräsidentenbeschluß zu bemühen noch irgendwelche beamtenrechtlichen Vorschriften, man braucht dem Betroffenen nur bei irgendeiner Visitation eine 5 zu geben, mobilisiert ein paar Eltern, Schüler oder Kollegen – dann kann man getrost behaupten, der Ministerpräsidentenbeschluß sei gar nicht zur Anwendung gekommen, es handle sich schlicht um eine berufliche Qualifikation. Das ist offenbar der «neue Weg», eine verheerende Straße der Lähmung, Resignation, Depression, Ausweglosigkeit. Was denken sich Politiker, wenn ihnen die Folgen von Beschlüssen, Gesetzen, Vorschriften, an denen sie selbst mitgewirkt haben, außer Kontrolle geraten? Wenn da «irgendwo und irgendwie» Verdächtigungen, Verleumdungen selbständig und selbsttätig werden, in einem Beruf, dem des Lehrers, in dem es inzwischen wahrlich Auswahl genug gibt?

Auf der Suche nach einem Fall, den ich Ihnen vortragen könnte, geriet ich auf den von Frau Regina Herberg, die sich nicht einmal selbst an mich gewandt hat; einer ihrer ehemaligen Schüler steckte mir nach einer öffentlichen Veranstaltung, die nichts mit «Berufsverboten» zu tun hatte, einige Blätter einer Dokumentation zu, die mich betroffen machte, weil ich selbst Anlaß zu erneuten Schwierigkeiten von Frau Herberg gewesen war, die inzwischen endgültig «aussortiert» worden ist. Vor etwas mehr als einem Jahr nämlich habe ich die Kühnheit (oder Frechheit) besessen, mich über ein Gerichtsurteil, das mir kritikwürdig erschien, öffentlich auszulassen. Ich habe das Urteil sorgfältig gelesen, analysiert und im *stern* eine Kolumne darüber veröffentlicht. Es handelte sich – Gott sei's geklagt – um ein Urteil gegen KPD-Mitglieder, die sich – drei bis fünf Minuten lang, wie im Urteil nachzulesen ist – mit NPD-Demonstranten in einem Kölner Vorort «handgreiflich» auseinandergesetzt haben oder haben sollten. Worin diese «Handgreiflichkeit» bestanden hat – ist zu lächerlich, als daß ich darüber referieren möchte. Ich kann hier nicht erneut über dieses Urteil referieren; was wichtig ist: mein Artikel hatte Folgen, nicht für mich (es wurde ein Ermittlungsverfahren gegen mich eröffnet, inzwischen aber eingestellt) – es hatte Folgen für einige, die sich – mit Recht und mit meiner Erlaubnis – dieses Urteils bedienten. Was dieser Artikel für Frau Herberg für Folgen gehabt hat, entnehmen Sie bitte ihrem eigenen Bericht, den ich Ihnen hiermit zur Kenntnis bringe.

Eine Frage werden Sie, der Kultusminister des Bundeslandes, dessen Bürger ich bin, mir vielleicht gestatten: soll ich meine publizistische Tätigkeit einstellen, einschränken, wenn sie letzten Endes – ohne daß *mir* etwas passiert – zum Anlaß für die Entlassung oder mindestens Nichteinstellung einer jungen Lehrerin wird? Ein Autor weiß nicht immer, was er mit einem Artikel anrichtet. In diesem Fall habe ich es erfahren, nicht nur, was Frau Herberg betrifft, auch andere, die sich meines Artikels bedient haben. Ja, erschrecken Sie nicht, es waren und sind Kommunisten darunter, auch «Kommunisten». Was soll ich tun? Soll ich Ihnen meine Schreibmaschine zur Verfügung stellen, oder mich ganz auf *fiction* verlegen oder zurückziehen? Warum greift man nicht mich an (oder auf), sondern andere, die sich mit Recht meines Artikels bedienen?

Der Fall von Frau Herberg ist nur ein Fall, es gibt inzwischen deren fast tausend.

Mit freundlichen Grüßen
Ihr
Heinrich Böll

P. S.: Ich hätte nichts dagegen einzuwenden, wenn Sie und Ihre Beamten sich auch Gedanken darüber machen würden, was aus Dr. Bellinghausen werden, wo er arbeiten, wovon er leben soll; was wird aus einem Menschen, dessen juristisch nachgewiesene Schuld – siehe Urteil und meinen Artikel darüber – als lächerlich bezeichnet werden kann; der, von Schülern zu einer Diskussion über seinen Fall eingeladen, die Entlassung oder Nichteinstellung der Klassenlehrerin bewirkt? Wieviel Aussätzige, wieviel Unberührbare will sich unsere Gesellschaft noch leisten und wer wird sich wundern, wenn aus dieser Heerschar von «Abgewiesenen» letzten Endes «Asoziale» werden?

Ihr
H. B.

Der Bericht von Frau Herberg

Als ich im Herbst 1972 in Bremerhaven meine Referendarausbildung begann (in den Fächern Deutsch und Russisch), waren die Hessischen Rahmenrichtlinien noch nicht eingestampft. Man sagte noch lieber Dienstauffassung statt Verfassungstreue, wenn man unerwünschte Bewerber beurteilte. Der Sieg in Vietnam war noch nicht endgültig erkämpft, und elf- bis zwölfjährige Schüler überraschten im Gemeinschaftskundeunterricht durch die präzise Kenntnis der Etappen der kolonialen Unterdrückung dieses Landes, und sie brachten diese Kenntnis aus dem Elternhaus mit.

Als ich 1974 meine Ausbildung beendete, war ich dort im Gymnasialbereich die erste, die nicht in den Schuldienst übernommen wurde. Offiziell hatte man keinen Bedarf. Tatsächlich aber hatten Nachfragen beim Schulleiter die entscheidenden Bewerbungsunterlagen gebildet, von deren Existenz und Zustandekommen man nicht unterrichtet wird. Der Schulleiter war die Anlaufstelle für Beschwerden jener Eltern, die auf die Elternabende eine Liste der Schüler mitbringen, die die Klasse verlassen sollen, weil sie angeblich das Niveau senken; die gegen die guten Noten der anderen Kinder Einwände erheben, weil die der eigenen durch sie entwertet werden, die hinter Gruppenunterricht und Schülergespräch das Gespenst linker Gleichmacherei wittern, für den Gemeinschaftskundeunterricht auf den offiziell vorgeschlagenen Themenkreis Jugendherbergswerk, Tierschutz und ähnliches verpflichten wollten und dafür auf den Elternabenden ihre Lacher ernteten.

Auffällig war ich durch die enge Zusammenarbeit mit der Klassenlehrerin der von mir in Deutsch betreuten fünften Klasse geworden, die sich Feinde machte, weil sie die Kinder aus eigener Einsicht zu richtigen Entscheidungen für fähig hielt. Dieser Erziehungsstil erntete zwar im Seminar, wo man die Lehrerrolle kritisch hinterfragte, in der Theorie Anerkennung, aber das Augenmaß für das politisch Tragbare traute man denn doch eher dem Direktor zu, wenn der auch nur nach dem urteilte, was an sein Ohr gedrungen war.

Der Ausschuß junger Lehrer und Erzieher (AjLE) in der GEW, der damals als Basisgruppe noch nicht aufgelöst war, und die Referendare solidarisierten sich in Offenen Briefen mit mir. Danach erhielt ich auch aus Bremen Stadt die lakonische Ablehnung: es sei nicht beabsichtigt, mich zu übernehmen.

In meiner ehemaligen Schule wurde mir verboten, zu Schülern weiter Kontakt zu pflegen, und ich konnte eine freiwillige Laienspielgruppe auch deshalb nicht fortführen.

Eineinhalb Monate später hatte ich auf persönliche Bewerbung beim Direktor an einem benachbarten Gymnasium, dessen Einzugsbereich und Zuständigkeiten in Niedersachsen lagen, eine volle Stelle gefunden. Ich unterrichtete noch keine zwei Monate, als ein ehemaliger Kollege als Elternsprecher sich selbst den Auftrag gab, mich auf höherer Ebene anzuschwärzen: er kenne mich (als Chemie- und Biologielehrer!) aus dem Ausbildungsunterricht an meiner ersten Arbeitsstelle; obgleich ich wegen unentwegter Klassenkampfparolen entlassen (!) worden sei, hielte ich, offensichtlich unbelehrbar, Kurs in diesem Fahrwasser etc. Übrigens gewährte mir der Schulleiter Einblick in dieses Schreiben, was in meiner Laufbahn einmalig geblieben ist. Ich wurde von den anderen Eltern über das Intrigenspiel informiert. Sie wählten sich eine neue Elternvertretung. Der Schulleiter bekräftigte, daß er aus zwei Unterrichtsbesuchen einen positiven Eindruck gewonnen habe. Keinen Monat später forderte er unter Bezug auf diesen Brief meines Kollegen meine Kündigung beim Regierungspräsidenten an.

Im Herbst wollte in einer benachbarten Bremischen Schule der Schulsprecher einen Aushang zum Jahrestag des faschistischen Putsches in Chile anbringen. Sein Schulleiter hinderte ihn daran, ließ ihn durch Polizei abführen und erteilte ihm vorläufig Hausverbot. Rückendeckung gegen den Proteststurm gab ihm der Vorstand der GEW, durch einen Schulleiterkollegen besetzt, in der öffentlichen Presse. In einer internen Sitzung des AjLE in der GEW legte ich eine Resolution zur Abstimmung vor, die eine scharfe Verurteilung des Vorgehens von Schulleitung und GEW-Vorstand enthielt. Statt meines Antrags wurde eine entschärfte Fassung angenommen. Der GEW-Vorstand reagierte auf den abgelehnten Antrag mit einem Ausschlußantrag wegen gewerkschaftsschädigenden Verhaltens gegen mich. Auf Mitgliederversammlungen fiel er wegen satzungswidrigen Vorgehens und als Ausschlußantrag durch. Über Ausschlüsse konnten damals noch die Mitglieder entscheiden.

Neben einem Bericht im regionalen Fernsehen des III. Programms gingen die lokale Presse sowie die der Gewerkschaften darauf ein und überboten sich gegenseitig in falschen Angaben über meine angebliche Mitgliedschaft bei KB, KBW, KPD/ML. Es wurde nicht versäumt, darauf hinzuweisen, daß man in diesen Reihen den Terrorismus der IRA unterstütze. Die Abstimmungsniederlage des Vorstands wurde auf den Aktionismus einer «Sperrminorität» zurückgeführt.

All dies wurde Bestandteil meiner Personalakte und von der Schulbehörde auch an den für die polizeiliche Überwachung zuständigen Regierungspräsidenten weitergeleitet. Ich habe mich von den K-Gruppen nie distanziert und werde es auch nicht tun, weil ich damit denen entscheidend vorarbeiten würde, die die demokratischen Rechte vernichten wollen. Die einzige Garantie für demokratische Verhältnisse liegt in dem uneingeschränkten aktiven Gebrauch aller demokratischen Rechte einschließlich Selbstbestimmungsrecht, und ich arbeite mit allen zusammen, die dafür in beiden deutschen Staaten eintreten.

Einige Wochen später teilte mir das Jugendamt mit, daß mein seit ca. einem Jahr in Bearbeitung befindlicher Antrag, ein Pflegekind aufnehmen zu dürfen, «nach Würdigung der Gesamtpersönlichkeit» abgelehnt werde. Im November erhielt ich den Unterrichtsbesuch des Oberschulrats in einer Grammatikstunde, der sich mit Bezug auf die große Schülerbeteiligung zufrieden äußerte. Anfang des Jahres drängte der Schulleiter den Regierungspräsidenten, die Kündigung zu beschleunigen. Er sei bereits von Eltern darauf angesprochen worden. Daß diese Eltern ihn angesprochen hatten, weil sie eine Kündigung nicht wünschten, um so weniger, als bereits elf Stunden wöchentlich wegen Lehrermangel entfielen, wurde verschwiegen. Weitere Gründe wurden beigefügt wie, daß es vermutlich auf mich zurückginge, daß in der Schule von der Kündigung gesprochen würde. Kurz darauf datierte das Gutachten des Dezernenten über den Unterrichtsbesuch, das später als ein Kündigungsgrund angeführt wurde und auf mangelhaft lautete. Als die Kündigung kam, ging ich vors Arbeitsgericht.

Nach den Sommerferien wurde ich zum Dienstantritt aufgefordert, erhielt aber keine Unterrichtsmöglichkeit. Das Arbeitsgericht entschied für mich, und Ende des Jahres 1975 wurde ich versetzt. Ich mußte dieses Arbeitsverhältnis dann selbst aufgeben, weil in meiner Schwangerschaft Komplikationen auftraten und ich zu meinem Mann nach Köln ziehen wollte.

Auf eine zwischenzeitliche Bewerbung in Düsseldorf hatte man mir mitgeteilt: nach Einsicht in die Personalakte sehen wir von einer Übernahme ab.

Als unser Sohn ein halbes Jahr alt war, erhielt ich wiederum auf direkte Bewerbung im laufenden Schuljahr bei einem Schulleiter in Köln einen Lehrauftrag über elf Stunden pro Woche. Bis zu elf Stunden Tätigkeit wird man stundenweise, ab zwölf Stunden nach BAT bezahlt. Wenngleich Konferenzen und Vertretungsstunden praktisch doch zu einer längeren Arbeitszeit führen, so erhält man im Ergebnis dafür 600 DM netto, also weniger als die Hälfte wie ein beamteter Kollege für die gleiche Arbeit. Dieser Status ist in der Regel Kollegen, Eltern und Schülern nicht bekannt, allenfalls sickert die Bezeichnung «Vertragslehrer» durch und führt oft zu dem Trugschluß, man habe keine ausreichende Qualifikation. Zu dieser Arbeitssituation gehört es, daß man den Unterrichtsauftrag in Klassen bekommt, die als «schwierig» gelten und so geworden sind, weil sie innerhalb ihrer vier Gymnasialjahre den siebten Deutschlehrer haben.

Im Februar 1977 trat ich diese Stelle an. Zu diesem Zeitpunkt gab es in Nordrhein-Westfalen das Schulmitwirkungsgesetz noch nicht, nach dem das Grundrecht der Freiheit von Forschung und Lehre in der öffentlichen Schule – wie in Kaserne und Strafvollzug – außer Kraft gesetzt und der Elternschaft als Schulmitwirkungsgremium untersagt wird, zu allgemeinen schulpolitischen Fragen Stellung zu nehmen. Dennoch waren die Bedingungen für pädagogische Arbeit kaum noch gegeben. Eine achte Klasse erhielt zum Thema «Auswirkungen der Französischen Revolution auf Deutschland» einen Auszug aus dem ersten Akt des ‹*Wilhelm Tell*› vorgelegt, aus dem die Knechtung der Schweizer durch Feudalismus und Fremdherrschaft, der Haß gegen Geßler und die Sympathie für Tell – und, wie ich meine, doch auch die Begeisterung der deutschen Klassik für das Ideal freier und gleicher Menschen – eindeutig hervorgingen. Auf einem Arbeitsbogen war unter anderem anzugeben, wer beim Volk «Achtung» genießt und auf Grund welcher Eigenschaften. Die ca. vierzehnjährigen Gymnasiasten antworteten nahezu durchgängig mit: Geßler, adlig, reich, gewalttätig.

Der von ihnen täglich erfahrene Zusammenhang von Repression und expandierendem Machtpotential ist so selbstverständliches Gesetz unseres gesellschaftlichen Lebens, daß sie nicht imstande waren, den Text zu lesen, sich etwas anderes vorzustellen, wahrzunehmen. Es sind diese Gymnasiasten, die Mitschüler auslachen, wenn sie bei der Konfirmation 300 und nicht 3000 DM geschenkt bekommen haben.

Die Lern- und Verhaltensbarrieren, die man gewünscht hat, sind da. Sie kommen an einem anderen Vorfall deutlich zutage: etwa zur gleichen Zeit wurde auf dem Schulfest vom Schulleiter ein «sozialistischer Büchertisch» verboten – der übrigens überwiegend ein soziologischer Büchertisch war. Intervenierenden

Kollegen sprach der Direktor das Recht ab, von ihm eine Begründung zu verlangen. Eine SMV-Sitzung behandelte die Angelegenheit. Schüler der Unter- und Mittelstufe meldeten sich zu Wort: wenn es sozialistische Bücher gewesen seien, so fänden sie es richtig, daß Herr K. den Tisch verboten habe.

Wie kommen diese Schüler dazu, fundierte geistige, teils wissenschaftliche Beiträge der tradierten und gegenwärtigen Literatur mit dem Etikett «sozialistische» Literatur als indiskutabel abstempeln zu wollen – wobei sie selbstverständlich gar nicht wissen, worüber sie urteilen? Sie gehen dabei von der Tatsache oder dem Indiz eines bei ihnen üblicherweise nicht gepflegten kritischen Sprachgebrauchs aus. Und allein die Tatsache, daß dieser, nach dem unentwickelten Stand ihrer Loslösung vom Elternhaus, als fremd empfunden wird, reicht aus, ihn zu verurteilen. Hinzu kommt das vorgelebte, ja aufgezwungene Verhaltensmuster der Repression gegen Andersdenkende, deren Meinung ja nicht nur einfach unterdrückt wird, sondern denen man möglichst noch abverlangt, sich zu einer Meinung, möglichst gar Weltanschauung zu bekennen, die sie nicht teilen. Die Schüler erfahren nicht mehr, wie man sich mit anderen Weltanschauungen auseinandersetzt und sie als gleichberechtigt anerkennt. In einer entwicklungsbedingten Phase der Ichschwäche kompensieren sie ihre Unfähigkeit mit Aggression gegenüber Andersdenkenden. Und bei welchem Schulleiter kann man damit rechnen, daß er überzeugt eintritt für den Anspruch unseres Staates, daß Menschen jeder Weltanschauung hier gleichberechtigt miteinander leben können? Hätte er nicht seine Erlasse etc., die anderes besagen, so wäre da noch das Demokratieverständnis des Bundeskanzlers:

«Wer mit seinen extremistischen Ansichten im demokratischen, im rechtsstaatlichen Willensbildungsprozeß in der Minderheit geblieben ist, der hat keinerlei Widerstandsrecht.»

Kinder und Schüler erleben außer den übrigen gesellschaftlichen Abhängigkeiten besonders die von Verhaltensmustern. In der elften bis dreizehnten Jahrgangsstufe haben wir Achtzehn- bis Einundzwanzigjährige vor uns. Unter ihnen gibt es viele, die es ablehnen, sich mit einer als «links» eingestuften Mitschülerin zu unterhalten, aus Angst, sie könnten beeinflußt werden. Das Ressentiment geht bis zur Feindseligkeit, wo sie herausgefordert werden, unbequemen Tatsachen ins Auge zu blicken, und sei es denen der Vergangenheit. Daß sie sich distanzieren sollen, haben ja schon die Elfjährigen gelernt. Daß sie sich mit den Existenzproblemen ihrer Zeitgenossen nicht zu befassen brauchen, darin werden sie ständig bestärkt. Ich habe dies auf einer Konferenz zur Sprache gebracht und darin die Anerkennung nicht weniger Kollegen gefunden.

Es ist üblich, in den letzten Stunden nach der Zeugniskonferenz auf Schülerwünsche besonders einzugehen. An mich traten die Schüler heran mit der Bitte um eine Verfügungsstunde, die sie selbständig planen wollten. In diese Stunde baten sie Herrn Dr. phil. Bellinghausen als Gast, der als Lehrer tätig war, bevor ihn das Landgericht Köln unter dem Vorsitz von Viktor de Somesboy zu sieben Monaten Gefängnis ohne Bewährung verurteilt hatte: weil er anwesend war, als es bei einer Gegenkundgebung gegen einen Aufmarsch der NPD in Köln-Nippes zu einem Handgemenge kam und seine marxistische Weltanschauung dem Richter den Tatbestand der Körperverletzung nahelegte.

Die Schüler hatten sich außerschulisch dafür eingesetzt, daß der Fall bekannt wurde, und Unterschriften gesammelt. In der Schule hängten sie am Haupteingang eine Wandzeitung zu dem Fall auf und verteilten Flugblätter, auf denen der *stern*-Artikel von Heinrich Böll abgedruckt war.

Zu dieser Verfügungsstunde kamen über dreißig Schüler, unter ihnen viele aus anderen Kursen, die ich nicht kannte, und ein Kollege. Sie hatten durch die Wandzeitung Interesse an einer Diskussion gefunden und baten mich, teilnehmen zu dürfen. Damit alle über die öffentliche Diskussion im wichtigsten Bescheid wußten, haben sie zunächst den Abdruck des Artikels von Böll gelesen. Herr Dr. Bellinghausen berichtete und beantwortete als Augenzeuge Fragen über den Verlauf der Demonstration der NPD und über die Gegenkundgebung. Die Diskussion sollte sich nach der Planung der Schüler mit dem Urteil befassen und untersuchen, ob die Ermittlung, Urteilsfindung und Urteilsbegründung dem Rechtsempfinden von Demokraten standhalten kann. Die Diskussion wurde von Schülern geleitet und auch ohne mich fortgesetzt, als die offizielle Unterrichtszeit wegen der Zensurenkonferenz vorzeitig zu Ende war. Den Teilnehmern lag ein mehr als zwanzig Seiten umfassender Auszug aus dem Urteil des Landgerichts vor.

Zu Beginn entwickelte sich die Diskussion im Sinne der Fragestellung, und es müssen nach meinen späteren Nachfragen Jugendliche unterschiedlichen politischen Standpunkts, auch aus den Reihen der Schüler- bzw. Jungen Union, gewesen sein, die in der Reaktion auf das Urteil der Argumentation von Böll folgten. Dabei wurde hauptsächlich aufgegriffen: daß erschwerend für den Angeklagten galt, daß ihm schon einmal vor Gericht nichts nachgewiesen werden konnte; die Konstruktion der «psychischen Mittäterschaft»; das Bekenntnis «das ist doch einer von uns», mit dem ein Ordnungshüter intervenierte, als man am «Tatort» auch einen Neofaschisten zur Rechenschaft ziehen wollte. Zwar fiel in diesem Teil der Diskussion schon die rücksichtslose Gegnerschaft des kursfremden Schülers L. (Funktionsträger bei der Jungen Union) auf, der die NPD-Demonstranten als Idealisten, ihren Aufmarsch als rechsstaatlich ordnungsgemäß, dagegen die Gegenkundgebung als unrechtmäßig bezeichnete, und der mehrfach die Diskussionsregeln mißachtete und anderen das Wort abschnitt. Er blieb aber noch isoliert, und solange ich anwesend war, konnte ich die anderen Schüler auch dabei unterstützen, einen demokratischen Diskussionsstil durchzusetzen und ihrem antifaschistisch-demokratischen Anspruch auch seine historische Legitimation zu verleihen. Es gelang auch zunächst, die Diskussion auf die Fragwürdigkeit des Urteils zurückzubringen, während L. ständig versuchte, die Beteiligung von Kommunisten an der Gegenkundgebung zum inkriminierenden Tatbestand zu machen. Direkten Aufforderungen, zu den Konstruktionen des Urteils Stellung zu nehmen, wich er, für alle deutlich, aus.

Es ist ihm dann aber gelungen, mehr und mehr die Schüler ohne entwickelten politischen Standpunkt zu verunsichern, indem er auf der Rechtmäßigkeit des Aufmarsches der NPD bestand, die nur Gebrauch vom verfassungsmäßig garantierten Demonstrationsrecht gemacht hätte. Demgegenüber setzte er die Gegenkundgebung ins Unrecht und konnte dabei gehörig ausnutzen, daß Kommunisten in diesem Staate nicht selbstverständlich demokratische Rechte für sich beanspruchen können. Schließlich sei Herr Dr. Bellinghausen ja Kommunist.

War zu Beginn der Diskussion die allgemeine Stimmung erwartungsvoll, so verließen mehr und mehr Schüler den Raum und machte sich unter den Bleibenden Ablehnung und Angst bemerkbar, als auf einmal die Stellung jedes einzelnen zu «den Kommunisten» thematisiert war.

Dieser demagogische Begründungszusammenhang, der tagtäglich über Medien und Schulbücher, vor allem aber durch die vorgelebte Praxis eingeübt wird, ist so wirksam, daß er von L. nur beschworen werden mußte. Worauf hätten sich demgegenüber die demokratisch engagierten Schüler stützen können? Die Fragwürdigkeit des Urteils zu thematisieren und diese Fragestellung beizubehalten und durchzusetzen, konnte ihnen nicht gelingen. Was hätten sie an Vorverständnis und Problembewußtsein voraussetzen können?

Auch die Problematisierung des Urteils geschieht in einem Begründungszusammenhang. Er nährt sich aus jahrhundertelangen Kämpfen gegen politische und soziale Unterdrückung und gründet sich auf das Bewußtsein dieser Tradition. Was davon vermitteln wir unseren Kindern, wenn nationale Befreiungskämpfe als terroristische Gewaltaktionen diffamiert werden, wenn das Verbot von Büchertischen Bücherverbrennungen zu rechtfertigen scheint, wenn Machtinteresse und Staatsräson zum Maßstab des Handelns und gegen Erkenntnisinteresse und das Recht des einzelnen ausgespielt werden?

Die Diskussionsstunde hatte ein Nachspiel:

Am 13. Juli, fast eine Woche nach Beginn der Sommerferien, setzte der Schulleiter ein Schreiben an mich auf, in dem er mir mitteilte, daß von Schülern «die Unterrichtsveranstaltung als Versuch einer in eine bestimmte Richtung laufenden Beeinflussung empfunden» wurde, «die durch wertende Begriffe wie ‹Gummigesetze› oder ‹Gesinnungsurteil› gekennzeichnet war». (Der in der ersten Stunde der Diskussion anwesende Kollege hatte mir anschließend bestätigt, daß sie von ihm von großem Interesse und einschließlich des Berichts von Herrn Dr. Bellinghausen objektiv gewesen sei.) Er «halte es für nötig», oben «über den Vorfall Bericht zu erstatten». Ich sollte bis zum 20. Juli einen Stundenbericht mit Kontext (Thema, Lernziele, Lernzielkontrolle) vorlegen, der im Falle rechtzeitigen Eintreffens mit seinem Bericht abgeschickt würde.

Ich habe unter anderem geantwortet:

«Sie halten es offenbar für ‹anzeigepflichtig›, wenn im Unterricht über ein Urteil am Kölner Landgericht diskutiert wird und wenn ein von diesem Urteil Betroffener in den Unterricht eingeladen wird.

Bedauerlicherweise liefern Sie für diese merkwürdige Auffassung keine Begründung.

Schließlich halten Sie es für einen anzeigepflichtigen ‹Vorfall›, wenn, wie Sie sich ausdrücken, ‹wertende Begriffe› im Unterricht – von welcher Seite auch immer – fallen, womit Sie wohl einen verdächtigen Sprachgebrauch meinen, der eine kritische und urteilende Haltung gegenüber den öffentlich interessierenden Angelegenheiten in diesem Staat reflektiert. Auch hier setzen Sie leider voraus, daß Ihnen jeder Mitbürger folgen kann. Wie nun, wenn es gemäß dem Anspruch dieses Staates, wonach hier Menschen unterschiedlicher Meinung oder gar Weltanschauung miteinander gleichberechtigt leben können, tatsächlich Mitbürger gibt, die sich in solchen Fragen den besseren Kulturtraditionen dieser Nation verpflichtet fühlen, nicht nur anderer Meinung sind als Sie, sondern unter Umständen sogar anderer Weltanschauung? Möglicherweise einer Weltanschauung, die nicht den materiellen Wohlstand zum Prüfstein für die Verdienste einer Nation macht, sondern Wahrheitsliebe und Gerechtigkeit? Oder möglicherweise sogar einer Weltanschauung, die aus der Tatsache der Ungleichheit und Entrechtung von Menschen die Auffassung von der Existenz sozialer Klassen entwickelt? Sie erwarten doch wohl nicht, daß solchen Mitbürgern Ihre Auffassung akzeptabel erscheint, und setzen dennoch voraus, daß sie Allgemeingut und sogar die verbindliche Grundlage staatlichen Vorgehens ist.

Ich möchte abschließend festhalten, daß Sie in Ihrem Schreiben als erwiesen betrachten, daß ich am 1. Juli 1977 ein Urteil des Kölner Landgerichts im Unterricht thematisiert habe und ferner, daß ich Herrn Dr. phil. Bellinghausen in den Unterricht eingeladen habe. Ich nehme an, das ist für Sie erwiesen, weil der Schüler L. K. so ausgesagt hat, denn sicher haben Sie eine solche Mitteilung von Herrn Bellinghausen nicht erhalten, der außer mir wohl zunächst in der Lage wäre, das auszusagen.

Ich bin allerdings der entschiedenen Auffassung, daß an einer sich im Sinne des Schulgesetzes von 1946 demokratisch verstehenden öffentlichen Schule unsere Kinder ein Anrecht darauf haben, Aufklärung über Vorgänge zu erhalten, die die Grundsätze der Freiheit und Gleichheit bedrohen.

Daß das besagte Urteil vor dem Kölner Landgericht laut eigener Urteilsbegründung als Gesinnungsurteil nach humanitären und den Gesichtspunkten des Historikers eben diese Bedrohung repräsentiert, das ist nicht nur meine, sondern die Überzeugung der informierten Demokraten in diesem Lande – und im Ausland.

Dankenswerterweise hat Heinrich Böll die gebührende Einschätzung Ende April im *stern* veröffentlicht und damit auch bei einem großen Teil der Schüler die gebotene Wachsamkeit geweckt – und den notwendigen Mut dazu gegeben. Allerdings sollte meines Erachtens ein Pädagoge nicht darauf warten, daß seine Schüler ihm das Stichwort zur Besinnung auf die eigene Verantwortung geben.»

Am 5. Juli hatte ich meinen für die Zeit vom 1. Februar bis 31. Juli datierten Arbeitsvertrag erhalten. Ob mit der vereinbarten Verlängerung zu rechnen sei, blieb offen. Die Aufnahme der Gehaltszahlungen wurde für August angekündigt.

Vom 19. September datiert ist ein Schreiben des Schulkollegiums, in dem es mich mit sogenannten Erkenntnissen des Verfassungsschutzes bekannt macht: Ich sei wegen Mitgliedschaft in der KPD aus der Gewerkschaft ausgeschlossen worden; ich sei zumindest 1974 Mitglied der KPD gewesen; ich hätte Zettel und Plakate der KPD geklebt.

Weiter hieß es, dies habe aber nichts damit zu tun, daß mein Beschäftigungsverhältnis nicht verlängert werde. Man habe qualifiziertere Leute.

Allein im Fach Deutsch rückte lediglich ein Student ohne erstes und zweites Staatsexamen nach.

Meine Personalakte enthält folgendes Schreiben des Dezernenten vom 30. Juni 1977 an den Innenminister:

«Auf Grund Ihres Erlasses vom 23. Juni berichten wir, daß das Arbeitsverhältnis der Frau Herberg auf den 31. Juli 1977 befristet worden ist. Auf Grund der von Ihnen mitgeteilten Erkenntnisse kommt eine Weiterbeschäftigung nicht in Betracht. Wir haben daher auch von der Durchführung des Einstellungsgesprächs gemäß Ziffer 1.2 der Richtlinien über die Beurteilung von Zweifeln an der Verfassungstreue von Bewerbern für den öffentlichen Dienst auf Grund des Beschlusses des Bundesverfassungsgerichts vom 22. Mai 1975 abgesehen.»

Die «Erkenntnisse» habe ich als unwahr zurückgewiesen.

Margarethe von Trotta

«Warum darf ein Mensch nicht ruhig leben?»

Sehr geehrter Herr Staatsanwalt Görlach (München),

gewöhnlich macht mir erst Zuneigung, die ich für einen Menschen empfinde, möglich, einen Brief an ihn zu richten. Deswegen fällt es mir nicht leicht, Ihnen zu schreiben. Die Zuneigung, derer es mir zu Ihnen ermangelt, empfinde ich jedoch für eine Frau, Margit Czenki, die Sie nun schon zum zweitenmal vor Gericht zitieren, nachdem der Richter Ihre erste Anklage nicht mit dem Strafmaß beantwortete, das Sie beantragt hatten.

Margit Czenki war 1971 wegen Bankraubs aus politischen Motiven – sie wollte mit dem geraubten Geld einen Kinderladen finanzieren – zu sechseinhalb Jahren Gefängnis verurteilt worden. Nachdem sie fast fünf Jahre abgesessen hatte, wurde sie vom Staat, den Sie vertreten, «auf Bewährung» entlassen. Ein hohes bayrisches Gericht, das Oberlandesgericht München, erließ ihr den Rest ihrer Strafe, obwohl dasselbe Gericht, nachdem es sich mit Margit Czenkis politischer Überzeugung aueinandergesetzt hatte, meinte: «Nun hat allerdings die Anhörung der Verurteilten keine Zweifel daran gelassen, daß ihre politische, als Tatmotiv dienende Grundüberzeugung von der Ungerechtigkeit der kapitalistischen Gesellschaftsordnung im wesentlichen uneingeschränkt fortdauert.» Das Gericht war dennoch zu der Auffassung gekommen, daß die Gefahr, daß Margit Czenki wieder straffällig wird, als gering einzuschätzen sei. Ich zitiere ihren Anwalt: Das war ein mutiger Entschluß, zumal klar war, daß weite Kreise der Justiz ein großes Interesse daran hatten, diesen Beschluß zu revidieren. Und wie wäre er am besten zu revidieren gewesen? Indem man Margit soweit hätte bringen können, in den Untergrund zu gehen. Wäre sie nach ihrer Entlassung auf «Bewährung» in den Untergrund verschwunden, hätte das in Zukunft als Argument dienen können, derartige Beschlüsse zu verhindern.

Das Gericht hatte also die «Bankräuberin» gestrichen und an ihre Stelle eine Frau gesetzt, die nach fünf Jahren Freiheitsentzug die Möglichkeit haben sollte, wie jeder andere Mensch zu leben.

So habe ich Margit Czenki kennengelernt. Als eine Frau, die bemüht ist, ihren Weg neu zu definieren und zu finden. Die nicht gleichgültig geworden ist, die immer noch bereit ist, sich einzusetzen für andere, die aber über die Mittel des «Einsatzes» anders denkt als zur Zeit ihres Banküberfalls und die sicher nicht in den politischen Untergrund gehen will.

Bei Ihnen hatte ich im Prozeß jedoch manchmal den Eindruck, als sähen Sie sie gar nicht so ungern im Untergrund. Ich weiß nicht, inwieweit Sie für die Maßnahmen, die nach Margits Entlassung getroffen wurden, verantwortlich sind. Mir erschienen Sie zumindest kein Gegner dieser Maßnahmen zu sein.

Sie wissen, wovon ich spreche. Ich meine die ständigen Hausdurchsuchungen mit Maschinengewehr im Anschlag, die vorschnellen Verdächtigungen bei jeder «politischen» Straftat, die in München begangen wurde, die «vertraulichen» Hinweise an Wohnungs- und Arbeitgeber, so daß sie ihre Arbeit verlor und die Wohnung wechseln mußte und vielleicht jetzt wieder wechseln muß (. . . da es sich hierbei um eine kriminelle Person mit Bewährung handelt, sehen wir uns gezwungen, mit Rücksicht auf die anderen Hausbewohner . . . den sofortigen Auszug zu verlangen). Die Einschüchterungsversuche gegen die Personen, mit denen sie in Verbindung steht. Ihr Anwalt, der sie in Aichach besucht hatte, wird verhaftet und wieder freigelassen. Ein Staatsanwalt, mit dem sie befreundet ist, wird vom Dienst suspendiert. Auf Ferienreisen nach Griechenland und in die Schweiz wird sie auf Grund von Hinweisen an die ausländischen Behörden verhaftet und abgeschoben. Ihr Bewährungshelfer wird ihr gegen seinen Willen entzogen.

Während des Prozesses fragen Sie sie, was sie denn erwartet habe, wie sie nach ihrer Entlassung behandelt werden würde. Margit antwortet: «Ich habe erwartet, daß man mich wenigstens leben läßt.» Sie erwidern darauf sehr erregt: «Das geht natürlich nicht. Das geht natürlich nicht.» Unter «leben» versteht Margit Czenki «in Ruhe mit anderen arbeiten und zusammen sein können. Raum haben, in dem ich denken und fühlen kann und mich dafür einsetzen, daß es diesen Raum nicht nur für mich allein gibt.» Haben Sie mit dem Satz «das geht nicht» sagen wollen, daß es nicht angeht, einen Menschen, der einmal wegen einer politischen Überzeugungstat im Gefängnis war, in Ruhe leben zu lassen?

Wie kam es überhaupt zu diesem Prozeß? Lassen Sie wirklich keinen Zusammenhang gelten zwischen den von mir beschriebenen Maßnahmen und dem, was anschließend geschehen ist, und was Ihnen den Anlaß bot zur Anklageerhebung?

Im Mai 1977 wurden in München und auch anderen Städten linke Buchläden, Verlage, Zentren, Kneipen und Wohngemeinschaften fünf Tage lang rund um die Uhr überwacht, die Personen, die dort ein und aus gingen, kontrolliert und registriert. Darunter wieder Margit und ihre Freunde. Fünf Tage lang Polizeiautos, Maschinenpistolen, Polizeiuniformen. Wieder einmal wurden Nachbarn und andere darauf aufmerksam gemacht, daß sie «verdächtig» sei und «bewacht» werden müsse. Nach diesen fünf Tagen versuchten einige von der Observierung Betroffene in München vorm Amtsgericht zu protestieren. Da sie «beobachtet» wurden, war die Polizei rasch zur Stelle. Es kam zu einer Prügelei, die, den Aussagen mehrerer Zeugen nach zu urteilen, von der Polizei ausging. Eine Frau wurde dabei von einem Polizisten so stark an den Haaren gezerrt und geschüttelt, daß sie vor Schmerz laut aufschrie (und anschließend eine Woche mit dem Hals in Gips gehen mußte). Dieser Frau hat Margit Czenki beistehen wollen, indem sie den Polizisten ihrerseits von hinten an den Haaren packte. Daraus entstand dann Ihre Anklage wegen Körperverletzung, Beleidigung und Widerstand gegen die Staatsgewalt und Ihre Forderung nach einem Jahr Gefängnis ohne Bewährung.

Als Margit schon festgenommen war und zum Polizeibus geführt wurde, ließ man noch einen Polizeihund auf sie los, der ihr zwei Bisse in den Oberschenkel zufügte. Der Kommentar des Hundeführers: «Der braucht auch mal was Knackiges.» Und sein Kommentar während der Verhandlung: «Der Hund ist schulungsgemäß abgerichtet, und er hat schulungsgemäß zugebissen. Es war mustergültig, wie der Hund gearbeitet hat», ein anderer sagt aus: «. . . außerdem hat man uns gesagt, das sind Sympathisanten von Stammheim.» Ist daher die Drohung eines Polizisten an die Demonstranten zu erklären: «Für Leute wie euch sind die Öfen in Dachau schon geheizt»?

Für Margit Czenki ging es in dem Prozeß nicht nur um das von Ihnen geforderte Jahr Gefängnis ohne Bewährung. Es ging um den Widerruf ihrer früheren Bewährung, Herr Görlach, um die zwei Jahre, die ihr erlassen worden waren. Wären Sie mit Ihrem Antrag durchgekommen, hätte Margit also im ganzen drei weitere Jahre ins Gefängnis gehen müssen. Der Richter hat sie zu einer Geldstrafe verurteilt. Sie aber akzeptieren sein Urteil nicht, drängen, indem Sie Berufung eingelegt haben, auf drei Jahre Freiheitsentzug.

Warum? Ich versuche mir vorzustellen, was Sie zu Ihrer Berufung veranlaßt haben könnte. Doch sicher nicht nur Weisungsgebundenheit. Haben Sie vielleicht das Gefühl einer persönlichen Niederlage? Vieles, was ich während des Prozesses beobachten konnte, scheint mir darauf hinzudeuten. Ihre Erregbarkeit, Ihre Verärgerung, wie verletzt Sie manchmal wirkten und andere zu verletzen versuchten. Ich spreche nicht gegen Emotionalität. Nur war es umgekehrt immer wieder die Emotionalität von Margit Czenki, die zurückgewiesen wurde. Als der Richter mich zu einem Tag Ordnungshaft verurteilte, weil ich eine ihm mißfallende Bemerkung aus dem Zuschauerraum machte, und Margit daraufhin aufstand, um sich gegen meine Festnahme zu wehren – weil ich ein Kind habe, das auf mich wartete –, wies der Richter sie sogleich mit der Rüge zurecht: «Seien Sie nicht immer so impulsiv, Frau Czenki.»

Sollten Sie selbst nicht frei sein von Emotionen – obwohl der Richter Sie niemals rügte – und richten sich Ihre Emotionen vielleicht gegen die so völlig andere Lebensweise der Angeklagten und ihrer Freunde im Zuschauerraum? Stoßen da für Sie zwei unverträgliche Arten zu leben und zu denken aufeinander? Ein Mitangeklagter im Prozeß vermutete es: «Weil wir uns gegen ein aufgezwungenes Leben wehren, deswegen stehen Polizeifahrzeuge vor unseren Wohnungen.»

Können und wollen Sie es nicht zulassen, daß es Menschen gibt, denen Ihre Art zu leben fremd und gleichgültig ist? Ein kleiner Schlenker in Ihrer Beweisführung hat sich mir in dem Zusammenhang besonders eingeprägt. Ein Zeuge der Verteidigung sprach von seinen Holzschuhen, die er am Tag der Demonstration getragen habe. Sie versuchten, ihn in Ihrem Pladoyer der Lüge zu überführen. «Wenn jemand morgens an seinen Schrank tritt und da stehen so zwölf Paar Schuhe und er nimmt sich ein Paar davon heraus, wie will er nach so langer Zeit mit Gewißheit sagen können, welches Paar er an einem bestimmten Tag getragen hat. Ich könnte mich jedenfalls nicht erinnern.» So ungefähr lautete Ihre Argumentation.

Nun gibt es ja Menschen, die nur ein Paar, höchstens zwei oder drei Paar Schuhe besitzen – und das, weil sie gar nicht mehr besitzen *wollen.* (Vielleicht konnte sich der Zeuge auch besonders gut an die Holzschuhe erinnern, weil sie ihn gedrückt haben oder ihm vom Fuß gerutscht sind oder ihn beim Weglaufen hinderlich waren . . .)

Die Angeklagten und ihre Freunde leben in Wohngemeinschaften, sind zumeist unverheiratet, auch wenn Kinder da sind. Sie wünschen sich weder Positionen noch streben sie danach, Karriere zu machen. Sollte Ihnen diese Einstellung zu schaffen machen? Fühlen Sie sich dadurch in Ihrer persönlichen Lebensauffassung bedroht? Das könnte ja sein, aber ist dann auch gleich der Staat, in dessen Namen Sie anklagen, bedroht?

Margarethe von Trotta

Klaus Traube

«Nur mit der Feuerzange anzufassen»

Zum Fall Faust

13. 7. 78

Sehr geehrter Herr Bundesjustizminister Vogel,

am 7. Juli ist dem Journalisten Hans Georg Faust die Anklageschrift zugestellt worden, die ihn beschuldigt, die geheimen Akten des Verfassungsschutzes über den «Lauschangriff» auf mich dem *Spiegel* zugeleitet zu haben. Jenen «Lauschangriff», den zahlreiche angesehene Juristen öffentlich als illegal beurteilt hatten, den selbst Politiker und Landesverbände der Regierungsparteien als Verfassungsbruch gebrandmarkt hatten. Es geht um die Akten, deren Veröffentlichung die Abgeordneten Bangemann und Wolfgramm im Bundestag journalistische *Pflicht* genannt hatten.

Kein Staatsanwalt ist diesem Verfassungsbruch nachgegangen, es gab keine dienstrechtlichen Schritte gegen die verantwortlichen Beamten, statt dessen Beförderungen. Der Journalist Faust dagegen ist mit Methoden verfolgt worden, die, würden sie einreißen, die Aufdeckung eines Watergate hierzulande kaum mehr möglich machten. Diese Methoden der Einschüchterung will ich aufzeigen.

Ich darf in Erinnerung rufen: Hans Georg Faust, 57 Jahre alt, Journalist, zuletzt zwölf Jahre lang Korrespondent der *Bunten Illustrierten* für Nordrhein-Westfalen, war von 1955 bis 1964 Mitarbeiter des Bundesamtes für Verfassungsschutz (BfV) in Köln gewesen. In den letzten Jahren hatte er begonnen, an einem Buch über den Verfassungsschutz zu arbeiten, dieses Vorhaben dem Präsidenten des BfV, Herrn Dr. Meier, wie auch dessen Vorgänger, Herrn Dr. Nollau, in Briefen angekündigt.

Bereits etwa einen Monat nach der Veröffentlichung der Akten über den «Lauschangriff» im *Spiegel*, am 4. April 1977, entdeckte der TÜV unter seinem Auto einen Peilsender: Faust wußte seitdem, daß er intensiv beschattet wurde. Am 17. August 1977 wurde sein Haus in Kürten, nahe Köln, polizeilich durchsucht – er erfuhr offiziell, daß die Staatsanwaltschaft in Bonn ihn verdächtigte, die «Lauschangriffsakten» an den *Spiegel* weitergegeben zu haben. Am 29. November 1977 wurde Faust von Beamten des Bundeskriminalamtes verhaftet, nach Karlsruhe verbracht, wo ihm am anderen Morgen der Ermittlungsrichter am Bundesgerichtshof Kuhn eröffnete, er sei dringend verdächtig, die Lauschangriffsakten dem *Spiegel* zugeleitet zu haben, damit dringend verdächtig des Delikts «Verfassungsfeindliche Sabotage», strafbar nach § 88 StGB. Dieser hochkarätige Paragraph begründete die Zuständigkeit der Bundesanwaltschaft und des Bundesgerichtshofs. Fausts Verteidiger, Rechtsanwalt Dürr aus Pforzheim, beantragte unverzüglich, den Haftbefehl aufzuheben, da einerseits keine Verdunkelungsgefahr bestehe, andererseits vor allem aber die zur Last gelegte Tat unter keinen Umständen einen Verstoß nach § 88 StGB begründen könne, einen auf Lahmlegung von Dienststellen zum Zweck des Staatsumsturzes angelegten noch nie in der Praxis beanspruchten Paragraphen.

Doch der Ermittlungsrichter erhielt auf Antrag der Bundesanwaltschaft den Haftbefehl aufrecht. Fausts Anwalt reichte am 3. Dezember Beschwerde ein und, als daraufhin nichts geschah, am 12. Dezember Verfassungsbeschwerde. Zwei Tage darauf beschloß der Bundesgerichtshof, daß der Haftbefehl nicht auf «verfassungsfeindliche Sabotage im Sinne des § 88 StGB gestützt werden» könne; dennoch wurde der Haftbefehl wiederum aufrechterhalten, dieses Mal wegen Verdachts «unbefugter Weitergabe geheimer Nachrichten» im Sinne des § 353 c, Absatz 1 StGB.

Die höchste Instanz stellte damit fest, daß die Bundesanwaltschaft zu Unrecht ihre Zuständigkeit angenommen hatte – der für den nun vergleichsweise harmlosen Tatvorwurf nach § 353 c zuständige Richter am Amtsgericht Siegburg verwarf am 23. Dezember auf Antrag von Fausts Kölner Verteidiger Paashaus die vom Bundesgerichtshof (BGH) angenommene Verdunkelungsgefahr und billigte Faust – der nunmehr dreieinhalb Wochen in Isolierhaft gesessen hatte – Haftverschonung zu. Doch bereits eine Woche später, am 20. Dezember, ordnete das Landgericht Bonn auf Beschwerde der Staatsanwaltschaft an, die Untersuchungshaft gemäß Beschluß des BGH weiter zu vollziehen. Auf weitere Beschwerde hin beschloß das Oberlandesgericht Köln am 10. Januar 1978 abermals Haftverschonung – seitdem ist Faust bei strengen Auflagen – polizeiliche Meldepflicht, Entzug des Personalausweises, Verbot des Kontakts zu ehemaligen Angehörigen des BfV und des *Spiegel* – in Freiheit. Seine Verteidiger erhielten Ende Mai erstmals Akteneinsicht. Fausts gesamte journalistischen Arbeitsunterlagen blieben, trotz mehrfacher Beschwerde, beschlagnahmt: Kartei, Zeitschriften, Tonbänder, Manuskripte, privater Briefwechsel sowie ein Koffer mit teilweise als «geheim» gestempelten Unterlagen des BfV – darunter die Akten über meinen «Fall».

Bereits der Ablauf des Verfahrens ist also bemerkenswert verwirrend. Er beginnt sich zu entwirren, wenn man zunächst dem ursprünglichen Vorwurf der «verfassungsfeindlichen Sabotage» nachgeht. Danach hatte Faust das Bundesamt für Verfassungsschutz «zum Teil außer Tätigkeit gesetzt» – fürwahr eine groteske Unterstellung, wenn sie sich darauf stützt, daß ein Journalist beigetragen haben soll zur Veröffentlichung von Akten über einen längst abgeschlossenen Vorgang, der zudem nach verbreiterter Meinung ein Verfassungsbruch war – die Beschaffung der Akten ist ohnehin straflos. Der § 88 soll, wie der Bundesgerichtshof im Beschluß vom 14. Dezember feststellte, «umstürzlerische Machenschaften im Vorfeld des Hochverrats erfassen». Es ist noch nie nach diesem Paragraphen ermittelt worden, geschweige denn ein Urteil ergangen.

Entsprechend reagierte die Presse. Die *Frankfurter Rundschau* prophezeite am 3. Dezember, daß «die politischen Wellen hochschlagen werden», wenn nicht in den nächsten Tagen «härtere Begründungen für den Vorwurf der verfassungsfeindlichen Sabotage geliefert werden», der *Zeit* (51/1977) erschienen «die justitiellen Konsequenzen grotesk», der *stern* stellte am 8. Dezember fest «statt die Karten auf den Tisch zu legen, hüllen sich die Ankläger in peinliches Schweigen». Als sich nach dem Spruch des BGH vom 14. Dezember herausstellte, daß Faust tatsächlich nichts anderes vorgeworfen wurde, als der Presse bereits bekannt war, kommentierte der *Spiegel* (52/1977) den Vorwurf der verfassungsfeindlichen Sabotage als «nachgerade abwegig» und stellte fest, «eine solch glatte Abfuhr hatte es für die Bundesanwaltschaft bislang nicht gegeben», die *Frankfurter Rundschau* (16. Dezember) sprach von einer «abenteuerlichen Konstruktion», der Vorstand der Deutschen Journalisten Union schrieb am 13. Januar an den Staatssekretär Bölling, es war ein «allen Aussagen in der Beratung und Verabschiedung des § 88 hohnsprechendes Vorgehen, diesen Paragraphen auf den Journalisten Faust anzuwenden».

Nun haben weder die Bundesanwaltschaft noch der Ermittlungsrichter am Bundesgerichtshof formell rechtsstaatliche Prinzipien verletzt, wenn sie auf Grund einer von der liberalen Presse als «grotesk», als «nachgerade abwegig», als «hohnsprechend» empfundenen Konstruktion ermittelt und verhaftet haben; auch Juristen dürfen irren. Der BGH hat schließlich die Dinge nach rechtsstaatlichen Prinzipien zurechtgerückt. Auch der Verfassungsschutzbeamte Dirnhofer, dem zur Last gelegt wird, die «Lauschangriffsakten» Herrn Faust zugeleitet zu haben, wurde von der Strafnorm § 88 «herabgestuft» auf die Norm § 353 b. Warum also rühre ich alte Geschichten auf?

Bei Ermittlung nach dem vom BGH als angemessene Strafnorm erachteten § 353 wäre die Bundesanwaltschaft, da es nicht um Staatsschutz geht, nicht zuständig gewesen, hätte die Bundesregierung eine Ermächtigung zur Strafverfolgung aussprechen müssen, hätten Telefone nicht abgehört werden dürfen.

Zunächst zur Ermächtigung. Für eine Strafverfolgung der Journalisten des *Spiegel*, die ja die geheimen Akten veröffentlichten, hatte die Bundesregierung keine Ermächtigung erteilt. Wie peinlich da die naheliegende Frage ist, warum sie aber im Fall des angeblichen Übermittlers dieser Akten, des Journalisten Faust, erteilt wurde, das machte die Antwort des Regierungssprechers Grünewald auf eben diese Frage anläßlich der Bundespressekonferenz vom 23. Dezember 1977 deutlich. Grünewald beeilte sich zunächst wortreich, der Bundesregierung aus der Schußlinie zu verhelfen: sie hätte keinen Beschluß gefaßt, der Innenminister hätte die Ermächtigung erteilt. Dessen Motiv sei es gewesen, «undichte Stellen im BfV ausfindig zu machen». Was wiederum die so naheliegende wie peinliche Frage provozierte, ob nicht das «Zeugnisverweigerungsrecht für Journalisten ad absurdum geführt» wurde, das «ausdrücklich Durchsuchungen und Beschlagnahmen mit dem Ziel, an Informanten heranzukommen, untersagt». Grünewalds kecke Antwort: da «der Haftbefehl nach § 88 beantragt worden ist, hatte die Sache mit dem Zeugnisverweigerungsrecht nichts zu tun».

Welche Peinlichkeiten konnte § 88 der Bundesregierung ersparen! Es erwies sich auch als nützlich, zunächst nach dieser überhöhten Strafnorm zu ermitteln, denn was beschlagnahmt worden war, *blieb* auch beschlagnahmt. Und das war nicht das einzig Nützliche.

Die Journalisten hätten sich wohl kaum mit diesen dürftigen Antworten des Regierungssprechers zufriedengegeben, hätten sie nicht um einen bedeutsamen Unterschied zwischen Ihren Kollegen vom *Spiegel* und dem Herrn Faust gewußt. Nicht nur die liberalen Medien, auch Politiker und Basisorganisationen der Regierungsparteien hatten nahezu ausnahmslos die Motive des *Spiegel* für ehrenwert erklärt, die Veröffentlichung der Lauschangriffsakten als journalistische Pflicht angesehen. Doch dem Hans Georg Faust waren lautere Motive nicht zu unterstellen, das wußten die Journalisten und die gesamte Öffentlichkeit.

Wieso die Öffentlichkeit das wußte und was es mit den Motiven Fausts auf sich hat, das will ich unter die Lupe nehmen. Dazu werde ich vielen Fäden eines feingesponnenen Netzes nachgehen müssen und ich bitte daher, Herr Minister, um Ihre Geduld.

Ich komme zum Telefon, das nach § 353 nicht hätte abgehört werden dürfen. Im ursprünglichen Haftbefehl und im Protokoll zur «Eröffnung des Haftbefehls» vom 30. November 1977 werden Faust eine Reihe Äußerungen am Telefon zur Last gelegt, und zwar datiert seit *24. März 1977*. Fausts Rechtsanwalt Paashaus erfuhr aber auf Anfrage vom Generalbundesanwalt, daß der Ermittlungsrichter beim Bundesgerichtshof erst am *16. September 1977* die Überwachung des Telefonanschlusses verfügt habe. Auf wessen Veranlassung und auf welcher Rechtsgrundlage vor dem 16. September abgehört wurde, versucht Herr Paashaus seit Monaten zu klären, bisher ohne Erfolg. Jedenfalls aber stützen sich die Vorwürfe gegen Faust ganz wesentlich auf angebliche Äußerungen in abgehörten Gesprächen; aus denen wird hergeleitet, daß es Faust «nicht darauf ankam, einen vermeintlichen Verfassungsverstoß zu verfolgen» – nein, die telefonischen Äußerungen sind laut Haftbefehl «Ausdruck einer die Grundidee des demokratischen Staatswesens ablehnenden Gesinnung». Gesinnung, Herr Minister, erinnern Sie sich? Der Vertreter der Bundesanwaltschaft spricht anläßlich der Eröffnung des Haftbefehls am 30. November 1977 zeitgemäßer von der «Einstellung Fausts zu diesem Staat und seiner Ordnung», die in den telefonischen Äußerungen «deutlich zum Ausdruck kommt» und eben beweist, daß der Beschuldigte nicht «Verfassungsverstöße aufdecken» wollte, sondern das BfV fertigmachen».

Nun bestätigte der BGH zwar am 14. Dezember 1977 indirekt mit der Herabsetzung der Strafnorm von § 88 auf § 353 c, daß die Telefonüberwachung illegal war – ich meine hier die «legale» ab 16. September 1977, nicht die davor seit mindestens April –, aber wenn er dann den Haftbefehl auf Grund dringenden Verdachts nach § 353 c fortbestehen läßt, dann beruft er sich darauf, daß «nach dem bisherigen Ergebnis der Ermittlungen davon auszugehen ist, daß er (Faust) sich lediglich ... an dessen (des BfV) leitenden Beamten rächen wollte» – ergo auf Telefongespräche. Und das Landgericht Bonn, das die zwischenzeitlich verordnete Haftverschonung am 30. Dezember aufhob, bezieht sich auf die Verdunkelungsgefahr infolge des «vom Beschuldigten bislang gezeigten konspirativen Verhaltens», auch auf angebliche Telefongespräche.

Ich darf zum zweitenmal feststellen: es lohnte sich, nach überhöhten Strafnormen zu ermitteln. Nun will ich keine Absichten unterstellen, Herr Minister, aber wie war das mit der Telefonabhörung des Herrn Kassebohm vom Flugleitverband im letzten Jahr auf Grund des Verdachts der Erpressung von Verfassungsorganen? Erinnere ich richtig, daß die Strafnorm fallengelassen wurde, aber die «Erkenntnisse» blieben? Wie war das mit dem freizügigen Gebrauch, der zum Zweck von Durchsuchungen und Beschlagnahmungen gemacht wurde, vom Verdacht auf Unterstützung einer kriminellen Vereinigung generell bei «Linksverdächtigen», vom neuen § 88 a speziell bei «linken» Buchläden?

Doch Herr Minister, ich unterstelle! Ich unterstelle, daß Bundes- und Staatsanwaltschaften neuerdings ohne nachteilige Folgen, ohne daß – infolge der Vielzahl der Fälle – die liberalen Medien noch als Korrektur wirksam werden können, sich eine sorgfältige Abwägung der Rechtsgrundlagen schenken und auf Teufel komm raus ermitteln, durchsuchen, beschlagnahmen, abhören und verleumden!

Ja, verleumden! Ich selbst – auf Grund eigener Erfahrungen eher mißtrauisch – war überzeugt, daß dieser Faust ein mieser Typ, ein «Nachrichtenhändler», alles andere als ein von respektablen politischen Motiven geleiteter Journalist ist, bis ich in der *Frankfurter Rundschau* vom 22. Februar 1978 seine journalistisch wie politisch überzeugende, engagierte, aber auch – gemessen an den Umständen – distanzierte Darstellung des eigenen Falls las. Diese Arbeit erst veranlaßte mich, mein Vorurteil zu überprüfen und Recherchen aufzunehmen.

Mein Vorurteil gegenüber Faust teilte ich vermutlich mit nahezu jedem Zeitungsleser. Was konnte der nicht alles an Disqualifizierendem über Faust lesen! Selbst liberale Zeitungen wie die *Frankfurter Rundschau* und *Die Zeit*, die von Anfang an die Maßnahmen der Justiz, insbesondere die Anklage nach § 88, scharf kritisierten, distanzierten sich dezidiert von der Person Faust. Am 3. Dezember, drei Tage nach Fausts Verhaftung, bemerkte die *Frankfurter Rundschau*: «bereits geäußerte Zweifel, ob er wirklich zur schreibenden Zunft gehört, sind berechtigt». Hans Schüler berichtete in der *Zeit* (Nr. 51/1977) von «bösartig-querulatorischen Reden, die der Beschuldigte irgendwann geführt hat» und fand darin «Grund genug für deutsche Journalisten, den ‹Kollegen› Faust – er war seit seinem Weggang vom Verfassungsschutz als freier Mitarbeiter für mehrere Illustrierte tätig – nur mit der Feuerzange anzufassen; so einen mag niemand gern zur eigenen Zunft zählen.»

Am 16. November war für die *Frankfurter Rundschau* Faust, der «weitgehend als Nachrichtenhändler gearbeitet haben soll . . . alles andere als eine Lichtgestalt». Merkwürdig, diese Summe disqualifizierender, ja vernichtender Urteile wenige Tage nach Fausts Verhaftung einerseits, der spätere Bericht des Faust andererseits, dessen journalistische Qualität sich in die doch anspruchsvolle *Frankfurter Rundschau* gut einfügte. Ich habe den ehemaligen Chefredaktur der *Bunten Illustrierten*, Karl Heinz Schönherr, gefragt, der acht Jahre lang bis 1973 Vorgesetzter des Hans Georg Faust war:

Der «angebliche Journalist» – so nannte ihn auch die *Welt* vom 13. Dezember, der «freie Mitarbeiter mehrerer Illustrierten» laut *Zeit*, der Mann, von dem die *Frankfurter Rundschau* wußte, daß «Zweifel, ob er wirklich zur schreibenden Zunft gehört, berechtigt sind», der «Nachrichtenhändler» war zwölf Jahre lang bis zu seiner Verhaftung festangestellter Korrespondent der *Bunten Illustrierten* für Westdeutschland mit Sitz in Köln. Sein ehemaliger Chefredakteur bescheinigt ihm, er habe «rundherum in all den Jahren die vollständige Skala der journalistischen Leistung erbracht und wirklich sehr gute Arbeit geleistet», habe sich vor allem dadurch ausgezeichnet, daß er «im Gegensatz zu allerlei Vögeln, die man auch im Journalismus trifft, sehr sorgfältig mit den Fakten umging». Journalistisch saubere Arbeit hat ihm besondere Anerkennung eingebracht für eine Serie von Artikeln aus der Umwelt – und dem medizinischen Bereich. Selbstverständlich gehörte es zur Aufgabe des Korrespondenten, nicht nur selbst zu schreiben, sondern generell im Raum Westdeutschland Kontakte zu pflegen, zu beobachten, Themenvorschläge zu machen – aber das Bild vom «Nachrichtenhändler» sei völlig schief.

Wie kam also dieses völlig schiefe Bild, das der gesamten Zeitung lesenden und fernsehenden Öffentlichkeit und damit auch mir eingeprägt wurde, zustande? Sehr einfach: durch die amtliche Informationspolitik, vor allem der Bundesanwaltschaft. Während der *stern* dieser Behörde am 8. Dezember vorwarf, «sie hülle sich in peinliches Schweigen» – nämlich hinsichtlich konkreter Fakten zum Vorwurf verfassungsfeindlicher Sabotage –, wußte die *Welt* bereits am Tage der Verhaftung Fausts – eher als dessen Anwalt – sehr Konkretes, unter anderem eben den Haftgrund § 88, wie am anderen Morgen, am 30. November, zu lesen war! Und die gesamte Presse wußte innerhalb der nächsten Tage von den – sicher nicht strafbaren – «bösartigen-querulatorischen Reden, die der Beschuldigte irgendwann geführt hat» – nämlich am Telefon, das bis zum 16. September 1977 ohne bisher erkennbare Rechtsgrundlage, dann mit der erschlichenen Rechtsgrundlage des § 88 abgehört worden war.

Die Ermittlung nach der überhöhten Strafnorm § 88 war also nicht nur nützlich, um Zeugnisverweigerungsrecht und Beschlagnahmeverbot zu unterlaufen, sie ersparte der Bundesregierung nicht nur zunächst allerlei Peinlichkeiten, sondern auch weiterhin, nachdem die Strafnorm herabgesetzt war, denn Faust war und blieb in aller Öffentlichkeit disqualifiziert.

Auf Grund welcher Tatsachen eigentlich? Die Presse berichtete zunächst, daß Faust das BfV als «Skandalhaufen» beschimpft hatte, daß er den Bundespräsidenten «den Kassierer aus Remscheid», Schmidt und Strauß «Gesindel» genannt hatte, daß er seinem Sohn gegenüber geäußert hatte «es komme darauf an, das Amt zu demaskieren», gegenüber einem Angehörigen des BfV, er «brauche spannende Fakten», Äußerungen, die – laut Haftbefehl – «Ausdruck einer die Grundidee des demokratischen Staatswesens ablehnenden Gesinnung» sind, die belegen sollen, daß der Beschuldigte nicht «Verfassungsverstöße aufdecken wollte», sondern «das BfV fertigmachen».

Doch nicht diese telefonisch abgehörten Majestätsbeleidigungen allein waren Beweis für Fausts niedrige Motive. Die Presse kannte auch, laut *Frankfurter Rundschau* vom 16. Dezember, aus einer «Erklärung der Bundesanwaltschaft», das Wort vom «Nachrichtenhändler» – klingt da nicht unüberhörbar ein weiteres niedriges Motiv an, eben das des «Händlers»?

Eigentümlich, davon, daß Faust sich die angebliche Übermittlung der Lauschangriffsakten bezahlen ließ – Kontoauszüge und Sparbücher sind beschlagnahmt –, ist jetzt in der Anklageschrift nichts zu lesen, auch nichts davon, daß er – wie es im Haftbefehl hieß – «einen Bankbeamten veranlaßte, gegenüber der Staatsanwaltschaft Bonn unzutreffende Auskünfte über sein Bankkonto zu erteilen».

Worauf sonst stützt sich noch das Wort vom Nachrichtenhändler? Auf drei Behauptungen des Haftbefehls, die – wie alle Behauptungen dieses Haftbefehls – auch in der Öffentlichkeit in den Tagen nach Fausts Verhaftung kursierten.

Erstens hatte Faust «zunächst den ZDF-Moderator Löwenthal über das aus dem BfV erlangte Material unterrichtet, dieser lehnte jedoch eine Veröffentlichung ab». Was Löwenthal dann schlicht dementierte und wovon die Anklageschrift auch nichts mehr weiß.

Zweitens hatte Faust «im Jahre 1975 dem Bundesnachrichtendienst angebliches Belastungsmaterial gegen den damaligen Präsidenten des BfV, Dr. Nollau, vorgelegt». Wie war das?

Faust hat tags nach der Verhaftung dem Haftrichter diesen nachprüfbaren Vorgang in allen Einzelheiten geschildert. Der Burda-Verlag hatte Faust beauftragt, mit einem Mittelsmann über die Memoiren eines ehemaligen Spions zu verhandeln, die dieser dem Verlag brieflich angeboten hatte. Dieser Mittelsmann händigte Faust Schriftstücke aus, die Dr. Nollau belasteten. Was konnte Faust Korrekteres tun, als sie – übrigens mit dem ausdrücklichen Hinweis, er halte sie für Fälschungen – einer zuständigen Behörde zuzuleiten? Und wie der «Belastete» den Vorgang wertete, mag man daran ermessen, daß unter dem bei Fausts Beschlagnahmten Dr. Nollaus Buch ‹*Das Amt*› mit persönlicher Widmung aufgeführt ist.

Drittens, schließlich, hätte Faust «im Frühjahr 76 offensichtlich zu drei Veröffentlichungen im Magazin beigetragen, die sich mit der Abteilung Terrorismus des BfV befaßten». Ich habe nachgegraben und wußte nicht, ob ich lachen oder weinen sollte: Da geht's um eine Schlägerei von BfV-Beamten in einer Kölner Kneipe, dann im «Hohlspiegel» um eine durch diesen Bericht initiierte

Ortsinspektion durch Beamte des BMI und in einem ebenfalls durch diesen Bericht ausgelösten Leserbrief um die Beobachtung, daß BfV-Beamte in einer Kneipe ungeniert Akten wälzten und über ihre «Fälle» diskutierten.

Dieser «Tatvorwurf» offenbart schlagend das Selbstschutz-Verständnis unserer Staatsschützer! Wer sie bloßstellt, dem werden sie es heimzahlen: und sie zahlen es heim, es steht im Haftbefehl, Herr Minister, eingebracht als Belastung von der Ihrer Weisung unterliegenden Bundesanwaltschaft!

Mit solchem «Material» also konstruierte die Bundesanwaltschaft den eingängigen Slogan vom Nachrichtenhändler, und mit einer Reihe ähnlich dunkler Andeutungen wurde das Bild vervollständigt, das *Die Zeit* dann übersetzte in den Mann, der «nur mit der Feuerzange anzufassen» ist. Hier einige Kostproben: die *Badischen Neuesten Nachrichten* wußten bereits am Morgen nach Fausts Verhaftung, daß «mit der Terrorbekämpfung betraute Beamte» sich mit dem Fall befassen, der *Rheinischen Post* gegenüber hatten am 2. Dezember «Kölner Verfassungsschützer» vom «dicksten Ei an Geheimnisverrat in den letzten Jahren» gesprochen, *Bild am Sonntag* sah am 4. Dezember Faust an der Spitze eines «privaten Geheimdienstes, der rund zehn Jahre lang systematisch das BfV ausforschte», die *Welt* berichtete am 13. Dezember aus «zuverlässiger Quelle», daß im «Fall Faust Erpressung mitspielt».

Nun steht von alldem in der am 7. Juli zugestellten Anklageschrift nichts, nichts von Verbindung mit Terrorismus, von Geheimdienst, vom Nachrichtenhandel, von Erpressung. Aber das so von Faust der Öffentlichkeit übermittelte Bild ist nie korrigiert worden, scheint irreversibel. Beruht es auf Entgleisungen einer sensationslüsternen Presse?

Kaum, Herr Minister; abgesehen davon, daß, wer sich auskennt, bei einem Teil der Presse das Vergröbern einkalkulieren kann, ist die Regie der dunklen Andeutungen überdeutlich. Lesen Sie bitte einmal im Protokoll der Bundespressekonferenz vom 23. Dezember nach, was der Regierungssprecher Grünewald anläßlich der schon erwähnten peinlichen Fragen – ungefragt – noch zu sagen hatte:

«Lassen Sie mich noch eine letzte Bemerkung machen, bei der ich sehr bitten muß, hier keine unfairen Äußerungen zu tun. Herr Faust ist schließlich ein bei einer Illustrierten Angestellter, der vorher Bediensteter des Bundesamtes für Verfassungsschutz gewesen ist. Ich kann nicht erkennen, daß dies zu einer normalen Laufbahnvoraussetzung für den Journalisten gehört. Vielleicht genügt Ihnen dieser Hinweis.»

Darauf die Frage eines Journalisten: «Herr Dr. Grünewald, Ihre Bemerkung über den Lebenswandel von Herrn Faust» . . .

Grünewald: «Ich habe keine gemacht.»

Dieses widerwärtige Spiel der öligen Unterstellungen habe ich am eigenen Leibe erfahren, etwa als der Präsident des BfV, Dr. Meier – durch die *Spiegel*-Veröffentlichung in Bedrängnis geraten –, in der Bundespressekonferenz am 1. März 1977 über mich erklärte, daß der «Zuschnitt seines Lebens als Geschäftsführer der Interatom nicht so ohne weiteres mit Maßstäben in Einklang zu bringen war, die wir normalerweise erwartet hätten vorzufinden» und dann auf die Frage eines Journalisten nach meiner «Lebensführung» antwortete: «Ich habe Ihnen vorher einige Andeutungen gemacht, und ich sehe mich nicht in der Lage, hier in der Öffentlichkeit diese Dinge weiter darzulegen . . . Aber ich möchte das nur einmal andeuten, daß es eine ganze Reihe von Umständen betrifft.»

Wenn eine Nürnberger Marktfrau einen Polizisten duzt, dann wird sie dafür rechtskräftig verurteilt. Wenn hohe Staatsbeamte, die wissen, daß ihre Äußerungen – über die Medien multipliziert – das Bild eines Menschen im ganzen Land prägen, mit nichtssagenden Unterstellungen einen wesentlichen Beitrag zur Vernichtung der moralischen Existenz eines praktisch waffenlosen Normalbürgers leisten, nur um sich aus einer momentanen Bedrängnis zu retten, dann ist das nicht nur nicht justitiabel – auch die Presse hat sich so an diesen Normalzustand gewöhnt, daß sie das ungeschoren durchgehen läßt.

Bitte entschuldigen Sie, Herr Minister, daß ich Ihnen all diese Kleinigkeiten zumute – aber der Teufel steckt im Detail. Staatlicher Machtmißbrauch gegenüber mißliebigen Bürgern ist – angesichts der hierzulande Gott sei Dank noch vorherrschenden Empfindlichkeit eines Teils der Medien – nicht so grobschlächtig und daher nicht so einfach darstellbar wie etwa «drüben» im Fall Bahro; die Herren müssen hier differenzierter vorgehen. Zur nichtssagenden, daher nicht belangbaren, persönlich diffamierenden Unterstellung gesellt sich klassischerweise das Aufbauschen des Falls. So wußte der Generalbundesanwalt Rebmann, wegen des Vorgehens nach § 88 in Bedrängnis geraten, am 12. Dezember vor dem Presserat den Eindruck einer ungewöhnlich schwerwiegenden Bedrohung der Bundesrepublik durch die Umtriebe Fausts hervorzurufen, wie er sich eben in den zitierten Presseberichten niederschlägt. «Im Bundesinneministerium wurde» – laut *Frankfurter Rundschau* vom 16. Dezember – «auf die ungewöhnliche Dimension des Geheimmaterials hingewiesen, das bei Faust aus dem BfV entdeckt worden war» – davon soll noch die Rede sein. Fausts Verteidiger, Rechtsanwalt Dürr aus Pforzheim, sagte mir – mit der ausdrücklichen Vorbemerkung, er gehöre «zur herkömmlichen Anwaltschaft», sei staatstreu und wolle «nicht als Ankläger der Republik auftreten» –, daß, gleich nachdem er den Fall übernommen hatte, die Bundesanwaltschaft ihm gegenüber «den Eindruck entstehen ließ, als ob ganz schwerwiegende Dinge, die Herr Faust persönlich disqualifizieren, vorlagen, womit sie zunächst eine Verunsicherung der Verteidigung erreichte».

Auch wie man dieses maßlose Aufbauschen betreibt, habe ich am eigenen Leib erfahren, etwa als die Herren Maihofer und Dr. Meier auf der Bundespressekonferenz vom 1. März 1977 aus meiner flüchtigen Bekanntschaft mit dem späteren Terroristen Klein die stereotyp wiederholten «intensiven Kontakte zu Terroristen und deren Sympathisanten» machten. Und wie gefahrlos die ranghohen Vertreter des Rechtsstaates mißliebige Menschen verleumden können, habe ich im gleichen Zusammenhang erfahren können: die Frankfurter Rechtsanwältin Inge Hornischer, der die Herren Maihofer und Dr. Meier auf der gleichen Bundespressekonferenz, nachweislich unter grober Verdrehung der Tatsachen, sogenannte Kontakte zu «Baader, Böse und anderen Mitgliedern der kriminellen Vereinigung Baader-Meinhof» nachsagten, die sie «eine Schlüsselfigur der sogenannten Szene» und eine «Drehscheibe des internationalen Terrorismus» nannten, hatte Klage wegen Verleumdung und übler Nachrede eingereicht – das Verfahren wurde eingestellt, ohne Verhandlung, ohne Vernehmung. Mehr noch: von einer Mandantin erfuhr Frau Hornischer zufällig, daß ihr Foto kürzlich den Zeugen eines Bankraubs als das einer der Teilnahme am Bankraub verdächtigen Person vorgelegt wurde. Frau Hornischer war unter falschem Verdacht im Zusammenhang mit Klein seinerzeit «erkennungsdienstlich behandelt» worden. Sie klagt nun auf Vernichtung der erkennungsdienstlichen Unterlagen – unter denen das Foto ist –, das Bundeskriminalamt weigert sich, das Gericht verlangt Akteneinsicht, um ermessen zu können, ob die Weigerung gerechtfertig ist, das Bundeskriminalamt verweigert dem Gericht Akteneinsicht – Frau Hornischer wird weiter gebrandmarkt, es gibt keinen Rekurs gegen die ehrabschneidenden und existenzgefährdenden Verdächtigungen der Staatsschützer.

So können Staatsschützer, mitten im Rechtsstaat, mißliebige Bürger moralisch zerrütten. Gefährdung der materiellen Existenz ist die weitere Folge. Rechtsanwalt Dürr hatte etwa eine Woche nach Fausts Verhaftung ein Gespräch mit dem Personalreferenten des Burda-Verlags – Fausts Arbeitgeber; man kam überein, daß Fausts Arbeitsverhältnis jedenfalls auf längere Zeit nicht aufgehoben werden solle. Kurz darauf erschienen Ermittlungsbeamte beim Burda-Verlag. Daraufhin – so drückt es Rechtsanwalt Dürr aus – «verschlechterte sich das Klima im Haus Burda entscheidend zu Lasten Herrn Fausts». Resultat: «Wegen der Probleme und Ungewißheiten im Zusammenhang mit den gegen Herrn Faust im Ermittlungs- und Haftbefehlsverfahren erhobenen Vorwürfen und zur Vermeidung eines Arbeitsrechtsstreites lösen beide Seiten das Anstellungsverhältnis zum 31. März 1978 auf.» Es gab nicht die übliche Abfindung, nicht einmal die vereinbarten sechs Monate Kündigungsfrist wurden eingehalten. Herr Faust hat kein Einkommen mehr, und keine Organisation hat sich bisher angeboten, ihn in seinem teuren – und für die Pressefreiheit hierzulande exemplarisch bedeutsamen – Strafverfahren zu unterstützen. Wer in aller Öffentlichkeit so wirkungsvoll abqualifiziert wird, braucht darauf wohl nicht zu rechnen.

Faust kann auch nicht jornalistisch arbeiten. Sein ehemaliger, aus dem Burda-Verlag ausgeschiedene Chefredakteur, Karl Heinz Schönherr, hätte für ihn als tüchtigen Journalisten ein Angebot – einmalige Chance für einen 57jährigen –, aber natürlich nicht, solange der Haftbefehl besteht. Doch der Haftbefehl wird, trotz immer neuer Anläufe der Verteidigung, nicht aufgehoben, genausowenig die Beschlagnahme sämtlicher Arbeitsunterlagen des Journalisten Faust. Er wird also vorerst daran gehindert, an seinem Buch zu schreiben, sich so eine Einnahmequelle zu verschaffen.

Am Tage nach Fausts Verhaftung, als Faust erstmalig dem Ermittlungsrichter vorgeführt wurde, plädierte der Vertreter der Bundesanwaltschaft gegen Aufhebung des Haftbefehls mit dem

Hinweis darauf, der Beschuldigte habe selbst erklärt, er wolle ein Buch über das BfV schreiben, und er habe einem Vernehmungsbeamten gesagt: «Hier habe ich nichts mehr zu verlieren, hier kann ich nicht mehr leben. So ein Buch kann man wohl nur im Ausland schreiben.» Wie richtig diese frühe Erkenntnis des Herrn Faust doch war!

Der Siegburger Amtsrichter, der am 19. Dezember Haftverschonung verordnete, begründete dann die Hinterlegung von Paß und Personalausweis damit, Faust könne sich ins Ausland absetzen, um sein geplantes Buch zu schreiben. Was man aus allen Schriftsätzen dieses Prozesses, kaum verschleiert, entnehmen kann, das hat Rechtsanwalt Paashaus – unwidersprochen (!) – in einem Schriftsatz vom 3. Januar 1978 an das Oberlandesgericht Köln zitieren können: «Es ginge den Strafverfolgungsbehörden offensichtlich darum zu verhindern, daß der Beschuldigte sein geplantes Buch über das Bundesamt für Verfassungsschutz veröffentliche.» So gesagt vom vorsitzenden Richter am Landgericht Bonn, Herrn Schmitz-Justen, in einem Telefongespräch mit Paashaus am 2. Januar 1978, also drei Tage nachdem dieses Gericht unter diesem Vorsitzenden die zuvor vom Amtsgericht Siegburg verfügte Haftverschonung wieder aufgehoben hatte; mit einer lapidaren zehnzeiligen Begründung, die Rechtsanwalt Dürr kommentierte: «Ein Rechtsprofessor würde das Prüfungsgespräch beenden, wenn ein Kandidat so argumentiert.»

Bundesanwaltschaft, Staatsanwälte und Regierungsvertreter, auch ein Teil der unabhängigen Justiz agieren ganz offenbar, um zu verhindern, daß Kritik an der Amtsführung des Bundesamts für Verfassungsschutz veröffentlicht wird. Die in der Terrorismus-Atmosphäre des vergangenen Herbstes entstandene Parole, zum Schutz des Staates bis an die Grenzen des Rechtsstaates zu gehen, erweist sich als solide Grundlage zur Perfektionierung eines Selbstschutzmechanismus. Die geheimen Dienste können alles, was sie tun, als geheim einstufen, der Journalist, der da stochert, wird Geheimnisverräter, die Behörden ermitteln in eigener Sache gegen ihn, Zeugnisverweigerungsrecht und Beschlagnahmeverbot werden unter dem Schutz überhöhter Strafnormen unterlaufen. Irgendwelche Dinge aus dem Privatleben finden sich immer, wenn man monatelang jeden Schritt und jedes Wort überwacht, die, skrupellos aus dem Zusammenhang gelöst und mit dunklen Andeutungen vermischt, als diffamierender Strauß über zahlreiche

Kanäle den Verwaltern der öffentlichen Meinung gereicht werden, so den mißliebigen Bürger isolieren und in dieser Isolation praktisch schutzlos machen – alles ohne groben Verstoß gegen rechtsstaatliche Form.

Auf die lange Sicht freilich gestaltet sich die während der Ermittlungen so einfache Manipulierbarkeit des Rechtsstaates etwas schwieriger. Was ist dem Staatsanwalt weiter eingefallen, der jetzt die Anklage erhoben hat? Nachdem Faust zum Umstürzler, zum «dicksten Ei an Geheimnisverrat seit Jahren» hochstilisiert worden war, konnte es da bleiben bei der Anklage wegen angeblicher Weitergabe der Akten, die den Verfassungsbruch in Sachen Traube dokumentierten? Dem Staatsanwalt ist ein Delikt eingefallen, von dem Rechtsanwalt Paashaus im Bereich der Pressedelikte noch nie gehört hat; Faust ist der «psychischen Beihilfe» angeklagt, psychische Beihilfe daran, daß der mitangeklagte Beamte des BfV, Dirrenhofer, dem auch keine umstürzlerischen Motive nachgesagt werden können, ihm, Faust, nicht nur die Akten im Fall Traube, sondern noch weiteres Material über den Verfassungsschutz offenbart haben soll. Sonst ist nichts gewesen, Herr Minister, kein einziger weiterer «Geheimnisverrat» des Herrn Faust, kein Nachrichtenhandel, keine Geheimorganisation, keine Erpressung – ein kleiner Fisch!

Und jetzt wird es Zeit, sich einmal mit den niedrigen Motiven des Herrn Faust zu befassen. Die *Welt*, deren notorisch gutes Verhältnis zu Karlsruher Bundesjustizbehörden im Laufe des Stammheimer Prozesses überdeutlich wurde, die schon am Tage der Verhaftung Fausts den genauen Haftgrund § 88 kannte, diese *Welt* zeigte sich auch am 17. Mai 1978 erstaunlich gut unterrichtet, «was Hans Georg Faust über den Verfassungsschutz noch schreiben wollte». Sie zitiert aus der beschlagnahmten – laut Faust sonst nur noch dem *Spiegel* bekannten – Inhaltsangabe zu Fausts Buch. Zitate: «Das BfV ist eine Sicherheitsbehörde, die über das Niveau einer aufgeblähten, aber wenig effizienten Auskunftei nicht hinauskommt ... Eine durchaus vernünftige und notwendige Einrichtung kann sich nicht entwickeln und ist zur Erfolgslosigkeit verurteilt. Warum, werde ich begründen.» Und er stellt die Beamten des BfV ihren Gegenspielern aus Ost-Berlin so gegenüber:

«Hier biedere Juristen, ohne inneres Verhältnis zum geheimen Nachrichtendienst, zur Welt der Konspiration. Drüben dagegen erfahrene, entschlossene Verschwörer. Die einen haben die Besoldungsordnung im Kopf und den Pensionsanspruch vor Augen, die anderen wollen partout die Welt verändern!»

So also wollte der «verfassungsfeindliche Saboteur» schreiben, dem im Haftbefehl eine «die Grundidee des demokratischen Staatswesens ablehnende Gesinnung» unterstellt wird, dafür sammelte er jahrelang Material und wartete die nunmehr abgelaufene obligatorische Frist von zehn Jahren nach seinem Ausscheiden aus dem BfV ab. Es ist schwer, keine Satire zu schreiben. Sind die Herren von der Bundesanwaltschaft linksaußen, die im *law and order* Faust – so charakterisierte er sich selbst mir gegenüber – die Gefahr für das demokratische Staatswesen sehen? Wollten Sie dem langjährigen CDU-Mitglied an den Kragen?

Doch Faust war schon nicht mehr CDU-Mitglied. Er hat seinen Austritt erklärt am Tag nach der Bundestagsdebatte um meinen Fall am 16. März 1977. Erinnern Sie sich, Herr Minister, der Rede des CSU-Abgeordneten Spranger, der kein Wort der Rüge für den «Lauschangriff» fand, dagegen den Skandal im «Verrat umfangreicher geheimer Akten an den *Spiegel*» sah, und der rundum schlug gegen die Linken in SPD und FDP, die «nicht bereit waren, diesen in ihren Augen schweren ideologischen Sündenfall hinzunehmen». Aus Empörung über diese Haltung seiner Partei im Fall Traube, so sagte mir Faust, sei er tags darauf ausgetreten.

Welch anderes Motiv könnte auch ein Mißtrauischer Herrn Faust unterstellen? Wäre er der gerissene Konspirateur und professionelle Geheimnisverräter, als den ihn die Strafverfolgungsbehörden hinstellen, der die Akten an den *Spiegel* übergeben haben soll im Rahmen einer Zielsetzung – laut Haftbefehl –, «die Wahrnehmung der dem Bundesamt für Verfassungsschutz obliegenden Aufgaben unmöglich zu machen», was sollte ihn zu gerade diesem Zeitpunkt, als die Jagd nach den «Geheimnisverrätern» eingesetzt hatte, bewogen haben, mit solch ungewöhnlichem Schritt Aufmerksamkeit auf sich zu ziehen?

Jedenfalls wäre dieses Verhalten Fausts plausibel, wenn man einmal gerade das unterstellen würde, was die Inhaltsangabe zu seinem geplanten Buch ausweist und was die Strafverfolgungsbehörden so explizit ausschließen – daß ihn die Apparatschik-Mentalität im BfV entrüstet, die gleichermaßen Ineffizienz wie Skrupellosigkeit begünstigt. Es paßt auch in das Bild eines Mannes mit ausgeprägtem Gerechtigkeitsgefühl, daß Faust in seinem Kündigungsbrief vom 28. Februar 1964 dem BfV schrieb: «Das, was mir in den letzten Wochen an Demütigungen widerfahren ist, werde ich nicht vergessen.»

Dieser Satz taucht schon im Haftbefehl und dann in späteren Schriftsätzen der Strafverfolgungsbehörden auf als wesentlicher Beleg dafür, daß – so sagt der Haftbefehl im Zusammenhang mit diesem Satz – Faust sich «absichtlich für Bestrebungen gegen die Sicherheit der Bundesrepublik Deutschland eingesetzt» hat. Der gefährliche Konspirateur legte unablässig aller Welt seine Gefährlichkeit dar, lieferte auch noch über Telefon den Verfolgern genau die Äußerungen, mit denen sie seine unlauteren Motive beweisen wollen, nachdem er bereits durch die Entdeckung des Peilsenders unter seinem Auto davon wußte, wie intensiv ihm seine früheren Kollegen vom BfV nachstellten, auch noch, nachdem er anläßlich der Hausdurchsuchung erfuhr, wessen er verdächtigt wird. Welch widersprüchlichen Menschen haben sich die Staatsschützer zusammenkonstruiert!

Mir fiel eine Zeile Brechts ein, als ich Faust vor wenigen Wochen zum erstenmal begegnete – kein Sieger trat da auf mich zu. Klein von Statur, sah er sich mißtrauisch im Kölner Hauptbahnhof um, machte «konspirativ» auf einen «Beschatter» aufmerksam: der habe heute abend aber Aufregendes zu melden, Faust und Traube! Was sich da an Zorn, Verachtung, Mutterwitz und Pfiffigkeit mischte, war die Essenz der Lebenskunst des kleinen Mannes, der gelernt hat, sich durchzuschlagen, sich vor Schlägen zu ducken und doch seine Würde zu bewahren.

Faust hatte reichlich Gelegenheit, diese Lebenskunst einzuüben: Krieg, russische Gefangenschaft, bei der Entlassung 1949 bereits 28 Jahre alt und als gebürtiger Schlesier ohne Heimat, als – so sagte er – strammer Antikommunist ab 1950 in der Bundesrepublik als Mitarbeiter der Geheimdienste. Ein Dutzend Jahre Geheimdienst reichten ihm, als 1963 sein Zimmerkollge Pätsch vom BfV in Köln illegale Abhörpraktiken öffentlich anprangerte: im Rahmen danach einsetzender Recherchen innerhalb des Amtes wurde Faust verdächtigt – schon damals des «Verrats» von Verfassungsbrüchen an die Presse –, konnte nachweisen, daß die Verdächtigungen grundlos waren, war aber über die erniedrigende Art der Ermittlungsmethoden so empört, daß er kündigte und – mit 43 Jahren kein leichtes Beginnen – noch den Sprung in den Illustriertenjournalismus wagte.

Was ist wohl, bei unbefangener Wertung, der zitierte Schlußsatz seines Kündigungsschreibens anderes als die Geste dessen, der gegenüber der Macht seine Würde verteidigt, unter Mißachtung der Unzuträglichkeiten, die ihm diese Herausforderung einer so mächtigen Behörde einbringen könnte?

So habe ich Faust kennengelernt, geladen mit Empörung und Verachtung über die Methoden, mit denen Staatsschützer ihn und andere «fertigmachen», und gleichzeitig auch darüber, wie ineffizient dieser Selbstschutz die Ämter machen muß – wie wirkungsvoll wohl die Terroristenfahndung sein wird, wenn ein Dutzend «Beschatter» auf jemanden wie ihn angesetzt werden. Nicht so sehr die Abstraktion «Verfassungsbruch» ist es, was Faust an dem seinerzeitigen Vorgehen gegen mich erbost, nicht die Wanze, sondern die Mischung aus Skrupellosigkeit und Stupidität mit der man bei einmaligem Fahndungsaufwand an einer Spur klebte, die ein Minimum an gesundem Menschenverstand als falsch erkennen mußte, mit der man, statt mich vor dem flüchtigen Bekannten Klein zu warnen, mich mit allen Mitteln als großen Erfolg zur Strecke bringen wollte.

Der temperamentvolle und mit Wortwitz reich gesegnete Faust macht seiner Empörung Luft, wie schon in seinem Kündigungsbrief, er schimpft begnadet konspirativ, obwohl er vermutet, daß Richtmikrofone seine Worte einfangen. So hat er sich auch in den abgehörten Telefongesprächen Luft gemacht. Er wußte ja spätestens seit der Affäre mit dem Peilsender, wie intensiv ihm nachgestellt wurde; versuchen Sie einmal, bitte, sich in eine solche Situation zu versetzen. Wer, den die Angst, die eine solche Situation auch hervorbringt, nicht völlig eingeschüchtert, würde wohl im Laufe von sieben Monaten – das ist der Zeitraum, in dem das halbe Dutzend zur Last gelegten Äußerungen gesammelt wurden – nicht einige Male platzen? Es würgte mich, als ich jetzt nachlas, mit welcher Unverfrorenheit die Regierungs- und Anklagevertreter in meinem wie in Fausts Fall durch gnadenloses Abladen diffamierender Unterstellungen und Verdrehungen auf die von ihnen Beschuldigten sich aus ihrer eigenen Bedrängnis herauszuhelfen versuchen; Verbalinjurien benötigen jene Herren nicht, Verbalinjurien sind die Erleichterungen des ohnmächtigen kleinen Mannes.

Einige Schimpfworte, Konzentrat aus sieben Monaten Abhörung, wurde der Presse als Ausdruck niederer Gesinnung zugespielt – wer denkt bei solcher Raffung schon daran, was ihm selbst alles, auch unter normalen Verhältnissen, in solchem Zeitraum rausrutscht! Als hätte noch nie ein ehrenwerter Journalist führende Politiker im vertrauten Gespräch, nie ein führender Politiker andere führende Politiker in aller Öffentlichkeit «Gesindel» genannt!

Abgesehen einmal von der Dreistigkeit, einen Haftbefehl aufzubauen auf eine das «demokratische Staatswesen ablehnende Gesinnung», diese wiederum abzuleiten aus illegaler – zumindest durch Anwendung einer ungerechtfertigten Strafnorm erschlichener – Gesinnungsschnüffelei, was bleibt also bei näherer Betrachtung von dieser «Gesinnung»?

Die Schimpfworte am Telefon und der Satz aus dem Kündigungsschreiben? Nicht im Ernst! Der Nachrichtenhandel? Ich habe gezeigt, wie substanzlos und hinterhältig diese Konstruktion war. Und was gab es noch, außer den vielen dunklen Andeutungen, die das Gesinnungsbild abrunden? Weder in den Prozeßakten noch auch in der Öffentlichkeit gab es weiter irgendeinen konkreten anderen Vorwurf, außer dem, einen Koffer zu besitzen voll «Geheimmaterial ungewöhnlicher Dimension» – so lautete der «Hinweis aus dem Bundesinnenministerium».

Also schauen wir zu guter Letzt in den Koffer, Herr Minister. Besitz und Beschaffung der Akten sind Fausts gesetzlich geschütztes Recht – er wird nicht beschuldigt, irgend etwas anderes aus diesem Koffer an die Öffentlichkeit getragen zu haben als die «Lauschangriffsakten», ihm wird «nur» noch zusätzlich das neugeborene Pressedelikt der «psychischen Beihilfe» an der «Offenbarung» dieser Akten in der Anklage zur Last gelegt. Und einmal unterstellt, Faust hätte tatsächlich die «Lauschangriffsakten» an den *Spiegel* gegeben, so wäre das selbst nach § 353 c nur strafbar, wenn das Merkmal «unbefugte Weitergabe» zuträfe – wenn der «Lauschangriff» nicht illegal gewesen wäre, was denn nun endlich in diesem Prozeß zu klären wäre.

Lassen wir die Paragraphen. Schließlich waren «die ungewöhnlichen Dimensionen an Geheimnisverrat» im Koffer auch unerläßliche, ja die dunkelsten Farben in jenem Kolossalgemälde vom geheimnisverräterischen Schurken mit dem – für die fdGO, das «Amt» und speziell dessen Präsidenten namens Meier bestimmten – Dolch im Gewande. Nun, da der Schurke sich zurückverwandelt hat in den bisher unbescholtenen, durch nichts anderes als den Koffer belasteten Journalisten, wäre zu prüfen: Was ist wirklich im Koffer, und was spricht dafür, daß Faust unbedenklich alles veröffentlicht hätte?

Natürlich hat Faust über die Jahre hin mit früheren Kollegen verkehrt, man kann wohl davon ausgehen, daß bei solchem Verkehr auch über das Amt geredet wird – die «absolute Verschwiegenheit», auch die eines Geheimdienstlers, kann ja nur eine Fiktion sein, sie widerspricht jeder Lebenserfahrung. Natürlich ist zudem Faust auch als Journalist mit Geheimdienstfällen in Berührung gekommen; «Geheimdokumente» befinden sich in vielen Koffern und Tresoren von Journalisten, es ist die Pflicht der Presse, Übergriffe der Geheimdienste aufzuspüren, und wir erleben in letzter Zeit schmerzlich, daß die Presse das einzig wirksame Korrektiv gegen die zunehmende Herrschaft der Dossiers ist. Aber Veröffentlichungen dubioser Geheimdokumente – auch der «Lauschangriffsakten», bei denen es sich um einen abgeschlossenen Vorgang handelte – haben nie legale, laufende Ermittlungen behindert. Nichts spricht dafür, daß Faust beabsichtigte, diesen journalistischen Kodex zu durchbrechen, tatsächlich ist – nach Auflösung der amtlichen Nebelfelder – aus seinen zwölf Journalistenjahren keine Handlung bekannt geworden, die irgendwie als Geheimnisverrat ausgelegt werden könnte, selbst die Anklage verdächtigt Faust nur Weitergabe der Lauschangriffsakten.

Ist überhaupt etwas im Koffer, was laufende Ermittlungsarbeit beeinträchtigen, «das Amt lahmlegen» könnte? Die amtliche Informationspolitik hat in den Tagen nach Fausts Verhaftung den Koffer geöffnet. *Bild am Sonntag* vom 4. Dezember 1977 wußte aus dem Bundeskriminalamt, daß Faust «in konspirativer Ausforschung» Lebensdaten über Mitarbeiter und Informanten des Verfassungsschutzes zusammengetragen habe, geheime Quellen enttarnt, sich über Mittelsmänner Dienstvorschriften des Geheimdienstes beschafft und die neuesten Erkenntnisse über die deutsche Terrorszene ausgekundschaftet habe. Die *Stuttgarter Zeitung* vom 3. Dezember 1977 berichtete aus «mündlich vorgetragenen Argumentationen der Bundesanwaltschaft» von «Material, das sich mit der geplanten Zusammenarbeit mit dem spanischen Geheimdienst befaßt», von «Vermerken über Entstehung und Aktivitäten der terroristischen Organisation Bewegung 2. Juni» und von Material über «Maßnahmen zur Terrorismusbekämpfung, dem der *Spiegel* 1976 drei Beiträge widmete».

Ich habe Faust befragt nach dem Wahrheitsgehalt dieser Meldungen. Er dürfte kaum ein Interesse haben, dazu falsche Aussagen zum Gebrauch für die Öffentlichkeit zu machen; nichts käme wohl den vereinigten Staatsschützern gelegener. Faust erkennt in diesen Andeutungen den Inhalt seines Koffers, aber in dramatisierender Verzerrung. Charakterisierungen wie etwa die des von der *Bild am Sonntag* am 4. Dezember zitierten BKA-Beamten, das «Material wäre in den Händen einer fremden Macht oder Terrororganisation Sprengstoff gegen die Bundesrepublik» seien barer Unsinn, schon weil es sich um Jahre zurückliegende, längst abgeschlossene Vorgänge handle. Der größte Teil des Materials seien generelle Unterlagen für das geplante Buch, in dem es um Darstellung und Kritik der grundsätzlichen Arbeitsweise des BfV gehe, nicht um «Affären». Einigen Schriftstücken beleuchteten auch für die Öffentlichkeit interessante, wenn auch Jahre zurückliegende Praktiken.

Faust gibt ein Beispiel. Beim «Material, das sich mit der geplanten Zusammenarbeit mit dem spanischen Geheimdienst befaßt», handle es sich keineswegs um eine *geplante*, sondern um eine sieben Jahre zurückliegende Zusammenarbeit; ein Briefwechsel belegt, daß das BfV im Franco-Geheimdienst über antifaschistische Gastarbeiter berichtete.

Doch das darf wohl nicht an die Öffentlichkeit, denn, so begründete der Bundesgerichtshof am 14. Dezember die Aufrechterhaltung des Haftbefehls gegen Faust: er habe durch Beschaffung und Weitergabe geheimer Unterlagen aus dem BfV «wichtige öffentliche Interessen schon aus folgendem Grunde gefährdet: die Tatsache, daß geheime Unterlagen aus dem BfV gegen den Willen dieses Amtes an Dritte gelangten, schafft notwendigerweise eine Vertrauenskrise jedenfalls im Verhältnis zu befreundeten Nachrichtendiensten».

Womit wir wohl bei der eigentlichen Sache wären. Nichts rechtfertigt die Annahme, Faust ginge es um irgend etwas anderes, als Mißstände aufzudecken, aber genau das war zu verhindern, hier mußte einmal ein Exempel statuiert werden. Mißstände im BfV sind Geheimsache und Geheimsachen aufzudecken ist schon strafbar, weil es «eine Vertrauenskrise im Verhältnis zu befreundeten Nachrichtendiensten schafft», auch wenn es um olle Kamellen geht. Der ganze für Faust quälende Wirbel von Verdächtigungen, Diffamierungen, Einschüchterungen und wirksamen Behinderungen war offenbar nötig – und das ist das einzig Erfreuliche an der ganzen Geschichte –, weil unsere Öffentlichkeit noch nicht bereit ist, einen Unbescholtenen, der dubiose Praktiken der Staatsschützer enthüllt, automatisch als Staatsfeind anzuerkennen.

Nachdem durch die § 88-Affäre hervorgerufenen Wellenschlag haben sich die Medien im Fall Faust beruhigt. Die Strafverfolgung nach § 353 c stieß nur noch auf vereinzelte, milde Kritik, obwohl seit langem streitig ist, ob diese von den Nazis eingeführte Norm mit verfassungsrechtlichen Grundsätzen übereinstimmt. Sie bedroht potentiell jeden Journalisten, der illegale Vorgänge aus amtlich als geheim gekennzeichneten Dokumenten veröffentlicht – ein analoges Gesetz gibt es beispielsweise in den USA nicht. Bundesjustizminister Dehler hatte 1952 mitgeteilt, die Bundesregierung werde § 353 c nicht wieder anwenden, und so die Rücknahme einer gegen diesen Paragraphen gerichteten Verfassungsbeschwerde des Deutschen Journalistenverbandes erreicht. Doch Faust war und blieb so nachhaltig abqualifiziert, daß die Frage, warum die Bundesregierung ihn und nicht die *Spiegel*-Journalisten nach § 353 c verfolgen ließ, kaum ernsthaft gestellt wurde.

Wo aber noch kritische Fragen gestellt wurden, zeigte sich die zunächst so red- und andeutungsselige amtliche Informationspolitik nun rechtsstaatlich geläutert. Der parlamentarische Staatssekretär Dr. de With verwies den Abgeordneten Conradi – der am 12. April im Bundestag wissen wollte, ob «die Bundesregierung mittlerweile der Auffassung ist, daß der Tatbestand des § 88 nicht erfüllt war», auf die «guten Gepflogenheiten der Bundesregierung, zu Entscheidungen unabhängiger Gerichte nicht Stellung zu nehmen». Staatssekretär Bölling beschied am 1. März 1978 Herrn Büttner vom Vorstand der Deutschen Journalisten Union: «Solange der Fall Faust seinen Gang der Gerichtsprozedur geht, kann sich die Bundesregierung nicht mit Interpretationen oder anderen Aussagen zur Sache einmischen.»

Rechtsanwalt Paashaus nennt diese Äußerungen scheinheilig: Die Bundesregierung hatte dieses Verfahren jederzeit in der Hand, von unzulässiger Einmischung kann in diesem speziellen Fall nicht die Rede sein; sie kann immer noch die Ermächtigung zur Strafverfolgung zurückziehen. Und Hans Büttner wies am 13. März 1978 nachdrücklich Böllings «Nichteinmischungs»-Antwort zurück, forderte «politische Antworten» auf die von der Deutschen Journalisten Union schon am 13. Januar gestellten

Fragen, insbesondere nach Aufrechterhaltung der ursprünglich nach § 88 erfolgten Beschlagnahmen, nach der aus amtlichen Andeutung entnehmbaren Spionagetätigkeit Fausts, nach dem besonderen Interesse an dessen Verfolgung.

Büttner verwies auch darauf, daß «diejenigen, die im Falle der illegalen Maßnahmen gegen den Atomwissenschaftler Traube tätig geworden sind, durch Beförderung belohnt wurden». Danach fragte auch am 12. April im Bundestag der Abgeordnete Roth – der parlamentarische Staatssekretär im BMI lehnte die Beantwortung ab; im übrigen hatte er auf Roths weitere Frage nach dienst- oder strafrechtlichen Schritten gegen «die für den rechtswidrigen Einbruch in das Haus Traube verantwortlichen Beamten» die schlichte Antwort, solche Schritte waren «nicht zu veranlassen, weil die Amtshandlung nach Artikel 13 Abs. 3 des Grundgesetzes zur Abwehr einer gemeinen Gefahr» usw.

Der Bundesregierung scheint keine Antwort zu dumm, wenn sie nur das Treiben der vereinigten Staatsschützer in den weisungsgebundenen Behörden – BfV, BKA, Bundesanwaltschaft und in den Ministerien des Innern und der Justiz deckt. Die Justiz hat bisher bei der Nachbewältigung der Lauschaffäre ohne Einschüchterung mitgespielt. Wird sie auch mitspielen, bei dem was sich jetzt anbahnt?

Die am 7. Juli zugestellte Anklage gegen Faust ist zur Geheimsache erklärt worden! Werden die Staatsschützer den Ausschluß der Öffentlichkeit in den wesentlichen Teilen des Prozesses durchsetzen? Wird also die Öffentlichkeit nicht erfahren, was es mit all den öffentlich kolportierten Anschuldigungen gegen Faust auf sich hat? Dann wäre der Selbstschutz der Staatsschützer perfekt.

Es geht hier, Herr Minister, um einen Menschen, dem übel mitgespielt worden ist. Aber es geht auch um die Pressefreiheit zu einer Zeit, in der sich mehr als je zuvor in der Geschichte der Bundesrepublik eine unkontrollierte Herrschaft der geheimen Dienste unter Mißbrauch des legitimen Schutzbedürfnisses gegen den Terrorismus ausbreitet. Die Tendenz zur Ausweitung ihrer gefährlichen Macht ist in der Natur dieser Dienste angelegt; es hat sich immer wieder erwiesen, daß in erster Linie eine wirkungsvolle Presse, die Übergriffe aufdeckt, Öffentlichkeit schafft, diese gefährliche Machtausweitung korrigiert.

Selbst zu Zeiten der Regierung Nixon – sicher kein Vorbild für eine Regierung mit liberalen Grundsätzen – erschienen, und waren bekanntermaßen in Vorbereitung, jene Berichte und Bücher über den CIA, die zu scharfer Reaktion der Öffentlichkeit und zu durchgreifenden Korrekturen führten. Wenn das, was hier mit einem Journalisten, der angekündigt hat, über den Verfassungsschutz zu schreiben, Schule macht, wenn die unheimliche Macht der staatlichen Selbstschützer noch ausreicht, die Aufdeckung ihrer Intrigen durch Aufdrücken des Stempels «Geheim» auch im Rahmen des Prozesses gegen Faust vor der Öffentlichkeit zu verschleiern, dann sollte eines wenigstens klar sein: die Regierung, und vor allem der Justizminister, hätten sich sehr selektiv eingemischt und sehr selektiv herausgehalten. Den Hauptanteil an der Inszenierung dieser Justiz-Posse hatte die Ihrer Weisung unterliegende Bundesanwaltschaft, Herr Minister. Daß sie – wie Ihr parlamentarischer Staatssekretär Dr. de With es in der Fragestunde des Bundestages am 12. April 1978 formulierte – mit Wissen, aber nicht auf Weisung der Bundesregierung gehandelt habe, das gehört in die lange Reihe jener bürokratischen Verschleierungen, deren Unsumme die allseits beklagte Staatsverdrossenheit bewirkt. Treten Sie vor die Kulissen, Herr Minister, Sie sind der Öffentlichkeit Antworten schuldig, die Sie bisher verweigern ließen durch Staatssekretäre, die mit frommem Augenaufschlag auf die Gewaltenteilung verweisen. Die Unabhängigkeit der Justiz steht nicht auf dem Spiel, wenn Sie die Frage des Abgeordneten Conradi beantworten, ob – im Klartext – die Bundesanwaltschaft demnächst wieder nach § 88 wegen «Geheimnisverrats» ermitteln, beschlagnahmen, abhören und verhaften lassen darf. Die Unabhängigkeit der Justiz wäre dagegen durchaus berührt, duldete der Justizminister stillschweigend den Ausschluß der Öffentlichkeit im Prozeß gegen Faust, nur weil dies oder das aus den «Lauschangriffsakten» zur Sprache kommen könnte, das noch nicht im *Spiegel* zu lesen war. Die Öffentlichkeit hat das Recht zu erfahren, was nun tatsächlich gegen Faust vorgebracht wird und was die Verteidigung dazu zu sagen hat.

Würden Sie öffentlich erklären, was an den ausgestreuten Gerüchten um Faust definitiv nicht stimmt, dann wäre das nicht allein schuldige Wiedergutmachung, es wäre auch ein Akt zur Wiederherstellung der Glaubwürdigkeit unserer unter Staatsverdrossenheit leidenden Demokratie, der Glaubwürdigkeit Ihrer – und meiner – Partei, die für viele ihrer Anhänger zunehmend zum kleineren Übel degeneriert, nicht zuletzt, weil man in ihrer Praxis die sozialdemokratische Tradition des entschiedenen Eintretens für die Bürgerrechte nicht mehr zu erkennen vermag.

Eine Klarstellung zu den Vorwürfen gegen Faust würde Sie allerdings erneut mit der – durch den veranstalteten Wirbel verschleierten – Frage konfrontieren, «welches besondere Interesse die Bundesregierung an der Verfolgung Fausts hat?» Es wäre dann zu bekennen, ob das Aufspüren «undichter Stellen im BfV», aus denen beileibe keine zum Schutz der Verfassung notwendigen Geheimnisse drangen, wohl aber dubiose und – ich überwinde meinen Widerwillen gegen das Wort – verfassungsfeindliche Praktiken, ob dieses Aufspüren in den Augen der Bundesregierung Vorrang hat vor dem Recht und der Pflicht der Journalisten, solche Praktiken aufzuspüren und zu veröffentlichen.

Diese Frage an Sie, Herr Minister, zöge auch die Frage nach sich, ob nicht das unter dem Deckmantel der Terroristenbekämpfung zu beobachtende Ausufern des «Geheimen» Anlaß genug wäre, den lang umstrittenen § 88 endlich abzuschaffen? Ich will bekennen, Herr Minister, daß ich nur geringe Hoffnung habe, dieser Anruf könnte Sie zur Stellungnahme bewegen. So erschreckend sich mir das Nachspiel zu der «Lauschaffäre» auch darstellt – erschreckender als die Affäre selbst –, es geht doch nur um einige unter einer zunehmenden Zahl von Übergriffen des Staates gegen jene Bürger, die nicht der sich ständig verengenden Norm genügen, innerhalb deren die Staatsschützer die unverdächtige Staatstreue erkennen. Es bedurfte eines heutzutage anstrengenden Vertrauens in die Substanz dieser Demokratie, sich dennoch mit diesem Brief an Sie zu wenden.

Ilse Kreuter-Braun

Was im Saarland möglich ist!

Saarbrücken, 7. Januar 1978

Lieber Freimut Duve,

ich schreibe Ihnen, weil ich Ihnen berichten will, was zur Zeit hier im Saarland passiert.

Für die ‹*Briefe zur Verteidigung der Republik*› möchte ich Ihnen und den Mitherausgebern besonders danken. Ich möchte Ihnen meine Saarland-Geschichte berichten als Beispiel dafür, daß die Verfassung wohl schon viele Löcher hat.

Ich bin Ärztin und arbeite seit zehn Jahren als Assistentin (halbtags) ohne Facharztanerkennung in einer großen Praxis für Hals-Nasen-Ohren. Ich mache – einschließlich Operationen – die Arbeit eines HNO-Arztes. Da meine Kinder jetzt groß genug sind, wollte ich endlich die Facharztanerkennung bekommen und hatte zum 1. Januar 1978 eine Assistentenstelle an der Universitätsklinik Homburg/Saar. Anfang November 1977 bekam ich meine Unterlagen zurück mit dem Vermerk, daß das Ministerium für Arbeit, Gesundheit und Sozialordnung – Frau Minister Dr. Scheurlen – meiner «Übernahme in den öffentlichen Dienst» nicht zustimmt, wobei von vornherein klar war, daß meine Anstellung auf etwa eineinhalb Jahre befristet sein würde.

Gestern hatte ich nun den mir laut Erlaß zustehenden «Anhörungstermin» im Ministerium. Diese Anhörung war eher ein Gewissensverhör, und der mich begleitende Anwalt wurde zum Statisten, da er nur Zuhörer sein durfte und keine Akteneinsicht, nicht einmal Einsicht in das Protokoll erhielt. Die Fakten, die der Verfassungsschutz gegen mich seit Jahren liebevoll zusammengetragen hatte, geben in keinem Punkt irgendeinen Anhalt dafür, daß ich jemals eine gesetzwidrige oder gar verfassungsfeindliche Haltung verübt hatte. Bei dem fast inquisitorischen Gespräch wurde mir immer wieder die Unterstützung von Kommunisten oder von angeblich kommunistisch dirigierten Organisationen vorgeworfen. Seit zehn Jahren wird da nun gesammelt:

1. Teilnahme am Ostermarsch 1967,
2. Mitglied im Republikanischen Club 1968,
3. Unterschriften Vietnam-Initiative 1968/69,
4. Teilnahme an immer genehmigten Vietnam-Demonstrationen 1968/69,
5. Teilnahme am Friedenszug und kostenlose Leihgabe meiner Fotos für den Reiseprospekt des nächsten Jahres (1970),
6. Demonstration anläßlich Allendes Ermordung,
7. Unterschrift zu einem Bürger-Votum, daß die DKP zu den Kommunalwahlen 1974 im Saarland eine «wählbare Partei» sei, solange sie nicht verboten ist; 1974 (ich bin selbst in der SPD),
8. im vergangenen Jahr war unter anderem auch gegen mich ein Ermittlungsverfahren, da Gerhard Müller (!) mich angeblich von einem Gespräch 1972 her kannte. Ein Verfahren gegen mich wurde nie eröffnet und das Ermittlungsverfahren bereits im März 1977 von der Staatsanwaltschaft Saarbrücken eingestellt, da ich absolut nicht damit belastet werden konnte.

All diese – niemals grundgesetzwidrigen – Aktivitäten werden nun von Ministerialbeamten zu einem «Mosaik meiner Persönlichkeit» zusammengesetzt, da man mir rechtlich nichts vorwerfen kann. Ich bin diesem Verfahren ausgeliefert, weil die Entscheidungen unter Umgehung der Legislative von der Exekutive getroffen werden. Ich weiß noch nicht, wie die «zum Richteramt befugten» Ministerialräte entscheiden werden. Selbst wenn man jetzt für mich entscheiden sollte, da doch wohl nichts gegen die Ausübung von HNO-ärztlicher Tätigkeit spricht, wollte ich Ihnen diese Geschichte von der Saar erzählen.*

Herzliche Grüße
Ilse Kreuter-Braun

PS: Ein Zitat des mich anhörenden Ministerialdirektors möchte ich Ihnen nicht vorenthalten: «Wo ist bei Ihrer humanitären Einstellung denn der Unterschied zwischen Napalm auf Kinder und einer vietnamesischen Granate auf einen amerikanischen Soldaten?»

* Nach Einschaltung eines Rechtsanwalts ist Frau Dr. Kreuter-Braun inzwischen am Krankenhaus eingestellt worden.

Fritz J. Raddatz

Staatstreue – Untertanengeist oder Mut zur Kritik?

Über die Grenzen kritischer Intelligenz

Der Fall, Teil I

«Ein Fall, woran nicht eine Verletzung, sondern eine Bewährung des Grundgesetzes der Bundesrepublik demonstriert werden muß . . . Würde Peter Brückner – im Namen der Staatstreue – aus dem Lehramt entfernt, so wäre das, wie nachgewiesen werden kann, kein Vollzug, sondern eine Verletzung des Grundgesetzes.»

Hans Mayer

Mißfallen erregten zuerst seine «unpatriotischen» Aufsätze; Empörung löste seine öffentliche Weigerung aus, einen Mann, den er für belastet hielt, in das höchste Staatsamt zu wählen; relegiert und um das akademische Lehramt an der Technischen Hochschule Hannover gebracht von einem kläglich taktierenden Kultusministerium wurde der bedeutende Wissenschaftler mit 54 Jahren. Sein Hauptwerk definierte die Aufgabenstellung eines Forscherlebens: ‹*Geschichte als Sinngebung des Sinnlosen*›.

Man schrieb das Jahr 1926, dem er die Wahl-Gefolgschaft verweigert hatte, der hieß Paul von Hindenburg, dem und dessen Wählern wir dann alle so viel zu verdanken hatten, sieben Jahre später, 1933. In diesem Jahr erschossen deutsche SD-Agenten den Emigranten im tschechoslowakischen Exil: Theodor Lessing, Kulturphilosoph, Jude, Sozialist. Deutschland hat für alles seine Geschichte.

Die Technische Hochschule in Hannover ist heute eine Technische Universität, und der Jude und Sozialist, 56 Jahre alt, ist noch kein Emigrant – denn dem Ruf auf einen Lehrstuhl in Amsterdam durfte er, trotz seines Angebots, auf die Bezüge aus Hannover zu verzichten, nicht folgen. Dafür ist er vom Dienst suspendiert, hat Hausverbot für die Universität (bzw. das Institut für Psychologie, dessen Direktor er ist) und wartet auf ein Disziplinarverfahren. Wissenschaftsminister Eduard Pestel dringt auf Entlassung aus dem Staatsdienst. Die Rede ist von Professor Peter Brückner. Was ist vorgefallen?

Karl-Heinz Ruhland, weiland «Zeuge der Anklage» im Baader-Meinhof-Prozeß, hatte ausgesagt, Peter Brückner habe in seiner hannoverschen Wohnung ihn und Ulrike Meinhof versteckt. Obwohl Staatsanwalt Nikolaus Borchers «Ungereimtheiten» in Ruhlands Aussagen zugab; obwohl die Zugehfrau in Brückners offenbar freizügigem Haushalt zwar Ruhland gesehen und die höchst konspirative Äußerung des Professors «Da ist ja schon wieder einer» gehört haben will, auf Fotos Ulrike Meinhof aber nicht erkannt hat; obwohl ein Exemplar Lenin-Werke – «Ich habe mir hinterher gesagt: wo ist denn bloß Band 7?» – eigentlich wenig tauglich ist zur «bürgerlichen Tarnung» von Terroristen; obwohl nie geklärt wurde, ob Professor Brückner tatsächlich Quartier gemacht hat in Polle an der Weser für Ulrike Meinhof, so wenig Ruhlands belastende Aussage erhärtet werden konnte, Brückner habe Studentenausweise bzw. Briefe auf Universitätspapier ausgestellt: angeklagt wurde. Nach einer Sitzung des Innenausschusses im niedersächsischen Landtag im Februar 1971, die den Verdacht von Verbindungen Brückners zur Baader-Meinhof-Gruppe erörterte, wurde ein Jahr später im Düsseldorfer Oberlandesgericht verhandelt – ganze sieben Minuten; denn Peter Brückner verweigerte die Aussage, absurderweise sogar auf die Frage: «Ist das Ihre Wohnung?» (an Hand einer Skizze Ruhlands). Ein Psychologieprofessor sollte wissen, wie das wirkt. Auch wenn es sein Recht ist, «an dem nicht gemäkelt werden darf», wie Gerhard Mauz im *Spiegel* schrieb. Wer schweigt, hat's nötig – dieser Eindruck entstand nun einmal. Wie auch eine Lebensweise sonderbar wirken mag, deren «Gastlichkeit» offenbar schrankenlos ist. Das Verfahren lief durch endlose Instanzen und endete schließlich 1975 mit einem Freispruch vor der Ersten Großen Strafkammer des Landgerichts Hannover; denn die 4800 DM Geldstrafe für Brückners «Vertrauensvorschuß und unreflektierte Solidarität» kann man als Strafe nicht erkennen.

In den Jahren dazwischen saß der Professor nicht auf seinem Lehrstuhl, sondern auf einem Karussell der Absurdität. Schlagzeilen illuminierten das: «Einreise in die Schweiz verweigert»; «Mehr als 1000 Studenten beim Teach-in mit Brückner in Frankfurt»; «Kultusminister wollte Brückner-Vertrag verhindern – Ohrfeige aus Heidelberg»; «Brückner spricht unbehelligt in Konstanz». Mal gab es einen Studenten-Fackelzug zur Brückner-Wohnung in Hannover, den er albernerweise vom Balkon mit «Venceremos» begrüßte, mal hielt sein Kollege Professor Seifert eine Rede, die ihrerseits zu Disziplinarverfahren gegen den Politologen führte. Das Ende seiner neunzehnmonatigen Dienstabwesenheit war der Beginn eines neuen Verfahrens – Brückner betrat im September 1973 sein semesterferienleeres Institut, schrieb auf einige Rechnungen «sachlich richtig» und vertiefte sich in ein Schreiben, das ihm Kultusstaatssekretär Hans Wedemeyer in die Hand gedrückt hatte: Kultusminister von Oertzen, wie eh und je von der graziösen Charakterfestigkeit eines schwankenden Rohrs im Winde, hatte die von ihm angeordnete Suspendierung aufgehoben und gleichzeitig ein Ermittlungsverfahren zur Überprüfung der Verfassungstreue eingeleitet. Zum Dienstantritt ein blauer Brief.

Viel Wasser floß die Leine hinab, Verhandlungen, Anhörungen, Untersuchungen und Anwaltspapiere füllten Regale und Jahre. Da tat der unbotmäßige Professor neuerlich Unangemessenes.

Der Fall, Teil II

«*Unsern gnädigen Gruß zuvor. Würdiger und Hochgelehrter, lieber Getreuer! Unsere höchste Person hat schon seit geraumer Zeit mit großem Mißfallen ersehen: wie Ihr Eure Philosophie zu Entstellung und Herabwürdigung mancher Haupt- und Grundlehren der Heiligen Schrift und des Christentums mißbraucht, wie Ihr dieses namentlich in Eurem Buch* ‹Religion innerhalb der Grenzen der bloßen Vernunft›, *desgleichen in anderen kleineren Abhandlungen getan habt. Wir haben Uns zu Euch eines Besseren versehen; da Ihr selbst einsehen müsset, wie unverantwortlich Ihr dadurch gegen Eure Pflicht, als Lehrer der Jugend, und gegen Unsere, Euch sehr wohl bekannte, landesväterliche Absicht handelt. Wir verlangen des ehesten Eure gewissenhafteste Verantwortung und gewärtigen Uns von Euch, bei Vermeidung Unserer höchsten Ungnade, daß Ihr Euch künftighin nichts dergleichen werdet zu Schulden kommen lassen, sondern vielmehr, Eurer Pflicht gemäß, Euer Ansehen und Eure Talente dazu anwenden, daß unsere landesväterliche Intention je mehr und mehr erreicht werde; widrigenfalls Ihr*

Euch, bei fortgesetzter Renitenz, unfehlbar unangenehmer Verfügungen zu gewärtigen habt.

Berlin, den 1. Oktober 1974

Auf seiner Königl. Majestät allergnädigsten Spezialbefehl. Wöllner» (Gerichtet an Immanuel Kant)

Am 25. April 1977 erschien in den *Göttinger Nachrichten*, Zeitung des AStA der Universität, der inzwischen berühmt-berüchtigte Mescalero-Artikel ‹*Buback – ein Nachruf*›. Ich veröffentlichte in der *Zeit* – als eine der ersten Reaktionen – eine kurze, scharfe Polemik, in der es hieß: «Jeder von uns mag sich schon mal geschämt haben über eine heimliche, uneingestandene Reaktion: scheußliche Neugier bei einem Verkehrsunfall, Sensationsgier bei einem Unglück, Triumph beim Debakel eines Gegners, Lüsternheit im Pornofilm – aber ‹Freude› beim Tod eines Ermordeten? Welche innere Verkrustung, welch blutrünstige Unbarmherzigkeit muß einen Studenten zerfressen haben, der derlei – nein: nicht formulieren – *denken* kann. Und welcher AStA – eine Zwangsorganisation *aller* Studenten – maßt sich an, solches zu drucken und hinterher, wenn ein Aufschrei des Anstands durchs Land geht und ein Ermittlungsverfahren eingeleitet wird, frech über unverhüllte Pressezensur zu klagen. Der feige Anonymus, gegen den der RCDS und der Bundesjustizminister Strafanzeige erstatteten, bremst zwar sein ‹inneres Händereiben› – aber nur aus Taktik. Alles andere könnte die Linke diskreditieren. Linke sind Killer, diese Sorge will er nicht gelten lassen. Und bestätigt sie.»

Fast alle deutschen Zeitungen folgten in schärfster Verurteilung. Keine druckte den Text – ein Versäumnis auch dieser Zeitung; nur der Abdruck des Textes hätte die Polemik gerechtfertigt, deren grundsätzliche Analyse ich nach wie vor richtig halte: Distanzierung vom Mord aus Taktik.

Brückner und sehr viele andere kamen zu anderen Ergebnissen. Das muß erlaubt sein. Es wurde aber verboten. Die siebzigseitige Analyse, den Text Abschnitt für Abschnitt kommentierend, die Brückner in seiner Broschüre ‹*Die Mescalero-Affäre – ein Lehrstück für Aufklärung und politische Kultur*› publizierte, muß jeden (auch mich) nachdenklich machen, bis hin zum Modifizieren eines sehr raschen Urteils. Es ist, da gibt es keinen Zweifel, ein interpretatorisches Meisterstück, kein papierner «Persilschein», sondern ein integrer, behutsamer Versuch, das Öl der Ratio auf die Wellen der Emotion zu gießen. Sein Verfahren formuliert Brückner:

«Da wird an ‹politische Kultur› erinnert, aber vergessen wird, wie häufig jene unterdrückt und beschimpft worden sind, die irgendwann einmal versucht haben, den Verhältnissen ein Stück solcher Kultur abzugewinnen. Auf solchem Vergessen errichten wir keine politische Kultur. Wir errichten sie auch nicht durch die Schwestern des Vergessens: durch Verdrängen und Aussperren sozialer Ereignisse und unbotmäßiger Gedanken. Das Herstellen von politischer Kultur hat mehrere Voraussetzungen, ökonomische, soziale und politische – eine von ihnen ist politisches Denken, das immer öffentliche Arbeit ist. Denken überhaupt ist ‹öffentliche Arbeit›. Sie setzt freie unbehinderte Zugänglichkeit jener Texte und Lebensäußerungen voraus, an denen öffentlich-denkend gearbeitet werden soll. Dies vor allem, wenn das, was – angeblich zum Schutze ‹politischer Kultur› – unterdrückt und ausgesperrt werden soll, einen Lernprozeß wahrnehmen läßt, eine Reflexion, die über ihre eigenen Voraussetzungen nachdenkt und sie kritisiert. Auch der Hochschullehrer muß dann seinen Widerstand gegen alle Tendenzen zur öffentlichen Fälschung und Zensur prinzipalisieren: wenn ihm an politischer Kultur, an der öffentlichen Arbeit des Denkens gelegen ist. Wenn Lernprozesse, wenn Studierende und ihre Organisation gefährdet sind, muß er daran erinnern, daß es eine virtuelle Gemeinschaft aller Hochschulangehörigen gibt, die ihn zur ‹einspringenden Dokumentation› nötigt.»

Nirgendwo, in keiner Zeile dieses kühl argumentierenden Essays, wird Partei genommen für Terrorismus oder politischen Mord. Die *Frankfurter Allgemeine Zeitung* stellte fest: «In seiner Schrift äußert Brückner keine ‹klammheimliche Freude› über die Ermordung Bubacks.» Brückner ist kein Anarchist. Man wünschte seine Abwägungen im Gegenteil in die Hände vieler Jugendlicher, die durch Absperrungen und Verbote ins gesellschaftliche Aus gedrängt werden. Konsensus mit denen will Brückner schaffen, nicht mit Mordsüchtigen. Das ist seine Psychologie der Praxis.

Die nächste Suspendierung war fällig, Brückner wurde im Herbst 1977 «die Ausübung seiner Amtsgeschäfte bis auf weiteres untersagt». Niedersachsen hat inzwischen eine mit der FDP koalierende CDU-Regierung, Ministerpräsident Albrecht nannte die Publikation «einen höchst aufschlußreichen Beitrag» zu der Frage, welches Verhältnis dieser Beamte zum freiheitlichen Rechtsstaat habe. Der Wissenschaftsminister heißt nun Pestel (und fein lavierend «protestierte», nun in der Opposition, Herr von Oertzen gegen die Verletzung der Meinungsfreiheit, zog gar ganz unangebrachte Parallelen zur Nazi-Zeit . . .), und für Professor Eduard Pestel hat der Kollege Brückner «seine feindliche Einstellung gegenüber unserem Staat immer wieder zum Ausdruck gebracht». Ein Interview mit der holländischen Rundfunkstation VPRO – Brückner bestreitet, dieses Informationsgespräch als Interview gegeben zu haben – brachte das Faß zum Überlaufen; Brückner hatte da gesagt, die staatliche Repression habe die RAF produziert, zumindest mitproduziert. Selbst wenn das gesagt wurde – gegen welchen Paragraphen unserer Verfassung verstieße dieser Satz? In einer Resolution, die 152 Professoren und Dozenten sämtlicher Frankfurter Universitäten und Fachhochschulen im November 1977 unterzeichnet haben, heißt es ganz richtig: «. . . auch wenn Professor Brückner die These vertreten haben sollte, hat er dazu das verfassungsmäßig garantierte Recht.»

Wie immer, Minister Pestel läßt nun die Entfernung Brückners aus dem Beamtenverhältnis prüfen; § 24 des Beamtenrechtsrahmengesetzes besagt:

«Das Beamtenverhältnis eines Beamten, der im ordentlichen Strafverfahren durch das Urteil eines deutschen Gerichts im Geltungsbereich dieses Gesetzes 1. wegen einer vorsätzlichen Tat zu Freiheitsstrafe von mindestens einem Jahr oder 2. wegen einer vorsätzlichen Tat, die nach den Vorschriften über Friedensverrat, Hochverrat, Gefährdung des demokratischen Rechtsstaates oder Landesverrat und Gefährdung der äußeren Sicherheit strafbar ist, zu Freiheitsstrafe von mindestens sechs Monaten verurteilt wird, endet mit der Rechtskraft des Urteils. Entsprechendes gilt, wenn dem Beamten die Fähigkeit zur Bekleidung öffentlicher Ämter aberkannt wird oder wenn der Beamte auf Grund einer Entscheidung des Bundesverfassungsgerichts gemäß Artikel 18 des Grundgesetzes ein Grundrecht verwirklicht hat.»

Eine Bezugnahme auf diese exakten Formulierungen wird allerdings einigermaßen behindert durch den frappanten Beschluß des Amtsgerichts Düsseldorf vom 10. August 1977, in dem es heißt: «Die Veröffentlichung des Buback-Nachrufs . . . erfüllt keinen Straftatbestand . . . Mord und Terror sind für den Verfasser des Nachrufs kein Mittel, die nach seiner Meinung bessere Staatsform zu erreichen.»

Das nächste Karussell kam in Schwung. Brückner legte Widerspruch ein und ging per Klage gegen das Hausverbot an; der Rektor der TU Hannover, Otwin Massing, protestierte gegen Brückners «Vorab-Verurteilung» und warf dem Wissenschaftsministerium vor: «Staatstreue und damit eine politische Treuepflicht des Beamten vor die eigentlich zu fordernde Verfassungstreue zu schieben und auf dieser Weise noch vorhandene Freiräume der Wissenschafts- und Meinungsfreiheit einzuschränken.» Per Anzeige in der *Hannoverschen Allgemeinen Zeitung* verwahrten sich 24 Professoren und Dozenten der Fakultät für Maschinenbau gegen Massings Äußerungen; die juristische Fakultät wiederum kritisierte des Ministers exzessive Interpretation der Beamten-Treuepflicht, «die mit den Grundrechten der Verfassung nicht zu vereinbaren» sei; der Senat – höchste Instanz der Universität – ergriff in einer Sondersitzung für Brückner Partei und sprach von «Maßstäben, die jedes freie geistige und wissenschaftliche Leben in den Hochschulen zerstöre»; 57 Mitarbeiter und Hochschullehrer der Fakultät für Geistes- und Sozialwissenschaften forderten schließlich – nachdem Professor Pestel sie nicht zu einem Gespräch empfangen hatte – den Rücktritt des Ministers; in Göttingen demonstrierten im November 1977 6000 Studenten, in Hannover sprach im Januar 1978 auf einem von 500 Hochschullehrern besuchten Sternmarsch unter anderem der französische Theoretiker Michel Foucault.

Zurückhaltend, klug und diplomatisch, wofür deutsche Minister ja bekannt sind, hatte Eduard Pestel nämlich einen Revers ausarbeiten lassen, den er an alle dreizehn an der Mescalero-Publikation beteiligten niedersächsischen Hochschullehrer verschickte, «... ich bitte Sie also, die anliegende Erklärung, die jedes Mißverständnis über Ihre Haltung ausschließt, bis zum 30. September 1977 zu unterzeichnen und an mich zurückzuschikken. Diese Erklärung werde ich sodann der Öffentlichkeit übergeben»:

«Im Zusammenhang mit den Ermittlungen der Niedersächsischen Landesregierung zur Herausgabe der Dokumentation ‹*Buback – ein Nachruf*› erkläre ich:

Mord oder Entführung oder überhaupt den Einsatz von Gewalt lehne ich in unserem freiheitlich-demokratischen Rechtsstaat unter jeder Bedingung ab. Deshalb verurteile ich terroristische Handlungen und alle Versuche, diese zu rechtfertigen.

Ich bin mir bewußt, daß ich als Beamter eine besondere Treuepflicht gegenüber dem Staate habe. Diese fordert mehr als nur eine formal korrekte, im übrigen uninteressierte, kühle, innerlich distanzierte Haltung gegenüber Staat und Verfassung: sie fordert vom Beamten insbesondere, daß er sich eindeutig von Gruppen und Bestrebungen distanziert, die diesen Staat, seine verfassungsmäßigen Organe und die geltende Verfassungsordnung angreifen, bekämpfen und diffamieren. Ich werde meiner politischen Treuepflicht nachkommen. Diese hat sich insbesondere in Krisenzeiten und in ernsthaften Konfliktsituationen zu bewähren, in denen der Staat darauf angewiesen ist, daß der Beamte Partei für ihn ergreift.

Ich distanziere mich in aller Form von dem Verfasser und dem Inhalt des sog. Buback-Nachrufs.»

Elf der Aufgeforderten unterschrieben und veröffentlichten gleichzeitig ein Schreiben des Abscheus vor der eigenen Unterwürfigkeit, ihrer Meinung nach die einzige Chance, ihre Arbeitsmöglichkeit zu erhalten. Brückner unterschrieb nicht. Bei einer Diskussion an der Universität Göttingen sagte er, diese Unterwerfungserklärung erinnere ihn stark an einen mittelalterlichen Vorgang in Bayern, wo im Jahre 1570 alle Beamten gezwungen worden seien, ein katholisches Glaubensbekenntnis zu unterschreiben. Der Theologe Helmut Gollwitzer veröffentlichte einen offenen Brief an den Wissenschaftsminister, in dem es heißt: «Ich würde diese Erklärung nie unterschreiben, ja die Zumutung ihrer Unterzeichnung mit Entrüstung ablehnen.»

Brückners endgültige Entfernung aus dem Beruf steht an.

Der Theoretiker

«Es kann wohl Leute geben, die, wenn sie sollen hören, sagen werden: der will diesen Mörder entschuldigen! Erinnere ich mich doch, in meiner Jugend einen Bürgermeister klagen gehört zu haben, daß es die Bücherschreiber zu weit treiben und Christentum und Rechtschaffenheit ganz auszurotten suchen; es habe einer eine Verteidigung des Selbstmordes geschrieben; schrecklich, gar zu schrecklich! – Es ergab sich aus weiterer Nachfrage, daß ‹Werthers Leiden› *verstanden waren.»*

Georg Wilhelm Friedrich Hegel

Ist Peter Brückner ein Wirrkopf, ein Terroristenfreund, ein Verfassungsfeind – oder ein unbequemer Wissenschaftler? Die Liste seiner Veröffentlichungen, verglichen gar mit der so mancher ministerieller Titelträger, ist beeindruckend; und sie zeigt, daß hier jemand stets über enge Grenzen der eigenen Disziplin hinausdachte. Anstoß, über den zum Denken hinaus, erregt sein Werk allemal. Dabei scheint (mir) eines deutlich: Brückner verfügt über ein besonderes Sensorium für Analyse; etwa der Phänomene politischer Massenpsychologie. Aus dieser Analyse bestehender Strukturen – nicht unzwingend ziemlich düstere Befunde verabfolgend – flieht er gleichsam in eine Art Gläubigkeit; etwa die an eine neue marxistische Humanität. So sehr ich ihm und seinen einleuchtenden bis brillanten Argumenten beim ersten Teil der Gedanken folgen kann, so wenig kann ich dies beim zweiten, mehr «heimleuchtenden» – eher Prophezeiung und Wunsch denn Wissenschaft. Sein Paradies, seine eher eschatologische als irgendwie beweisbare Erwartung der «repressionslosen Gesellschaft» ist weder meine noch, offenbar, die der Mehrheit in diesem Lande. Nur: Weder das eine noch das andere ist grundgesetzfeindlich, auch nicht der Hinweis auf eben dieses Grundgesetz, das schließlich die Vergesellschaftung ökonomischer Macht nachdrücklich zuläßt (im Artikel 15, «Grund und Boden, Naturschätze und Produktionsmittel können zum Zwecke der Vergesellschaftung durch ein Gesetz, das Art und Ausmaß der Entschädigung regelt, in Gemeineigentum oder in andere Formen der Gemeinwirtschaft überführt werden»); Marktwirtschaft, tatsächlich, ist mit der freiheitlich-demokratischen Grundordnung keineswegs identisch.

Wo Brückner analysiert, ist er so bestechend wie bestürzend. Seine Fragen – «Warum weisen durch Schüsse schwerverletzte Personen zugleich Bißwunden von Polizeihunden auf, nach den Schüssen entstanden?» – sind so bohrend wie seine hin und her flitzenden historischen «Assoziationen» erhellend: Ob er nun einen zur «strengsten Sekretion» bestimmten, denunziatorischen Brief zitiert, in dem Niveauverlust und Disziplinlosigkeit gewisser Professoren wie Studenten beklagt wird; der stammt aber von Goethe, und er bezieht sich auf die Epoche, zu der in Jena – Fichte, Schelling und Hegel lehrten. Oder ob er nur parenthetisch erwähnt, daß just zur Zeit, zu der der sogenannte «Radikalenerlaß» beschlossen wurde, der Herr Kreisvorsitzende der NPD im bayerischen Landkreis Traunstein (und der Landsmannschaft

Schlesien), Dr. Herbert Döring, mit dem Bundesverdienstkreuz am Bande ausgezeichnet wurde. Offenbar, wenn derlei bereits inkriminierbar ist, hat Brückner recht mit seinem Satz in dem von Habermas selber eingeleiteten Sammelband ‹*Die Linke antwortet Jürgen Habermas*›: «Die beschädigte Normalität der bürgerlichen Gesellschaft reagiert mit Angst, Unsicherheit und Aggression.» Die bürgerlichen Parteien benutzen solche Beweisführungen oder Enttarnungen, meint Brückner, höchstens als Sonde, die eine Eihaut abzieht, unter der fertig und vollausgebildet das Aggressionsverhalten gegen die Verteidiger historischer Demokratisierungstendenzen längst bereitliegt. Als einen solchen Verteidiger gegen ein ihm offensichtliches Gewaltpotential sieht Brückner sich selber; als er 1972 im *Spiegel* versuchte, die Bewußtseinslage der RAF-Leute zu charakterisieren, gab er gewiß auch die Skizze zu einem Selbstproträt mit dem benutzten Brecht-Zitat: «Wem der Boden noch nicht so heiß ist, daß er ihn lieber mit jedem anderen vertauscht, als daß er da bliebe, dem habe ich nichts zu sagen.»

Peter Brückner hat eine Menge zu sagen. Dabei ist eine Absage an die törichte Gleichung, die Bundesrepublik sei ein faschistischer Staat (in dem Buch ‹*Staatsfeinde*›) so deutlich wie sein tiefes Erschrecken vor der Hinrichtung des Anarchisten Ulrich Schmükker durch die eigenen Genossen: «Ein Mensch, das ist immer ein Inbegriff von Hoffnung.» Dieses schmale Buch (‹*Gewalt und Solidarität. Zur Ermordung Ulrich Schmückers durch Genossen; Dokumente und Analysen*›) ist das genaue Gegenstück zur Mescalero-Analyse; scharfsinnig, präzise, im Urteil und in der Verurteilung nie konjunktivisch. Das da, es wird sehr klar, sind nicht die Weggefährten des Peter Brückner. Vor denen warnt er, wie – allerdings – vor einer Gesellschaft, die er als Produzent solcher Desperados sieht.

Die Rapidität seiner Interpretationen bescheinigte ihm schon 1966 Alexander Mitscherlich: «Er macht seine Aussagen oft sprunghaft, in Eile, als wolle er Schlimmem zuvorkommen. Dabei sollte, was er vorbringt, nicht in einen Topf geworfen werden zur ‹Kulturkritik›. Es kann einem das Leben schwer werden, auch aus anderen Gründen als enttäuschten romantischen Erwartungen.» Und über sein acht Jahre später erschienenes Buch ‹*Zur Sozialpsychologie des Kapitalismus*› urteilte die *Frankfurter Allgemeine Zeitung*: «Eine schwierige, aber durchaus nicht langweilige Lektüre.»

Liest man Brückners Publikationen im Kontinuum, so wird deutlich, über jeden Zweifel erhaben: ein luzider Kopf geht gesellschaftlichen Umschichtungsprozessen nach und deren Wirkungen in Psyche und Denkstruktur der jungen Generation. Er erörtert auch, begründet gar Bedürfnisse nach gewaltsamer Veränderung – fordern tut er sie nicht. Er fordert allerdings Praxis, Konsequenzen zu ziehen aus seinen Befunden. Ihn deshalb «strafen» zu wollen, hat dieselbe Logik, mit der man einen Arzt einsperren würde, der die Paranoia seines Patienten auf Umweltbedingungen zurückführte.

Daß Peter Brückner sogar formal die engen Grenzen seiner Disziplin überschreitet, spricht nicht nur für seine Intellektualität; er teilt diese Grenzüberschreitung zur Schriftstellerei mit internationalen Autoritäten wie Michel Foucault oder Claude Lévi-Strauss. Sein der Mescalero-Dokumentation vorangestellter «innerer Monolog» ist ein eklatantes Beispiel dafür – der Monolog, nicht zufällig, prägt ja auf fast im klinischen Sinne «auffällige» Weise die Struktur der jüngsten Gegenwartsliteratur; von Handkes Tagebuch über Frischs ‹*Montauk*› bis zu Hochhuths Hemingway-Monodram. Das wird man vielleicht noch feststellen dürfen? Und auch, daß Literatur solchermaßen reagiert auf etwas? Auf extremes Ausspeien des Individuums nämlich? Brückners Denkfigur ist Teil dieser aktuellen Tradition, ist wissenschaftliches Gegenstück etwa zu Vespers ‹*Die Reise*› oder Peter Schneiders ‹*... schon bist du ein Verfassungsfeind*›. Brückner selbst nennt seine Kritik der Gewalt als jener Trauer entspringend, als deren einzig angemessene Gestalt die Wahrnehmung dessen gilt, was Menschen einander historisch antun. Es ist so töricht wie infam, solche Sätze zu inkriminieren:

«Meine inneren Wahrnehmungen bei der Nachricht vom gewaltsamen Tod sind, nach den Erfahrungen des Zweiten Weltkrieges und der vielen Jahrzehnte danach, schon Erinnerungen an innere Wahrnehmung: daß da ein Leben ausgelöscht wird, eine Geschichte abreißt, daß inmitten der unermeßlichen Gleichgültigkeit der Naturgeschichte und des Universums, ‹allein das Bewußtsein eine Stätte bilden (kann), bei der erduldetes Unrecht aufgehoben ist, die einzige Instanz, die sich nie zufriedengibt› (M. Horkheimer). Solche Erinnerungen werden nie ‹kalt›, das läßt immer trauern. Diese Trauer aber ist unversöhnlich. Sie veranlaßt zu Fragen. Jeder gewaltsam zugefügte und erlittene Tod hat seine Ursachen und Bedingungen, das führt weit; weiter als die unmittelbare Betroffenheit reicht. Und doch, wenn der Tod der große Gleichmacher ist, die Trauer macht die Toten nicht gleich. Von der schon so oft gestellten, daher immer gegenwärtigen, wenn auch spontan natürlich nicht artikulierten Ursachenfrage geht eine deutliche, auch erkältende, Rückwirkung aus. Über verschiedener Menschen Tod wird von Verschiedenen verschieden getrauert. Wo es sich um einen von ‹oben› handelt, einen Funktionsträger der Gewalt, da bleibt zwar Bestürzung über den gewaltsamen Tod. Aber die Trauer mischt sich mit Indifferenz und verwandelt sich in eine spezifische Sorge, die vom Toten wegführt. Was wird eigentlich aus dem Mörder? Was war aus ihm geworden, ehe er ein Mörder wurde, und warum? Fragen, die man sich nur mit Entsetzen stellen kann. Junge Leute, vor sich viele Jahre oder Jahrzehnte des Ausgeschlossen- oder Eingeschlossenseins: in einer abstrakten Welt, in einer Welt, die als ein einziges Gefängnis erscheint, bis dann das Gefängnis für sie zur einzigen Welt wird – auch das ist ein Grund zu trauern. Danach kommen Wut und Angst.»

Die Gegner

«Wenn wir uns gegenseitig die Schuld am Terrorismus in die Schuhe schieben, werden wir nicht weit laufen können, werden wir unser Ziel nicht erreichen. Dieser Stein ist zu groß . . . Diejenigen sind zu unterscheiden, die weder die Ziele noch die Methoden der Terroristen billigen, die jedoch verstehen möchten, was die Terroristen zur Gewalt treibt; diejenigen, die auf der Menschenwürde auch dessen bestehen, der selbst unmenschlich handelt. Haben diejenigen, die die Terroristen geistig oder materiell unterstützen, überhaupt noch nicht begriffen, was eine demokratische Lebensordnung ist, so haben diejenigen, die auf der menschlichen Würde auch des Terroristen bestehen, die Demokratie zu Ende gedacht.

Und dann gibt es die große und respektable Gruppe derer, die etwas an diesem Staat, an dieser Gesellschaft auszusetzen haben.

Wir können diesen Staat nicht verbessern, wenn wir auf seine Fehler nicht aufmerksam gemacht werden. Die legitime Kritik hat nichts, aber auch gar nichts, mit dem Terrorismus zu tun. Die Kritik ist das Lebenselexier der Demokratie. Wir würden einem schicksalhaften Irrtum unterliegen, wenn wir dieses Lebenselexier mit dem tödlichen Gift des Terrorismus verwechselten.»

Bundespräsident Walter Scheel
bei der Beerdigung von Hanns Martin Schleyer

Sagt man, auch in einem entlegenen Viertel Hannovers, zum Taxifahrer «Yorckstr. 5, bitte», kommt prompt: «Ach, beim Brückner, was?» «Beim Brückner» ist es sehr anders als bei einem denkbaren Terroristenvater. Da sitzt, in einer großen, von Büchern, Zeitschriften, Platten überflossenen Wohnung, ein ziemlich zergrübelter Mann. Er hat keine fertigen Antworten parat. Auf die Frage nach seinem politischen Standort kommt ein Bericht vom Gespräch mit den Wortführern der «Nouvelle Philosophie», André Glucksmann und Bernard-Henri Levy: «So sehr ich bestimmte Theoreme auch für bedenklich halte – dort wird gezeigt, was sich an überkommenen linken ‹Glaubensinhalten› auflöst.» Offenbar eine eher reduzierte Position; keine, gewiß, eines Schützengehilfen. Und auch die Weigerung, das Land zu verlassen – trotz verlockender Angebote, etwa an das «Institut für Ideengeschichte» im dänischen Aarhus – wirkt weniger vertrotzt als nobel: «Unsereiner soll nicht freiwillig weggehen.»

Brückner kennt den ehemaligen Kollegen Pestel, den parteilosen Minister und renommierten Technikprofessor, «einer der Mescaleros des Club of Rome», wie er ihn nennt. Gesehen, gesprochen hat er ihn nicht mehr. Eine entsprechende Initiative des neuen Berliner TU-Präsidenten versandete.

Der Minister ist nicht so gelassen. Ihn empört die Hartnäckigkeit des «einschlägig vorbestraften» Brückner, er will Differenzierungen zwischen jener sorglos-schlampig edierten Mescalero-Dokumentation, die den dreizehn niedersächsischen Hochschullehrern ihre Querelen einbrachte, und Brückners eigener Broschüre nicht gelten lassen: «Das sollen die Gerichte entscheiden.» Er läßt mir von einem seiner Mitarbeiter eine Abschrift des inkriminierten Interviews – laut Brückner eine lückenhafte Rückübersetzung aus dem Holländischen – übergeben. Mit ministeriellem Gelbschreiber sind diese Sätze hervorgehoben: «Die RAF-Mitarbeiter betrachten die Geschichte als die Geschichte der Klassenkämpfe, die bürgerlichen Gesellschaften als Klassengesellschaften ... daß nicht die RAF die Repression des Staates verursacht hat, sondern es eher umgekehrt war ... daß nicht etwa die Rote Armee Fraktion die staatliche Repression produziert hat, sondern die staatliche Repression hat die Rote Armee Fraktion produziert.» Die beiden letzten liest er mit wachsendem Zorn vor: «Unverantwortlich.» Daß nun ein neues Strafverfahren – eröffnet am 21. März 1978 – von der Staatsanwaltschaft Oldenburg initiiert wird, hält er für gerechtfertigt und notwendig. (Das Berliner Landgericht hat die Eröffnung eines solchen Verfahrens abgelehnt.) Die Vorwürfe, «Verunglimpfung der Bundesrepublik Deutschland», «Volksverhetzung», «Verunglimpfung des Andenkens eines Verstorbenen» übernimmt er, das Disziplinarverfahren gegen den auf zwei Drittel seiner Bezüge herabgesetzten suspendierten Hochschullehrer will er bis dahin aussetzen. Das spezifizierte Hausverbot – erlaubt ist unter anderem Besuch der Bibliothek, Anhören von Vorträgen auswärtiger Gäste – bleibt aufrechterhalten.

Eduard Pestel wirkt nicht wie ein Eiferer. Aber er kann nicht verstehen. Er ist ein offensichtlich von dringlichen Amtsgeschäften gejagter Beamter, der Verhaltensweisen prüft und beurteilt. Ein inhaltlicher Disput ist seine Sache nicht. Zum Abwägen theoretischer Positionen, gar fragender bis fragwürdiger, fehlen ihm Muße sicherlich, Neigung vielleicht. Der Psychologie-Professor sieht sich in einen Strudel eigener Zweifel und Identitätsüberprüfungen gerissen, schwankt zwischen Skepsis, militanter Ironie und einiger Resignation; der Minister kennt Bohren als Lehrfach des Maschinenbaus besser denn als Denkkategorie in der Grauzone zwischen Politik und Moral.

Die Konsequenz

«Nach dem eigenen Zugeständnis des Angeschuldigten steht fest, daß er der Sozialdemokratischen Partei angehört und es sich angelegen sein läßt, ihre Bestrebungen zu unterstützen und öffentlich zu fördern . . . Die Sozialdemokratische Partei erstrebt den Umsturz der gegenwärtigen Staats- und Rechtsordnung mit Hilfe der zur politischen Macht gelangten Arbeiterklasse. Die bewußte Förderung dieser Bestrebungen ist unvereinbar mit der Stellung eines Lehrers an einer Königlichen Universität . . . Ein akademischer Lehrer, der mit derartigen Gegnern der bestehenden Staats- und Rechtsordnung gemeinsame Sache macht, zeigt sich des Vertrauens, das sein Beruf erfordert, unwürdig. Der Angeschuldigte hat sich hiernach eines Disziplinarvergehens im Sinne des § 1 Nr. 2 des Gesetzes betreffend die Disziplinarverhältnisse der Privatdozenten vom 17. Juni 1898 schuldig gemacht.»

Aus der Begründung zur Entlassung des Berliner Privatdozenten Arons

Wie alt muß man in Deutschland werden, bis man ungeschoren unbequem denken darf? 92, wie Ernst Bloch – der ja nichts anderes schrieb und sagte? Oder muß man erst tot sein, um dann Kränze vom Bundespräsidenten und ein Telegramm vom Bundeskanzler auf den Sarg gelegt zu bekommen: «Ernst Bloch war ein kämpferischer, aufgeklärter Philosoph. Sein Denken blieb nie im elfenbeinernen Turm gefangen, im Gegenteil: Er stritt unbeirrbar für Menschenwürde und Gedankenfreiheit. Sein Lebenswerk ist Zeugnis dieser konsequenten Haltung. Ernst Bloch war einer der herausragenden Beweger im europäischen Geistesleben. Er öffnete mit seinem Denken die Augen vieler für eine humanere Welt, für das, was noch nicht ist. Er war ein Philosoph des Aufbruchs in die Zukunft.» Oder muß man erst im KZ ermordet worden sein wie Erich Mühsam, bis unbeanstandet eine Werkausgabe erscheinen darf? Oder muß man sich erst an der Dusche eines Emigranten-Hotelzimmers erhängt haben wie Ernst Toller, dessen Gesamtausgabe jetzt erscheint? Sie alle – und Dutzende anderer, deren Namen heute an Straßen, Plätzen, Schulen und Bibliotheken prangen, von Heinrich Mann bis Kurt Tucholsky – wollten gesellschaftliche Veränderung. Wie sehr will sich eigentlich eine Ministerialbürokratie noch blamieren?

So schwach ist dieser Staat nicht, daß er sich verbarrikadieren müßte gegen jeden Denkansatz – selbst einen ihm entgegengesetzten. Nirgendwo, auch nicht im Grundgesetz, steht geschrieben, daß ein jeglicher Marxist gezählet würde; daß Marx weiterzudenken verboten sei. Was wollen wir denn sein – «ein einig Volk von Brüdern»? Und ein Minister entscheidet dann, wer in einem wissenschaftlichen – meinetwegen: politischen – Meinungsstreit recht hat? Woher weiß er das? Ein deutscher Minister, und das ist gar nicht so furchtbar lange her, wußte ja auch, daß zwischen Horst Wessel und Bertolt Brecht kein Unterschied sei; einen der beiden Dichter mußte er besonders gut gelesen haben. Und heute sitzt der Bundeskanzler, Gott sei Dank, in der Brecht-Premiere.

Demokratie kann ihren Inhalt, ihr Wesen nur bewahren, wenn die eigene Geschichte – auch in ihren Verwucherungen – ständig mitgedacht wird und das heißt: eine Mehrheit bestimmt ihre Lebensform selber, aber sie muß der Minderheit ihr Lebensrecht garantieren. Der Vorschlag wäre; zum Lebensrecht auch das Recht auf – störerisches – Denken zu zählen.

Bernt Engelmann

Die Kontaktsperre des Peter Paul Zahl

An die Frau Justizministerin des Landes Nordrhein-Westfalen

3. Juni 1978

Sehr geehrte Frau Ministerin Dr. Donnepp!

Ihr kurzer Brief vom 23. Mai 1978 hat mich und meine Kollegen im Verband deutscher Schriftsteller bestürzt. Zu meiner Feststellung, die Behandlung des Herrn Peter Paul Zahl im Justizvollzug von Nordrhein-Westfalen entspreche nicht den Maßstäben europäischer Zivilisation, könnten Sie – so teilten Sie mir mit – nicht Stellung nehmen; mein Vorbringen sei so allgemein, daß Sie «einen Widerspruch zu den Gesetzen der Bundesrepublik oder der Praxis des Strafvollzugs nicht erkennen» könnten.

Ich möchte annehmen, daß Ihre Mitteilung lediglich bedeutet, Sie seien über die Einzelheiten der Behandlung des Herrn Zahl nicht hinlänglich informiert und hätten sich in den wenigen Monaten seit Ihrem Amtsantritt noch kein genaues Bild von den Verhältnissen in der Justizvollzugsanstalt Werl machen können. Da Ihre Referenten dies anscheinend verabsäumt haben, will ich Ihnen nunmehr eine ausführliche Darstellung dessen geben, was meine Kollegen und mich veranlaßt, daran zu zweifeln, daß Herr Zahl im Strafvollzug Ihres Bundeslandes eine dem Gesetz, den Geboten unserer Verfassung und den Normen europäischer Gesittung entsprechende Behandlung erfährt.

Vorausgeschickt sei, daß sich Herr Zahl auch meiner Meinung nach zweifellos strafbar gemacht hat, als er am 14. Dezember 1972 bei dem Versuch, sich seiner Festnahme durch Flucht zu entziehen, auf Polizisten schoß und einen davon erheblich verletzte. Dieses damalige Verhalten des Herrn Zahl wird von mir durchaus nicht gebilligt. Ich war selbst einmal, damals noch etwas jünger als es Herr Zahl bei seiner Tat gewesen ist, in einer ganz ähnlichen Lage wie er, nur mit dem Unterschied, daß ich objektiv ein Widerstands- und Notwehrrecht für mich hätte in Anspruch nehmen können. Wenn ich dennoch damals nicht geschossen habe, so lag dies teils daran, daß ich nicht in Panik war wie Herr Zahl, teils an meiner unüberwindlichen Abneigung gegen Blutvergießen und rohe Gewalt. Übrigens, auch Herr Zahl wollte, wie er schon wenige Augenblicke später ganz spontan erklärt hat, den Polizisten nicht verletzen, sondern nur ihn und die anderen Beamten von weiterer Verfolgung abhalten. Er ist selbst beschossen und verletzt worden; er hat seine Tat aufrichtig bedauert.

Dies ändert indessen nichts daran, daß ich sein damaliges Verhalten mißbillige, muß dem allerding hinzufügen, daß ich auch die Höhe der Strafe, die das Gericht nach erneuter Hauptverhandlung ausgesprochen hat, unangemessen finde. Fünfzehn Jahre Freiheitsentzug gegen einen bis dahin Unbestraften zu beantragen, hatte ja auch der Staatsanwalt nicht für erforderlich gehalten. Nach meinem Rechtsgefühl wären, bei Abwägung aller Umstände, weniger als ein Drittel der verhängten Strafe und Aussetzung des Vollzugs zur Bewährung angemessen gewesen. Wenn ich aber bedenke, wie die Richter des Landes Nordrhein-Westfalen jenen Gestapobeamten bestraft haben, auf den ich seinerzeit nicht schießen wollte, und dem, wie sich in der Hauptverhandlung zeigte, eine Vielzahl abscheulicher Gewaltverbrechen nachzuweisen war, so hätte Herr Zahl in Relation zu jenem Fall nur zu einer sehr kurzen, durch die erlittene U-Haft längst verbüßten Freiheitsstrafe verurteilt werden dürfen und sofort auf freien Fuß gesetzt werden müssen.

Da die Justiz im Fall des Herrn Zahl außerordentlich hart gestraft hat, hätte der Minister im Rahmen der ihm gegebenen Möglichkeiten schon längst korrigierend eingreifen müssen. Statt dessen ist ein Zustand geschaffen oder doch geduldet worden, der es – wie mir aus Ihrem Hause bestätigt wurde – nahezu ausschließt, daß Herr Zahl auch nur eine Stunde früher als nach Verbüßung voller fünfzehn Jahre und sechs Monate Freiheitsentzug entlassen werden kann. Die Wahrscheinlichkeit, daß er überhaupt jemals lebend den Justizvollzug verläßt, ist eben nicht groß, und sie wird mit jedem Tag geringer, zumal sich, wie ich soeben erfahre, sein Gesundheitszustand drastisch verschlechtert hat.

Nun können Sie hiergegen natürlich einwenden, daß diese Entwicklung von Herrn Zahl selbst zu verantworten sei; daß er sich eben nicht so verhalte, wie es für die eine oder andere Hafterleichterung, für eine Gewährung von Urlaub, eine Strafaussetzung zur

Bewährung oder gar eine Begnadigung erforderlich wäre. Und hier nun setzt meine und meiner Kollegen Kritik ein.

Sie geht davon aus, daß in einem Rechtsstaat von einem Gefangenen Wohlverhalten nur insoweit verlangt werden darf, als auch die Behörde, deren Obhut und Sorge er anvertraut ist, sich an die «Spielregeln» hält. Um dies im Fall des Herrn Zahl beurteilen zu können, habe ich die sehr lange Liste seiner Beschwerden sorgfältig geprüft, von allen Beteiligten Stellungnahmen eingeholt und die Ergebnisse sowohl mit Ihrem Hause und – auf schriftlichem Wege – mit Herrn Zahl selbst wie mit den kompetentesten Kollegen im Schriftstellerverband und im PEN-Zentrum der Bundesrepublik eingehend erörtert. Schließlich habe ich mich auch auf meine eigenen Erfahrungen in den Gefängnissen Ihres heutigen Amtsbereiches besonnen und Vergleiche angestellt.

Ehe ich Ihnen die Resultate dieser privaten Untersuchung unterbreite, möchte ich noch einen möglichen Einwand entkräften, der – zumindest nach Meinung der beteiligten Organe der Exekutive – die «Sonderbehandlung» des Herrn Zahl rechtfertigen könnte: Herr Zahl ist kein Terrorist; er ist kein Mitglied einer kriminellen Vereinigung.

Schon der BGH hat die im vergangenen Herbst gegen Herrn Zahl verhängte Kontaktsperre für rechtswidrig erklärt und dazu am 13. Oktober 1977 in der schriftlichen Begründung festgestellt, es sei «weder erwiesen noch auch nur substantiiert behauptet, daß er» – Zahl – «einer terroristischen Vereinigung, sei es auch nur als Unterstützer, zuzuordnen ist» (AZ 3 ARs 27/77).

Einem Schreiben des Bundeskriminalamts an das Büro Willy Brandt vom 16. Januar 1978 ist hingegen zu entnehmen, es beständen «Fakten, die eine Zuordnung Peter Paul Zahls zur Terrorismus-Szene berechtigt erscheinen lassen». Zur Begründung werden alsdann nicht näher erläuterte «Erkenntnisse» aufgeführt, die sämtlich aus der Zeit *vor* der Verurteilung des Herrn Zahl stammen; diese Erkenntnisse sind, trotz jahrelanger Bemühungen der Ermittlungsbehörden, bis heute unbewiesen und vor Gericht nicht zu verwenden. Trotzdem sind sie in das rechtskräftige Urteil eingeflossen, denn in dessen Begründung findet sich der seltsame Satz: «Der Angeklagte ist von einem tiefgreifenden Haß auf unser Staatswesen ergriffen», wie wenn es gesetzlich vorgeschrieben sei, daß man unser Staatswesen lieben und unsere Gesellschaftsordnung für die allein richtige halten müsse!

Sodann trifft das BKA die Feststellung, Herr Zahl habe sich weder im Prozeß noch seitdem «von seinen Handlungen und politischen Positionen mit deren Konsequenzen distanziert». Dies ist teils unwahr, denn Herr Zahl hat schon sofort nach der Tat Reue und Bedauern gezeigt und dies in der ersten Hauptverhandlung in einer für das Gericht überzeugenden Weise nochmals zum Ausdruck gebracht; teils ist es von einer entsetzlichen Unkenntnis unserer Verfassung zeugend, die ich nicht näher zu erläutern brauche. Das BKA behauptet sodann, Herrn Zahls «Post- und Besuchskontakte erstrecken sich fast ausschließlich auf Personen, die entweder als terroristische Gewalttäter inhaftiert sind oder der unterstützenden Terroristenszene angehören». Dies ist geradezu ungeheuerlich, wenn man bedenkt, daß die inhaftierten Terroristen Herrn Zahl wohl kaum besuchen können, wogegen fast alle anderen, die ihn bisher besucht haben, vom BKA zwar zu den «Unterstützern» des Terrorismus gerechnet, aber weder namentlich benannt noch zur Anklage gebracht werden. Da ich fast alle Besucher von Herrn Zahl persönlich näher kenne, sehe ich in dieser Behauptung des BKA, es handle sich bei diesen Personen um Mitglieder der «unterstützenden Terroristenszene», eine Diffamierung einer Vielzahl angesehener und ehrenwerter Bürger, zugleich ein Indiz für das gestörte Verhältnis unserer Polizei zur Demokratie im allgemeinen und zur kritischen Intelligenz dieses Landes im besonderen.

In dem ausführlichen Schreiben des BKA an das Büro Willy Brandt werden schließlich noch drei «Beweise» genauer beschrieben, aus denen sich nach Meinung der Polizei zweifelsfrei ergibt, daß Herr Zahl zur Terroristenszene gehört und diese auch noch vom Gefängnis aus zu beeinflussen versucht. Der erste Beweis: Herr Zahl hat am 9. Mai 1976 in einem Gedicht die Justizbehörden für den Selbstmord von Ulrike Meinhof verantwortlich gemacht; der zweite Beweis betrifft seinen Mangel an Trauer über den Tod von Hanns Martin Schleyer; der dritte Beweis findet sich nach Meinung des BKA im Vorwort des Buches ‹*Waffe der Kritik*›, das im Mai 1976 erschien und worin es heißt: «Wir sind nicht Opfer, sondern Gegner des herrschenden Systems.»

Ein Kommentar hierzu scheint mir überflüssig; es sei lediglich bemerkt, daß bei Anwendung solcher Maßstäbe einige hunderttausend Bundesbürger ebenfalls dem BKA als Terroristen gelten müßten, und vielleicht erklärt sich aus dieser Mentalität der Mangel an Erfolgen, den das BKA gegenüber wirklichen Terroristen aufzuweisen hat.

Für Herrn Zahl ergibt sich daraus aber leider, daß er seit Beginn seiner Strafverbüßung der sogenannten «Häftlingsüberwachung» durch das Landeskriminalamt von Nordrhein-Westfalen unterliegt. In der Praxis bedeutet das nicht nur, wie Sie in Ihrem Schreiben vom 23. Mai 1978 erklären, daß alle Besucher des Herrn Zahl, die nicht Rechtsanwälte sind, mit ihm nur in Gegenwart von LKA-Beamten sprechen dürfen; dies bedeutet auch – ich beziehe mich auf die Ausführungen der Staatsanwaltschaft Arnsberg (22 Js 1059/77) vom März 1978 –, daß «die Absender der eingehenden und die Adressaten der ausgehenden Post» des Herrn Zahl dem LKA mitgeteilt werden und daß etwas stattfindet, was der Staatsanwalt mit den dürren Worten umschreibt: «Ferner revidiert das LKA einmal wöchentlich die Hafträume.»

In der Praxis bedeutet dies: Herr Zahl kann nicht in dem für den normalen Vollzug vorgesehenen Trakt der Anstalt untergebracht werden, sondern befindet sich seit langem in der sogenannten «Zugangsabteilung» B III oder B II. Es herrscht dort ein ständiger Wechsel, sowohl der Häftlinge wie des Personals, ungewöhnlich starker Lärm und eine Atmosphäre, an die ich mich nur ungern erinnere. Ich selbst war auch einmal wochenlang in einer solchen Abteilung untergebracht, und es war dies die mit Abstand schlimmste Zeit meines Gefängisaufenthalts.

Es besteht ferner die Anweisung, Herrn Zahl in unregelmäßigen Abständen, mal in diese, mal in jene Zelle der einen oder anderen Zugangsabteilung zu verlegen. Und ein dutzendmal im Quartal wird die jeweilige Zelle des Herrn Zahl in seiner Abwesenheit von LKA-Beamten gründlich durchsucht.

Bei diesen Durchsuchungen wird das bißchen «Heim», das sich jeder Gefangene zu schaffen und zu erhalten versucht, jedesmal zerstört. Dies muß gar nicht in böser Absicht geschehen; nicht in langer Haft befindliche Personen können sich überhaupt nicht vorstellen, warum sich der Häftling über die Beschädigung eines Bildes, die Beschmutzung eines Briefes oder eines Buches, die Wegnahme einiger Stückchen Pappe oder eines Bleistiftstummels so außerordentlich erregt; warum ihn dies seelisch mehr belastet als «echte», das heißt dem Nichtinhaftierten als solche begreifbare Katastrophe. Ähnliches gilt für die Verlegung von einer Zelle in die andere: Auch dies kann in vollem Umfang nur begreifen, wer lange Zeit eingesperrt war, denn für jeden anderen ist eine Zelle wie die gleich große nächste. Selbst die Lektüre von Rosa Luxemburgs ergreifenden ‹*Briefen aus dem Gefängnis*› kann die eigene Erfahrung nicht ersetzen, und ich erkläre Ihnen deshalb die Bedeutung, die die häufige Vernichtung des Rests an Privatsphäre für den Gefangenen hat, am besten mit einem Erlebnis, das ich selbst im sogenannten «Nacht-und-Nebel»-Flügel der Strafanstalt Anrath hatte: Dort begingen kurz nacheinander zwei Häftlinge, die bis dahin allen Leiden und Entbehrungen widerstanden hatten, Selbstmord, weil man dem einen bei einer Zellendurchsuchung das Foto seiner Frau mit Marmelade beschmiert, weil man den anderen in die Zelle gegenüber verlegt und so von etwas abgeschnitten hatte, das ihm offenbar einzig noch lebenswert erschienen war.

Gegenüber diesen ständigen, Herrn Zahls private Sphäre allwöchentlich zerstörenden Eingriffen der LKA-Beamten in den Vollzug erscheinen mir alle anderen Klagen des Herrn Zahl – die Verweigerung von Büchern und Zeitschriften, der Ausschluß von der Teilnahme am Tischtennis, an sonstigem Sport, am Arbeitskreis Klassische Musik, am sogenannten «Umschluß» und sogar vom direkten Einkauf – weit weniger gravierend.

Aus der sehr langen Liste seiner Beschwerden sind aber noch drei mindestens erwähnenswert: Obwohl sich Herr Zahl vor und nach jedem Besuch, den er erhält, im Beisein zweier Beamter in einer Spezialzelle vollständig umkleiden und vom Kopfhaar bis zu den Fußsohlen genauestens kontrollieren lassen muß, ist ihm verboten, seine Braut oder seine Mutter zu umarmen; sodann ist es wiederholt vorgekommen, daß die Besuche der von weither angereisten Angehörigen vorzeitig abgebrochen und bis um maximal dreißig Minuten gekürzt wurden, weil die sie überwachenden LKA-Beamten «keine Zeit mehr» hatten. Schließlich gibt Herr Zahl an – dies ist der einzige Punkt, den ich bislang noch nicht habe überprüfen können –, daß es für ihn keinen Vollzugsplan gibt, wie er nach § 7 des StrVollzGesetzes vorgeschrieben ist; er wurde ihm – so Herr Zahl – «explizit verweigert».

Vielleicht verstehen Sie jetzt, sehr geehrte Frau Ministerin, was ich gemeint habe, wenn ich Sie an Ihre politische Verantwortung dafür, daß Herr Zahl menschenwürdig behandelt wird, erinnert habe und Sie bat, die Maßstäbe europäischer Zivilisation auch hinsichtlich des Strafvollzugs an Herrn Zahl gelten zu lassen.

Dies ist gegenwärtig nach meiner Überzeugung nicht der Fall. Selbst die Gestapobeamten, die die Gefangenen zwar zur Erlangung eines Geständnisses mit Gummischläuchen halbtot prügelten, aber nicht daran hinderten, sich von ihren nächsten Angehörigen zärtlich zu verabschieden, erscheinen mir im Rückblick etwas menschlicher gewesen zu sein als die politische Polizei unseres heutigen freiheitlichen Rechtsstaates. Die heute angewandten Quälereien mögen auf den ersten Blick weniger grausam erscheinen, sie sind es aber nicht.

Das Gesetz fordert: «Im Vollzug der Freiheitsstrafe soll der Gefangene fähig werden, künftig in sozialer Verantwortung ein Leben ohne Straftaten zu führen. Das Leben im Vollzug soll den allgemeinen Lebensverhältnissen so weit wie möglich angeglichen werden. Schädlichen Folgen des Freiheitsentzugs ist engegenzuwirken.»

Die Behandlung des Herrn Zahl im Vollzug, für den Sie die Verantwortung tragen, spricht den Forderungen des Gesetzgebers hohn. Die Eingriffe von BKA und LKA in den Justizvollzug sind verfassungs- und rechtswidrig. Die Begründung, die das BKA für das Vorgehen seiner Beamten geliefert hat, hätten nicht einmal die deutschen Demagogenverfolger von 1820 gelten lassen, ausgenommen jener Polizeidirektor von Kamptz, der noch heute als Rat Knarrpanti in E. T. A. Hoffmanns ‹*Meister Floh*› uns erst lachen, dann erschrecken läßt.

In voller Übereinstimmung mit meinen Kollegen im Bundesvorstand des Verbands deutscher Schriftsteller (VS) in der Industriegewerkschaft Druck und Papier sowie mit dem Präsidium des PEN-Zentrums Bundesrepublik Deutschland fordere ich Sie, sehr geehrte Frau Ministerin, nochmals dringend auf, für sofortige Abhilfe zu sorgen. Wir werden nichts unversucht lassen, eine menschenwürdige Behandlung des Schriftstellers Peter Paul Zahl durchzusetzen. Ich selbst werde mein Äußerstes tun, jener Hysterie entgegenzuwirken, deren Opfer Herr Zahl geworden ist und die geradezu zwangsläufig just das heraufbeschwört, was bekämpft werden soll.

Mit vorzüglicher Hochachtung
Bernt Engelmann

Oskar Negt

«Die Korrumpierung der politischen Moral»

An einen amerikanischen Freund

Hannover, Juli 1978

Lieber David,

lange Zeit habe ich gebraucht, um mich in der politischen Landschaft der Bundesrepublik wieder zurechtzufinden. War ich, als ich mich, etwas widerstrebend, nach Amerika aufmachte, von einer Art Kulturschock betroffen, den ich dann allerdings in einer relativ kurzen Zeit abarbeiten konnte, so müßte ich jetzt von einem politisch-moralischen Schock sprechen, der mich bei jedem Blick in die hiesigen Zeitungen beunruhigt. Dabei weiß ich nur zu genau, daß ein Vergleich zwischen den Vereinigten Staaten und der Bundesrepublik nicht in Schwarzweiß-Fronten gemalt werden darf. Nimmt man zum Beispiel das soziale Elend, in dem riesige Bevölkerungsgruppen Amerikas zu leben gezwungen sind, Armut als «Kultur», wie Michael Harrington es genannt hat, womit er meinte, daß Einzelmaßnahmen keinen mehr daraus befreien; berücksichtigt man die Tatsache, daß dieses reichste kapitalistische Land der Erde gleichwohl nicht imstande ist, fast einem Drittel der Bevölkerung eine menschenwürdige Lebensweise zu sichern, so gewinnt man nach Rückkehr in die Bundesrepublik den Eindruck, daß es sich bei dieser Gesellschaft tatsächlich um einen beispielhaften Wohlfahrtsstaat handelt, in dem nur Querulanten Anlaß zu Klagen finden. Ich weiß, daß allein die Statistiken über die Zahl der Obdachlosen, über psychisch Kranke, über Arbeitslose, die sich aus der Gesellschaft ausgeschlossen fühlen, dieses Bild widerlegen. Aber in vieler Hinsicht gibt es in den Vereinigten Staaten eine Form der sozialen Ungerechtigkeit gegenüber rassischen Bevölkerungsgruppen, überhaupt den Verelendeten, die uns in dieser Weise unbekannt ist.

Wir beide haben häufig über die Ursachen dieser Verhältnisse gesprochen und, wenn ich mich recht erinnere, Einstimmigkeit darüber erzielt. Wir haben auch Überlegungen darüber angestellt, was die Ursachen dafür gewesen sind, daß es in den Vereinigten Staaten keinen Faschismus gegeben hat, obwohl es doch in der Periode des New Deal Ansätze für eine Arbeitsfront, rassische Diskriminierung größten Umfangs, auch gegenüber den Juden, gegeben hatte. Du hast darauf verwiesen, daß noch in der Periode der Civil Rights-Bewegung die Juden der Ostküste diese Bewegung materiell und ideell unterstützten, weil sie nach den Erfahrungen des deutschen Faschismus befürchten mußten, daß sie selber dran seien, wenn es der amerikanischen Gesellschaft nicht gelinge, das Problem der Schwarzen zu lösen. Denn der Ku-Klux-Klan betrieb mit seiner Rassenhetze gleichzeitig immer anitsemitische Hetze.

Faschistische Ansätze hat es in allen spätkapitalistischen Ländern gegeben, auch in den Vereinigten Staaten; und es ist schon eine bedrückende Szenerie, angriffslustige Horden in Originaluniformen des Dritten Reiches in Chicago und in Milwaukee im hellen Tageslicht aufmarschiert zu sehen.

Warum hat es also keinen Faschismus in den Vereinigten Staaten gegeben? Ich habe in unseren Diskussionen während meiner fünfmonatigen Gastvorlesungen in Milwaukee und Madison die These vertreten, daß der amerikanische Kapitalismus auf Grund seiner gewaltigen Produktivität und seines Reichtums die Phantasie der Massen an reale Produkte binden konnte; er hatte es nicht nötig, die Befriedigung von realen Bedürfnissen auf noch zu erobernde Rittergüter im Osten zu vertagen. Ich weiß nicht, ob diese These richtig ist, aber sie scheint mir eine gewisse Plausibilität zu haben.

Wichtiger für mich ist allerdings ein anderer Zusammenhang, aus dem besser erklärbar wird, daß es rassische, ja faschistische Tendenzen in den Vereinigten Staaten gegeben hat und noch heute gibt, der Verwaltungsmassenmord, Konzentrationslager des deutschen Ausmaßes, in dieser Gesellschaft aber nicht Realität geworden sind. (Der Massenmord an den Indianern bedarf besonderer Erklärungen.) Das hängt meines Erachtens mit der spezifischen «Logik» der Entfaltung dieser Gesellschaft aus ihren Ursprüngen heraus zusammen, die sich geschichtlich nicht aus feudal-absolutistischen Zusammenhängen entwickelt hat und deshalb auch nie dazu gekommen ist, ihre bürgerlich-zivile Grundlage zu verlieren.

Etwas überspitzt möchte ich es so formulieren: Die bürgerlichen Rechte gelten nicht als vom Staat verliehene Rechte, in gewissem Sinne werden sie als selbstverständliche Naturrechte in Anspruch genommen; diese Grundüberzeugung der Amerikaner gibt dem, was ziviler Ungehorsam darstellt, eine ganz andere Substanz. Gewiß, man muß vorsichtig sein, diese politischen Freiheitsrechte zu stark zu dehnen. Ich erinnere mich genau an eine Geschichte, die Du mir selber erzählt hast. Du hättest mit deinem Vater, der sich durch mühevolle Arbeit einen gewissen Wohlstand und ein nicht unerhebliches Eigentum erworben hatte, über alle politischen Probleme, über Vietnam, Gleichberechtigungsansprüche der Schwarzen, Pressefreiheit, völlig frei und kontrovers diskutieren können. Er bestätigte ständig Dein Recht, eine abweichende Meinung zu allen diesen Fragen zu haben, auch wenn sie sehr radikal klangen. Nur an einem Punkt sei dieser Konsensus zerbrochen: Als Du ihm vorhieltest, daß seine wirtschaftlichen und gesellschaftlichen Erfolge wesentlich daher kämen, daß er ganz andere Ausgangsbedingungen für *seine* Lebensperspektiven gehabt habe als zum Beispiel ein Kind, das in einem Getto aufwachse, hörte das geheime Einverständnis sofort auf. Die Ideologie des Privateigentums, der individuellen Leistung, sitzt so tief in der amerikanischen Gesellschaft, daß jede Infragestellung dieser ganz persönlichen Leistung ein Angriff auf die Identität der Person darstelle. Dein Vater zog sofort die Konsequenz, daß er zu einem Anwalt ging und Dich enterbte, weil er befürchtete, daß Du sein Eigentum möglicherweise an die Schwarzen oder an sonstwen verschleudern würdest.

Ich bin mir der Zwiespaltigkeit liberaler Positionen, wie sie sich hier ausdrücken, nach meiner Rückkehr noch bewußter geworden. Gerade habe ich, verspätet, weil ich mich in Amerika strikt geweigert hatte, deutsche Zeitungen zu lesen, einen sehr interessanten Brief von Jürgen Habermas an die Gräfin Dönhoff gelesen. Habermas stellt hier die Frage: Was ist ein Liberaler 1978 noch wert? Das ist in der Tat eine sehr wichtige Frage, aber ich bin nicht ganz sicher, ob man das Schicksal der bürgerlichen Demokratie in Westdeutschland an dieser Frage festmachen kann. Oder provokativer ausgedrückt: Sollte das Schicksal der westdeutschen Demokratie vom Verhalten und vom Einfluß der deutschen Liberalen abhängen, so würde ich ihr, ehrlich gesagt, keine Chance geben. Wieder drängt sich mir ein Vergleich zu den amerikanischen Liberalen auf, soweit sie sich auf die Sphäre politischer Öffentlichkeit beschränken; wo immer in der Regierung, in den Behörden und Verwaltungen, in der Justiz Korruption und Machtmißbrauch auftreten oder wo politische Figuren meinen, sie könnten aus ihrer privilegierten Situation Kapital für ihre Karriere schlagen, setzt nicht nur im amerikanischen Volk ein tiefes Staatsmißtrauen ein, sondern die Presse verfährt nach den rigorosen Regeln der alten Muckrakers, welche die ganze Biographie der Verdächtigten durchwühlten, um sie zu Fall zu bringen. Nixon wäre um ein Haar ins Gefängnis gekommen, der ehemalige oberste Staatsanwalt (General Attorney) der Vereinigten Staaten, der Gouverneur von Maryland sitzen zur Zeit im Gefängnis; nicht besonders unbequem, aber doch in einem Gefängnis. Mir ist aus der deutschen Geschichte kein einziger Minister, Staatssekretär, hoher Beamter und so weiter bekannt, der bei vergleichbaren Vergehen ins Gefängnis gekommen wäre, es sei denn, wie im Dritten Reich, wegen seiner unbeugsamen demokratischen Gesinnung. Die deutschen Liberalen sind *staatstreu*, und da sie die Elendsgeschichte des deutschen Liberalismus kennen und nunmehr glauben, daß dieser Staat der beste aller deutschen Staaten sei, halten sie ihre Staatstreue in jeder Hinsicht für legitimiert. Den Unterschied zwischen dem deutschen Liberalismus und dem amerikanischen Liberalismus kann man sich am besten verdeutlichen, wenn man ein beliebiges Exemplar der *Frankfurter Allgemeinen Zeitung* neben die *New York Times* hält, von der *Washington Post* und von *Los Angeles Times* ganz zu schweigen. Für amerikanische Begriffe wäre diese deutsche Zeitung wohl nicht immer eine Regierungszeitung, stets aber ein zuverlässiges Staatsorgan.

Aber ich möchte nicht wiederholen, was wir immer wieder diskutiert haben und was mir in gewisser Weise die Augen geöffnet hat auch für Probleme, die sich selbst innerhalb des Rahmens der bürgerlichen Demokratie in Deutschland ergeben. Ich glaube, daß wir allen Grund haben, in aller Entschiedenheit und in aller Öffentlichkeit Probleme zusammen zu denken, die für das Schicksal des Nachkriegsexperiments der westdeutschen Demokratie entscheidend sein werden. Ich möchte auf das, was ich politisch-moralischen Schock genannt habe, zurückkommen.

Gerade als ich Amerika verließ, sind wir mit einer Reihe von Berufsverboten konfrontiert worden; einigen hervorragend qualifizierten Intellektuellen, die ihre Methode als marxistisch bezeichnen, ist die Anstellung auf Lebenszeit an verschiedenen Universitäten der USA verweigert worden. So etwas wie Berufsverbote gibt es auch in den Vereinigten Staaten, aber sie stehen nicht unter dem Schein des Rechts, und der Protest dagegen geht bis zum Sicherheitsberater Carters, der erwiesener Antikommunist ist. Unter hiesigen Bedingungen haben Berufsverbote eine ganz andere Bedeutung für die Entwicklung der Gesellschaft. Das hängt zentral mit der Rolle des Staates und dem Mythos einer reibungslosen Verwaltungs- und Justizmaschinerie zusammen. Ich muß etwas ausholen.

Im Zusammenhang der Filbinger-Affäre, über die jetzt so viel Unruhe entstanden ist, daß selbst die nächsten Parteifreunde diesen «furchtbaren Juristen» als Belastung empfinden, ist ein anderer Fall ans Tageslicht getreten, der die ganze Misere dieser Gesellschaft mit ihrer total unbewältigten Vergangenheit zum Ausdruck bringt. Gerhard Gaul, hochdekorierter Stadtpräsident der Hansestadt Lübeck, hat mit gnadenloser Härte, wie es in der Überschrift der *Zeit* heißt, Urteile, auch Todesurteile, gefällt. Soweit ich sehe, hat sich diese Ungeheuerlichkeit nicht zu einem Proteststurm vom Norden zum Süden ausgeweitet. Offenbar geht man davon aus, daß Leute, die im Alter von dreißig oder vierzig Jahren dem schlimmsten System gedient haben, das es in der Weltgeschichte je gegeben hat, durch spätere Verdienste alles wettmachen können; sie gelten als die Erbauer einer Demokratie, die nunmehr als endgültig gesichert erscheint. In einem Punkt, und das wird in der Öffentlichkeit meist übersehen, ist die gnadenlose Härte allerdings geblieben, und sie dokumentiert das kontinuierlichste Stück der deutschen Geschichte, die gesetzliche Rigorosität, mit der Feindbilder produziert und Kritiker der Gesellschaft und des Staates ins Abseits gedrängt werden. Wie immer man den Faschismus deuten mag, ein schlicht gesetzloses System ist es nicht gewesen; es war ein Unrechtsstaat, aber Richter Filbinger konnte mit einiger Berechtigung sagen, was damals Recht war, kann jetzt nicht Unrecht sein. Es ist gut, daß es einmal zum Vorschein gekommen ist. Der Faschismus hat für alles seine Gesetze gehabt, aber auch die beflissenen Vollzugsbeamten, die wichtiger für seine Bestandssicherung waren, als die marodierenden Horden.

Eine der gefährlichsten Tendenzen der Gesellschaftsordnung

der Bundesrepublik sehe ich darin, daß die in der deutschen Geschichte meist antagonistisch auftretenden Elemente, Demokratie und Rechtsstaat, nach der kurzen Nachkriegsperiode ihrer Verknüpfung wieder auseinandergezogen werden und der Rechtsstaat zum einzigen Interpretationszusammenhang politischer Freiheitsrechte wird. Jedermann weiß jedoch, daß der Rechtsstaat ein Produkt preußisch-autoritärer Tradition ist, während der größte Teil der politisch-demokratischen Rechte in Deutschland eine ganz andere Quelle hat: die Arbeiterbewegung.

Ich will gar nicht beharrlich wiederholen, was die an diesen jüngsten Beispielen sichtbare Korrumpierung der politischen Moral in diesem Land für eine Jugend bedeutet, die nach neuen humaneren Formen ihre Lebensweise sucht, weil die alten Normen, Regeln, Verhaltenszumutungen sie mit Recht nicht mehr befriedigen. Man hat viel davon gesprochen und man spricht wohl auch heute noch davon, von Leitbildern, in denen sich lebendige Menschen verkörpern; wie können aber diejenigen, die geschwiegen haben, die als Techniker, Industrielle, Juristen, Hochschullehrer von den Statusaufwertungen im Faschismus profitiert oder gar aktiv Zukunftshoffnungen mit ihm verbunden haben, was sie jetzt tragische Verstrickung nennen; oder wie können diejenigen, die ungewöhnliche Dienstbeflissenheit an den Tag legen, wenn es um die Deckung belasteter Personen geht, wie können alle diese Leute irgendeinen Anspruch erheben, Leitfiguren, Vorbilder einer demokratischen Gesellschaft zu sein? Mir will dieses «pathologisch gute Gewissen», für das Filbinger doch nur ein kleines Symptom ist, nicht in den Kopf.

Was sich gegenwärtig unter unseren Augen abspielt, ist eine grundlegende Verschiebung des Verfassungssystems; die Zersetzung des Rechts im Recht. Ging man nach alten römischen Rechtsgrundsätzen davon aus, daß der Ankläger die *Schuld* des Angeklagten zu beweisen habe, so ist es jetzt vielfach umgekehrt: der Angeklagte muß alle seine verfügbaren Mittel aufwenden, um seine *Unschuld* unter Beweis zu stellen. Und auch ein anderer römischer Rechtsgrundsatz scheint mir mehr und mehr in der konkreten Rechtspraxis bedroht; hieß es im römischen Recht in dubio pro reo, im Zweifel *für* den Angeklagten, so greift nach den mir bekannten Unterlagen über die Anhörungspraxis für Bewerber des öffentlichen Dienstes immer mehr die Maxime um sich, im Zweifel *gegen* den Angeklagten zu entscheiden.

Lieber David, wir haben einmal darüber gesprochen, daß die Amerikaner nicht besonders gesetzestreu sind; sie umgehen die Gesetze, wo sie können. Das liegt wohl auch daran, daß sie keinen verinnerlichten Staatskomplex haben, sondern viel stärker auf zivile Traditionen vertrauen. In Deutschland ist es jedenfalls umgekehrt, und Du wirst es merkwürdig finden, wenn ich sage, daß die gefährlichste, weil unverdächtigste, Form des Abbaus demokratischer Rechte, die sich heute in der Bundesrepublik vollzieht, die Judifizierung der Politik und der gesellschaftlichen Probleme, unter dem schützenden Dach wachsender Rechtssicherheit, geworden ist. Das schließt keineswegs aus, daß zunehmend Grauzonen des Rechts, wie Jürgen Seifert sagen würde, entstehen; es bedeutet vielmehr, daß diese Judifizierung, manche sprechen von «Verrechtlichung», bei der Gerichte sogar darum bemüht werden zu entscheiden, wie lang ein Knüppel sein darf, den Demonstranten bei sich führen, langfristig das gesamte politische Leben dieser Republik zu ersticken droht.

Alle Probleme, welche die Gesellschaft aus sich heraus nicht lösen kann, werden vor Gericht gebracht; schon wagen einige zu klagen, daß das Bundesverfassungsgericht in Streitfragen politischen Rechts die Linie richterlicher Selbstbeschränkung verlasse und die politischen Handlungsräume einenge; ob es nun die Ostpolitik ist, ob eine Demonstration rechtmäßig sei, ob Schulpolitik – alles soll durch diese richterlichen Entscheidungen eine festere Legitimation erhalten, wobei mit Stolz auf die Rechtsweggarantien und auf die Korrektheit des Verfahrens verwiesen wird.

Ich bin weit entfernt, solche Rechtsweggarantien und das strikte Einhalten von Verfahrensregeln für den Bestand einer demokratischen Gesellschaft gering einzuschätzen. Ich kann mir aber nicht helfen, manchmal habe ich den Eindruck, daß diese Fetischisierung des Rechts aus einer Logik heraus, die ihren Ursprungsboden in brüchig gewordenen Herrschaftsverhältnissen hat, übergeht in Formen der Inquisitionsgerichtsbarkeit. Die Inquisitionsgerichte, die ja im Grunde Ketzergerichte gewesen sind, waren aufs äußerste bedacht, formell korrekt zu verfahren und unter keinen Umständen zuzulassen, daß eine Gewaltentscheidung auf die höhere Weihe strikt angewandter Verfahrensregeln und Gesetze verzichtet. Der moralischen Heuchelei ging die juristische voraus. Es ist wahrscheinlich falsch, die Inquisitionsgerichte schlicht in die finstere Zeit der Gegenreformation zu legen; auch der Protestantismus, und das nicht wenig, verfolgte seine Ketzer. Erosion zu der feudalen Gesellschaft und Gefährdungen der Macht der Kirche konnten nicht mehr mit schlichten Gewaltmitteln bekämpft werden, sondern es bedurfte des Mittels, dessen sich die Ketzer selber bedienten: des Mittels der Vernunftschlüsse und der Rationalität. Je mehr ich darüber nachdenke, je intensiver drängen sich mir Bilder auf, die frappierende Ähnlichkeit mit der Gegenwart haben.

Solange die bürgerliche Demokratie zur eigenen Legitimationsgrundlage rationaler Rechtfertigung bedarf, andererseits die Klassenkonflikte aufbrechen und zum Teil explosive Gestalt annehmen, ist für diese Legitimation der Herrschaft nichts geeigneter als die Berufung auf situationsunabhängige Normen, deren Vollzugsbeamte gewinnen ihre Identität als Vollstrecker von der geschichtlichen und gesellschaftlichen Dynamik scheinbar enthobenen Gesetzen, deren Geltungsanspruch in ihrer puren Existenz besteht. Adolf Arndt, dieser ehrenwerte und hervorragende sozialdemokratische Jurist, hat einmal davon gesprochen, daß die schlimmste Abschaffung des Rechts die ist, die im gestohlenen Mantel des Rechts auftritt.

Ich will die Analogie zu den Ketzergerichten nicht übertreiben; alle Analogien haben begrenzten Aussagewert. Allerdings gibt es auch so etwas wie negative Konstanten in der Geschichte eines Landes, einen Urmythos von Herrschaft, der sich durchhält und dessen Mechanismen immer wieder hervorbrechen. Zu diesem Mythos gehört, daß gesellschaftliche Bewegungen *individualisiert* werden, daß Individuen Schuldzurechnungen erfahren – was sie in ihrem Denken und Verhalten lediglich *ausdrücken* –, daß die rechtserhaltende Gewalt, von der Walter Benjamin spricht, in einem Zwischenbereich von striktem Recht, einschüchternden Machtentscheidungen und zeitlicher Vertröstung auf unendliche Verfahrungswege lokalisiert ist. Alle diese Elemente finden, von Fall zu Fall besonders gewichtet, sich im sogenannten Radikalenerlaß. Die «Geschäftsgrundlage» des Radikalenerlasses besteht darin, daß die Staatsbürokratie ein Grundmißtrauen in die verfassungsrechtliche Zuverlässigkeit aller formuliert: das ist gewissermaßen die Leitnorm, und zwar so, um in der Analogie zu den Hexenprozessen zu bleiben, daß prinzipiell *jeder* durch die geringsten Indizien in Verdacht verfassungsfeindlicher Aktivität geraten kann. Hexen und Hexenmeister schossen damals wie Pilze aus der

Erde. Die kollektive Paranoia erfaßte jeden, und es konnte schon Verdacht erregen, wenn einer behauptete, einen Nachbarn, einen entfernten Feind *nicht* irgendwo und irgendwann einmal auf einem nächtlichen Treffen, auf einer Teufelsdemonstration, gesehen zu haben. Ein kleiner Wink reichte damals wie heute. Das erklärt meines Erachtens, warum die Zahl möglicher Verfassungsfeinde in einem Ausmaße angewachsen ist, daß selbst einige der Initiatoren der Ministerpräsidentenbeschlüsse von 1972 Angst vor den Folgen bekommen haben. Das erklärt aber auch, warum es eigentlich gar keine stimmigen Kriterien für das geben *kann*, was ein Verfassungsfeind ist. Zur Diskussion steht vielmehr *jedes* Verhalten und Denken, das nicht ausdrücklich als staatstreu ausgewiesen ist und was sich nicht alltäglich in diensteifrigem Mitläufertum dokumentiert.

Wirkliches Verhalten, also das Kriterium, von dem im Grunde alle modernen Verfassungen ausgehen, soweit sie den Ursprung aller bürgerlichen Demokratie: die Trennung von Legalität und Moralität akzeptieren, ist unter diesen Bedingungen ein viel zu fragwürdiges und weiches Element. Da das Grundmißtrauen auf ganze Menschen gerichtet ist und nicht auf Gedanken und Handlungen, ist es absolut konsequent, die Formel vom verfassungswidrigen Verhalten in die verfassungsfeindliche Gesinnung zu transformieren. Gesinnung bezeichnet einen Personenkern, der alle *möglichen* Gedanken und Handlungen enthält, und das ist es gerade, was diese staatliche Bürokratie im Interesse ihrer Selbstbehauptung und auch ihrer Reinerhaltung im Auge haben mußte.

Die Ministerpräsidentenbeschlüsse von 1972 hatten ursprünglich noch die Absicht, französische und italienische Verhältnisse präventiv, vorbeugend, zu verhindern. Tatsächlich mußte es, vergleicht man den deutschen Geschichtshorizont von komplett gelungenen Konterrevolutionen und zerbrochenen Revolutionen mit den sich schon damals abzeichnenden Entwicklungen in Italien und Frankreich, für jeden anständigen deutschen Beamten eine Horrorvorstellung gewesen sein, daß mitten in Europa ein Kommunist Parlamentspräsident ist. Ich weiß nicht, was in einem ähnlichen Fall in Deutschland passieren würde; aber ein Staatsstreich wäre hier mit Sicherheit nicht auszuschließen. Es ist sehr merkwürdig, daß ehrenwerte Sozialdemokraten, die den Faschismus am eigenen Leibe erfahren haben, an diesem konterrevolutionären Muster, das in Deutschland immer wieder durchgeschlagen ist, mitgestrickt haben. Sie hatten wohl vergessen, daß ja die Beseitigung der Weimarer Republik nicht nur das Resultat von Horden war, die die Straße unsicher machten: faschistische oder autoritäre Regime haben sich immer im Zentrum der Gesellschaft, nicht an ihren Randzonen, herangebildet, ganz zu schweigen von ihrer Lebensfähigkeit. Und sie hatten offenbar auch vergessen, daß der Staatskonservativismus der deutschen Beamten in Spannungslagen immer nach rechts ausschlägt und bisher nie dazu geführt hat, daß das deutsche Beamtentum der besondere Hort demokratischer Freiheitsrechte ist. Ich halte es für wichtig, den Sinneswandel vieler Sozialdemokraten und mancher Liberalen nicht nur zur Kenntnis zu nehmen, sondern ihn auch als einen wichtigen Beitrag zur Verteidigung demokratischer Rechte zu halten. Wie war diese Selbsttäuschung möglich?

Der in diesem Zusammenhang Mutigste unter den Abgeordneten des Bundestages, Coppik, hat diesen objektiven Schein, dem so viele erlagen und noch immer erliegen, unmißverständlich und im Sinne historischer Wahrheit formuliert: Die meisten Verfassungssysteme sind durch Rechtsextremisten beseitigt worden. Aber es liegt auf der Hand, «. . . daß diese Verfassungsfeinde von rechts nur sehr schwer zu erfassen sind. Denn sie bleiben in der Regel bei ihrer normalen Dienstausübung unauffällig; als Rechtsextremisten entpuppen sie sich erst in Krisensituationen der gesellschaftlichen Entwicklung.»

Ich möchte nicht im allgemeinen bleiben; ich hatte Dir, als wir uns verabschiedeten, versprochen, Dir einen Berufsverbotsfall aus meiner Sicht zu beschreiben. Das will ich jetzt tun, nicht zuletzt deshalb, weil ich bei meinen Vorträgen in Amerika schätzen gelernt habe, welche Rolle anschauliche Erkenntnis im amerikanischen Denken bedeutet.

Bertolt Brecht hat einmal gesagt: Das Unrecht hat Name, Anschrift und Gestalt. Das gilt genauso für das Recht. Wenn die Verteidigung politischer Freiheitsrechte unteilbar ist und wenn es keine Institution gibt, die im Ernstfall den Rückfall einer Gesellschaft in autoritäre oder gar barbarische Zustände aufhalten kann, es sei denn, das demokratische Verhalten und das demokratische Bewußtsein der Masse der Bevölkerung selber, so betrachte ich es als Pflicht eines jeden Demokraten, Fälle von Ungerechtigkeit und Rechtsverletzungen in die Öffentlichkeit zu tragen, wo immer sie auftreten und unabhängig von der politischen Position, die man selber vertritt. Ich kann mir nicht vorstellen, daß ein Verfassungsschutz eine Verfassung wirklich schützt, ja, daß es in diesem Ausmaße nötig ist, sie zu schützen, wenn sie lebendiger Ausdruck der Lebensverhältnisse der Menschen ist. Eine zum Ritual von Feindbildern und Gesinnungsprüfungen heruntergebrachte Verfassung nähert sich dagegen zwangsläufig einem Instrument, das nur noch *eine* Art der Sensibilität zuläßt: die Wahrnehmung von Störungen.

Die Verteidigung republikanischer Freiheiten kann sich in Deutschland auf zwar unterdrückte, aber doch auch vorhandene Traditionen beziehen. Der deutsche Philosoph der Französischen Revolution, als den man Kant bezeichnen kann, hat diese Tradition begründet und unmißverständlich ins Bewußtsein gerückt. Er sagt: «Auf die Rechte der Menschen kommt es mehr an als auf die Ordnung (und Ruhe). Es läßt sich große Ordnung und Ruhe bei allgemeiner Unterdrückung stiften . . .» Er wußte, wovon er redet; denn er kannte den preußischen Staat und seine Mechanismen sehr genau.

Ich habe gesagt, auch das Recht hat Name, Anschrift und Gestalt. Es handelt sich dabei um den Fall eines jungen Lehrers, der jetzt bereits mehrere Jahre zurückliegt und den viele, die sich ursprünglich empört hatten, fast schon vergessen haben. Natürlich liegt das auch daran, daß er überhaupt kein Einzelfall mehr ist; er reiht sich in die Zahl derjenigen Fälle ein, die in die Maschinerie der Rechtsprechung hineingeraten sind und offenbar auch eine gewisse Resignation des Betroffenen bewirkt haben, was dabei immer auch beabsichtigt ist.

Der Name ist Jörg Piepkorn, 1945 geboren, Studium der Elektrotechnik, der Berufspädagogik und der Politik, eine Kombination also, die bei der chronischen und gefährlichen Politik-Aversion von Technikern und Naturwissenschaftlern zu besonderen Hoffnungen Anlaß gibt; seine Absicht war, Berufsschullehrer zu werden: alle seine Lehrer haben ihm eine hervorragende fachliche Qualifikation bestätigt, besonders hervorgehoben wurde, daß er nicht nur in den Seminaren, sondern auch in der studentischen Selbstverwaltung aktiv mitgearbeitet und jederzeit bereitgewesen ist, eigene Positionen und politische Überzeugungen rationaler Kritik auszusetzen. Alle Zeugnisse und Gutachten, die sein Verhalten und seine Aktivitäten beschreiben, habe ich gelesen. Wünscht man aus allem, was er gesagt und getan hat, was seine

Kollegen aus der Gewerkschaft, Kommilitonen, Seminarleiter und akademische Lehrer freimütig und vorbehaltlos über ihn geäußert haben, zu einem politischen Charakterbild zusammenzufügen, so kann man nicht umhin, ihn einen genuinen, das heißt auf die *inhaltliche* Verwirklichung von Grundrechten jederzeit bedachten Demokraten zu nennen. Mit wachem Verstand hat Piepkorn wahrgenommen, was für jeden Demokraten eigentlich ganz unverzichtbar sein müßte und ohne daß ich mir stabile demokratische Verhältnisse schlechthin nicht vorstellen kann: selbst die scheinbar geringsten Erscheinungen, die darauf hinweisen, daß sich die Schere zwischen dem Wertehimmel glorifizierter Verfassungsnormen und der durchaus irdischen, handfesten, konkreten Verfassungswirklichkeit immer weiter öffnet. Im Normalzustand vollziehen sich Aushöhlungen der Verfassung schleichend und häufig unmerklich. Oder es ist schon so weit gekommen, daß Hinweise auf den Widerspruch zwischen Verfassung und Verfassungswirklichkeit als verfassungsfeindlich, jedenfalls als ernst zu nehmende Verdachtsgründe, eingestuft werden?

Ich weiß, daß viele Leute darauf hinarbeiten, diesen Straftatbestand zu schaffen. Am liebsten wäre ihnen, man könnte die Artikel 14 und 15 des GG, die immerhin Vergesellschaftung von Produktionsmitteln und planwirtschaftliche Elemente, von den Verfassungsvätern noch konkret auf dem Hintergrund der gerade erfahrenen Kollaboration von Kapitalismus und Faschismus bezogen, als Möglichkeit eines gesellschaftsverändernden Eingriffs vorsah, aus dem Grundgesetz streichen. Anders kann ich mir gar nicht erklären, warum im Anhörungsverfahren von Piepkorn die Frage planwirtschaftlicher Regulierung und Vergesellschaftung überhaupt herausragender Gegenstand sein konnte; die kapitalistische Marktwirtschaft mit ihren existierenden Klassenverhältnissen zur Staatsfundamentalnorm zu erklären, würde doch wohl alles auf den Kopf stellen, was den Sinn des Grundrechtskatalogs ausmacht, an dessen Spitze nicht zufällig die Würde steht, die zu achten und zu schützen Verpflichtung aller staatlichen Gewalt ist, was, wenn ich richtig sehe, die Herstellung objektiver Bedingungen für ein Leben in Würde einschließt.

Aber ich habe etwas vorgegriffen. Damit Du Dir ein anschauliches Bild vom Fall des Jörg Piepkorn machen kannst, muß ich Schritt für Schritt vorgehen. An sich ist der Vorgang freilich sehr trocken, vielleicht mit einer kleinen dramatischen Note, auf die ich am Ende des Briefes noch zu sprechen komme. Du weißt, daß die Einstellungsbehörden für Bewerber des öffentlichen Dienstes Anhörkommissionen gebildet haben, in die in der Regel höhere Beamte aus verschiedenen Landesministerien entsandt werden. Sie atmen den Geist inquisitorischer Befragungsmethoden, die stets auf die Gesinnung und nicht auf das wirkliche Verhalten zielen. Vor eine solche interministerielle Kommission wurde Piepkorn am 3. Dezember 1975 geladen; die Anhörung dauerte vier Stunden. Nach anfänglichem Widerstreben sagte Piepkorn freimütig aus und nahm zu jedem Punkt – in seinem Selbstverständnis marxistische Argumentationsweisen durchaus einbekennend – dezidiert Stellung, der ihm als Verdachtsgrund für eine mögliche verfassungsfeindliche Gesinnung vorgehalten wurde. Die Gegenstände dieser interministeriellen Staatsprüfung waren orientiert an den konventionellen Symbolen, an denen ein durchschnittlicher deutscher Beamter den Unterschied zwischen Demokratie und Totalitarismus erkennt: Diktatur des Proletariats, Planwirtschaft, Klassen, sozialistische Revolution, Gewalt. Zur Ehre dieser Kommission sei hervorgehoben, daß sie folgende Stellungnahme beschloß: «Die Zweifel daran, daß der Bewerber jederzeit für die freiheitliche demokratische Grundordnung im Sinne des Grundgesetzes eintreten wird, sind ausgeräumt.»

Die zusammengefaßten Gründe des Beschlusses: «Die Ausführungen des Bewerbers stehen in entscheidenden Punkten im Widerspruch zu den Zielsetzungen der DKP und des MSB-Spartakus. Nach dem persönlichen Eindruck, den Herr Piepkorn bei der Anhörung hinterlassen hat, hegt die Kommission keinen Zweifel an der Aufrichtigkeit seiner Einlassung. Nach der Satzung der MSB-Spartakus ist der Bewerber aus dieser Organisation inzwischen ausgeschieden. Erkenntnisse über eine gegenwärtige Mitgliedschaft oder Bestätigung in der DKP liegen nicht vor. Nach dem Verlauf der Anhörung besteht auch kein Anhaltspunkt dafür, daß Herr Piepkorn künftig verfassungsfeindliche Bestrebungen verfolgen oder unterstützen wird.»

Also, wirst du jetzt sagen, hat wenigstens in diesem Falle das Recht, wenn auch *innerhalb* eines Zusammenhangs, dem man jede demokratische Legitimation absprechen muß, gesiegt; exemplarischer Fall einer individuellen Einzelüberprüfung, zwar unangenehm, aber am Ende doch zugunsten des Bewerbers. Richtig. Jeder vernünftige Mensch müßte sagen, daß eine persönliche Anhörung von insgesamt vier Stunden mit versierten Fangfragen, geführt von Beamten, die mit den Anschauungen des Bewerbers ganz sicherlich nicht sympathisierten, in der Regel ausreichen sollte, die relativ kurze politische Biographie eines jungen Mannes nach allen versteckten Winkeln offenzulegen. So mußte Piepkorn, der sich im übrigen an keinem Punkt der Anhörung opportunistisch verhalten hat (der vermutete Widerspruch zur DKP ist offenbar nicht *sein* Problem), es wohl auch selber verstanden haben; in der gewerblichen Berufsschule Goslar, wohin er sich beworben hatte, war für ihn bereits der Stundenplan fertiggestellt. Am 13. Juli des folgenden Jahres, also gut ein halbes Jahr nach der Anhörung, traf dann der Bescheid des «Präsidenten des Niedersächsischen Verwaltungsbezirks Braunschweig» ein, der die Ablehnung des Einstellungsantrags Piepkorns enthielt. Dem Präsidenten des Braunschweiger Verwaltungsbezirks war die gewiß nicht angenehme Aufgabe zugefallen, ohne jede zusätzliche Befragung des Bewerbers, ganz sicherlich auch ohne zusätzliche «Erkenntnisse» des Verfassungsschutzes, das heißt: nur auf Grund eines neuen Aktenstudiums des alten Materials, einer absolut machtpolitischen Entscheidung den Mantel juristischer Argumentationsweise umzulegen, aus dem abgewogenen Protokoll der Anhörkommission also den entgegengesetzten Schluß zu ziehen.

Ich habe diesen Ablehnungsbescheid mehrmals lesen müssen, um zu verstehen, wie so etwas möglich ist; dabei habe ich das Gefühl gehabt, daß sich der Beamte, der diesen scholastischen Text pflichtgemäß zu verfassen hatte, an manchen Stellen des Mißbrauchs seines juristischen Sachverstands bewußt gewesen sein muß. Wenn ich scholastisch sage, so meine ich das buchstäblich, nicht in übertragenem Sinne; denn unser Jurist nimmt Begriffe und Worte, als wären es die Sachverhalte selber. Er spinnt sich, wie die Denker des scholastischen Begriffsrealismus, in Gestalt eines vorbeugenden Initiationsrituals zunächst in das Geflecht von Rechtsnormen ein (was freiheitlich-demokratische Grundordnung sei usw.), um sich Sicherheit und ein gutes Gewissen im Umgang mit den zu selbständigen Substanzen angereicherten Formeln zu verschaffen, dann klebt er allen von der Anhörkommission erwähnten Sachaussagen das Prädikat «unglaubwürdig» an. «Diese Bekenntnisse . . . wirken aber insofern inkonsequent und daher letztlich unglaubwürdig . . .» Oder: «Es wirkt unglaubwürdig, wenn Sie diesem Begriff eine derart verharmlosende Bedeutung geben ...» Oder: «Deshalb wirkt Ihr Bekenntnis zur freiheitlich-demokratischen Grundordnung letztlich nicht glaubwürdig und beseitigt nicht die Zweifel über Ihre Verfassungstreue» usw. usw.

David, Dir wird es sicherlich Schwierigkeiten bereiten zu verstehen, daß die aktive Mitgliedschaft in einer nicht verbotenen Partei (die bloß passive wird im übrigen, ganz gemäß der Praxis, Prämien auf das Mitläufertum zu erteilen, großzügiger beurteilt) ausreichender Grund für die Ablehnung eines Bewerbers für den öffentlichen Dienst ist; so sollte es in der Tat nicht sein, das Bundesverfassungsgericht hat ausdrücklich betont, daß das kein ausreichender Grund sei – diesen Punkt verschweigt der findige Jurist in seinem Ablehnungsbescheid wohl nicht zufällig. Aber um nichts anderes geht es im Fall Piepkorns, wobei das Besondere darin liegt, daß die Mitgliedschaft in der DKP nicht *erwiesen*, sondern nur *vermutet* wird. Auf Grund der Aussagen Piepkorns soll klar erkennbar sein, daß er, was die Anhörkommission als glaubwürdig bezeichnet, in einer Reihe von Punkten mit dem Programm der DKP nicht übereinstimmt. Ob dieser Widerspruch *wirklich* besteht, weiß ich nicht, und es kann hier wohl auch keinerlei Bedeutung haben. Aber nun hat er auf einer Veranstaltung der DKP als Experte für Berufsausbildungsprobleme gesprochen, er hat als Mitglied des MSB-Spartakus fürs Studentenparlament kandidiert (alles vom Verfassungsschutz festgehalten) – reicht das nicht aus?

Ja, das reicht inzwischen aus! Denn es geht gar nicht mehr um die kontinuierliche Mitgliedschaft in Organisationen, denen man, obwohl kein Gericht darüber entschieden hat, verfassungsfeindliche Ziele unterstellt. Es geht wieder, wie in der Zeit des Kalten Krieges, nach dem KPD-Verbot, darum, mit der *Kontaktschuld* zu operieren, wer mit wem gesprochen hat, wo man einen Vortrag gehalten hat, in welchen Kreisen man sich bewegt, welche Freunde man hat, welcher Symbolbegriffe und Kategorien man sich bedient. Schon sind Leute dabei, die Feindbilder von konkreten Personen abzulösen, die Zurechenbarkeit des einzelnen zu politischen Globalkategorien zu erheben, zum Beispiel bei Demonstrationen und Versammlungen nicht nur die aktiven Teilnehmer in den Kontrollhorizont der «Erkenntnisse» des Verfassungsschutzes zu bringen, sondern auch die zufällig Beteiligten, die Zuschauer und Neugierigen. Die Absicht ist, Berührungsängste zu erzeugen, Tabuzonen zu errichten, gegenüber Erkenntnisgegenständen und Begriffen ebenso wie gegenüber allen Aktivitäten, für die staatliche Behörden vorher nicht eindeutige Bewegungsrichtungen in den Gefühlen und im Denken festgelegt haben. Politik nimmt auf diese Weise wieder jenen zwiespältigen Charakter an, den sie in der deutschen Geschichte häufig genug gehabt hat; aufgespalten in zwei deutlich voneinander getrennte Bereiche, ist es möglich, innerstaatliche Feinderklärungen zu vereinfachen, die Bevölkerung nach zwei politischen «Großgruppen zu entmischen». In dem einen Bereich lockt das Versprechen von Sicherheit und Ruhe, zwar als staatstreuer Bürger jederzeit einsatzbereit sein zu müssen, politisch nur die vorbereiteten Formeln übernehmen zu können und nur *eine* Form der Loyalität zu kennen, die im Wahlvotum ausgedrückte Folgebereitschaft gegenüber den staatstragenden Parteien: aber doch frei von den Experimenten, von der Mühe politischer Lernprozesse. In dem anderen Bereich der Politik, in dem sich radikaldemokratische Bedürfnisse und Interessen öffentlichen Ausdruck zu verschaffen versuchen, lauern dagegen vielfältige Gefahren, für die Karriere, für gesellschaftliche Anerkennung und Unterstützung; hier riskiert man Kopf und Kragen.

Wer sich in dieser Unsicherheitszone blicken läßt, muß gar nicht erst viel anstellen; indem er sich hier aufhält, hat er eine politische Entscheidung getroffen, die er durch Bewährung *innerhalb* dieser Zone überhaupt nicht mehr wettmachen kann. Piepkorn ist Leutnant der Reserve; die Frage der Anhörkommission, ob er einem Einberufungsbefehl folgen werde, hat er eindeutig bejaht. Da er jedoch als möglicherweise zuverlässiges Exemplar einer unzuverlässigen Gattung behandelt wurde, hat ihm am Ende auch diese Aussage nichts genützt.

Sollte es wirklich gelingen, die erste politisch-demokratische Generation auf deutschem Boden, Jungarbeiter, Studenten, Lehrer und Hochschullehrer, welche die Realisierung demokratischer Rechte als ihre eigene Angelegenheit zu betrachten anfangen und den staatlichen Institutionen als Verfassungsgaranten mißtrauen, in das politische Getto von abweichendem Verhalten zu sperren, für das Nervenärzte, Polizei und Gefängnisdirektoren verantwortlich zeichnen, so wäre ein Stück der Katastrophenlinie der deutschen Geschichte wiederhergestellt.

Ich bin ganz entschieden der Meinung, daß es dazu nicht kommen wird. Zu breit ist der demokratische Widerstand, trotz massiver Einschüchterung hat er sich in den letzten Jahren eher vergrößert. Da die überkommenen autoritären Sozialisationen in der jüngeren Generation nur noch eine lockere Verankerung haben, besteht vielleicht auch die Hoffnung, daß Drohungen und Einschüchterungen nicht mehr den Weg verinnerlichter Selbstbestrafung der Resignation und der «machtgeschützten Innerlichkeit» annehmen. Das ist eine große Chance der deutschen Demokratie, obwohl ich mir dessen vollkommen bewußt bin, daß sich in dem Maße, wie den politisch engagierten Jugendlichen die kollektiven Organisationsformen zerschlagen werden, in denen sie *ihre* Orientierungs- und Sinnbedürfnisse objektivieren und gemeinschaftlich austragen können, das diffuse Aggressionspotential dieser Gesellschaft gewaltig vergrößern wird, und das würde auch wieder bedeuten, daß die Rattenfänger von rechts einen günstigen Nährboden vorfinden werden.

Lieber David, du kennst Deutschland selber ein bißchen, so muß ich befürchten, Du hältst manches, was ich geschrieben habe, für eine Übertreibung. Das mag hier und da sogar zutreffen. Ich halte die westdeutsche Demokratie allerdings nicht für ausgezehrt, wohl aber aufs äußerste bedroht, und zwar genau durch die Kräfte, die sich zu ihrem angeblichen Schutz mit dem ganzen Arsenal demokratischer Legitimationsformeln ausgestattet haben und mit ihrem Interpretationsmonopol politischer Freiheitsrechte den Zweck verfolgen, Verfassungstreue in Staatstreue umzumünzen. Laß mich diesen Brief mit einem Problem beenden, das mich seit langem beschäftigt und das mir gerade jetzt wieder zu Bewußtsein gekommen ist; ich meine die Frage, welche Bedeutung politische Moral und eine Art egalitärer Gerechtigkeitsvorstellung in einem Volke für die Sicherung der Demokratie haben. Wenn in Amerika der Oberste Gerichtshof eine Entscheidung trifft, so weiß jedermann, daß es eine politische Entscheidung ist; im Grunde kann man Voraussagen machen, was ein Johnson-Court oder Nixon-Court entscheiden wird; und regelmäßig hat nach solchen Entscheidungen, bis zur jüngsten im Bakke-Fall über *inverse discrimination* (angebliche Diskriminierung der Weißen auf Grund der Civil Rights-Gesetze), eine breite und intensive Kritik dieser Entscheidungen in der Öffentlichkeit eingesetzt. Der offenbar einer falsch verstandenen, angstbesetzten Faschismus-

Abgrenzung entspringende Neutralitätsglaube, auf den die deutschen Gerichte und auch das Bundesverfassungsgericht bauen, entzieht die Entscheidungen von vornherein der politischen Kritik, und nur sehr zögernd melden sich, wie ich bereits angedeutet habe, gegenwärtig Stimmen, die etwa die Entscheidungen und die Funktion des Bundesverfassungsgerichts einer politischen Kritik unterwerfen.

Das nimmt sich alles sehr merkwürdig im Fall Piepkorn aus; zwischen der Anhörung im Dezember 1975 und dem Ablehnungsbescheid im Juli 1976 liegt der unerwartete Regierungswechsel in Niedersachsen. Vermutlich hat der sozialdemokratische Kultusminister Mahrenholz bereits vor dem Regierungswechsel eine positive Entscheidung für die Einstellung Piepkorns getroffen gehabt, die von seinem CDU-Nachfolger rückgängig gemacht wurde; gesichert ist das nicht, aber es ist wahrscheinlich. Denn die Behörden hatten es immerhin nötig, eine solche Entscheidung als bloßen «verwaltungsinternen Meinungsbildungsprozeß» herunterzustufen. Gegen Piepkorn ist offensichtlich eine *politische* Entscheidung getroffen worden; es ist, wie ich weiß, ein schwerer Eingriff in seine ganze Lebensgeschichte, mit einer geradezu zynisch zu nennenden instrumentellen Aufspaltung seiner Persönlichkeit; auf seine vorsichtige Frage nämlich, warum nicht sein Verhalten während der Referendarzeit (damit wohl auch alle übrigen Aktivitäten, welche nach dem Urteil aller die integre demokratische Gesinnung Piepkorns unter Beweis stellten) bei der Anhörung eine Rolle spielte, hat der Vorsitzende der Kommission geantwortet: «Das interessiert uns nicht, aus jener Zeit liegen uns ja keine Erkenntnisse des Verfassungsschutzes vor.»

Der Verfassungsschutz definiert also, was an einem Menschen wichtig und was unwichtig ist. Merken die, welche die Formeln von der freiheitlich-demokratischen Grundordnung herunterbeten, wie einst die Pharisäer ihre erstorbenen Buchstabenrituale, denn gar nicht, wie weit sie sich vom lebendigen demokratischen Gehalt unserer Verfassung entfernen, entfernt haben? Wenn ich «Würde», wie sie im Grundgesetz steht und wie sie in den großen Traditionen des bürgerlichen Denkens ihre eindrucksvollen Wortführer gefunden hat, richtig verstehe, so muß wohl in jedem, mit dem staatliche Gewalt so umspringt wie mit Jörg Piepkorn, die Verweigerung des Rechts auf politische Lernprozesse ein Gefühl erzeugen, das nicht in allen Fällen einen langen Zorn, bei manchen

Apathie, bei anderen kurzschlüssige Reaktionen zur Folge hat. Für viele ist es bereits eine einfache Frage des aufrechten Gangs geworden, sich zu weigern, die inflationär gewordenen Lippenbekenntnisse abzulegen; lieber wollen sie als Verfassungsfeinde gelten. Sie haben recht.

Das führt mich zum letzten Punkt. Gerade als ich mir die Dokumentationen zum Fall Piepkorn vornahm, lag zufällig auch der Artikel einer großen liberalen Zeitschrift vor mir auf dem Schreibtisch. Ich las parallel. Für den Beginn seines politischen Engagements hatte Piepkorn erklärt: «Der erste Impuls für mein politisches Engagement dürfte eine im Rahmen der Gesellschaft für deutsch-jüdische Zusammenarbeit veranstaltete Fahrt nach Auschwitz in der 13. Klasse des Gymnasiums gewesen sein. Ich stellte mir die Frage, wie es zu dem gekommen war, was ich gesehen hatte und wie man entsprechendes für die Zukunft verhindern könnte.» Er hat für viele seiner Generation gesprochen, die sich Gedanken gemacht haben, wie dieser hochzivilisierte Rückfall in Barbarei möglich war und was man tun kann, den Boden, auf dem so etwas gewachsen ist, anders zu bearbeiten.

Daneben lese ich den Artikel des Herausgebers jener einflußreichen Zeitung, in dem er, durch eigene persönliche Beispiele verwickelter Situationen, das Verhalten des Marinestabsrichters Filbinger zu verstehen versucht; er versteht es, um so mehr, als er selber sich nichts vorzuwerfen hat. Es ist im übrigen derselbe Verfasser, der leicht in Zorn geraten war, als er in einem meiner Aufsätze las: in den letzten Jahren sei die Selbstmordrate junger Menschen zwischen 15 und 25 Jahren um 40 Prozent, die Rate der Selbstmordversuche um das Fünf- bis Zehnfache gestiegen; ich habe Dir seinen Brief mit der Anfrage nach stichhaltigen Belegen gezeigt. Meine Antwort hat ihn nicht befriedigt. Wie merkwürdig mutet es doch an, wenn man sieht, wie alltäglich und umfangreich in der Presse der Vereinigten Staaten die Probleme der Jugendlichen als öffentliche Probleme behandelt werden und wie man hier alles durch Verdrängung zu lösen versucht. Manche gehen sogar so weit zu behaupten, es gäbe hier gar keine Berufsverbote.

Hätte dieser einflußreiche liberale Journalist, dessen Integrität für mich außer Frage steht, auch nur einen geringen Teil seiner Arbeitskraft und seines Verstandes darauf verwendet, statt Filbingers Psychologie eines diensteifrigen Mitläufers jene jungen Menschen besser zu verstehen, die gerade auch von diesem Repräsentanten der freiheitlich-demokratischen Grundordnung mit scharfmacherischen Reden, Berufsverboten und harten Gesetzen aus den von ihnen gewünschten Lebenszusammenhängen hinausgedrängt worden sind – wie gesagt, nur ein Teil der Aufmerksamkeit, dann könnte die liberale Öffentlichkeit in diesem Lande wenigstens jenes, Minimum politischer Kontrollfunktionen übernehmen, das in Amerika selbstverständlich ist, und die jetzt, mit größten Anstrengungen und gegen viele Anfeindungen, fast nur von der Linken wahrgenommen wird.

Ich glaube, erst eine politische Moral, die nicht mit staatlich sanktionierten Feindbildern arbeitet, kann den von mir genannten Herausgeber der *Zeit* in die Lage versetzen, unbefangen, ohne Zorn und Eifer, auch über den Fall des Berufsschullehrers Piepkorn einmal nachzudenken.

Der Senator aus Wisconsin, Joe McCarthy, ihn muß ich am Schluß wohl doch erwähnen, hatte für einige Jahre die Vereinigten Staaten in ein Land des Gesinnungsterrors verwandelt; wie Vietnam ist McCarthy für viele Amerikaner zu einem Alptraum geworden, auf den keiner gerne angesprochen werden möchte, aber in beiden Fällen klingt etwas von einer kollektiven Scham an. Obwohl der Antikommunismus geblieben ist, war plötzlich, auch mit Hilfe der liberalen Öffentlichkeit, der Spuk vorbei. Leider gibt es in unserem Lande zu viele kleine McCarthys und vor allem, sie verstecken sich hinter Gerichten, staatlichen Bürokratien und Verfassungsschutz; es wird nicht leicht sein, sie zu kontrollieren. Jede ihrer Entscheidungen ans Licht der Öffentlichkeit zu bringen, wäre vielleicht doch eine Möglichkeit, sie genauso zu Fall zu bringen wie ihr großes Vorbild. Mit dieser kleinen Hoffnung möchte ich schließen.

Herzlich
Dein Oskar Negt

II. Die Verteidigung der Liberalität

Jürgen Habermas

«Das ernstlich Fatale an diesem Tribunal ist, daß wir es brauchen»

Starnberg, 10. 4. 78

Sehr verehrte Gräfin Dönhoff,

Sie sind an die Reaktionen enttäuschter Leser gewöhnt. Gestatten Sie mir, meine Enttäuschung über Ihren Leitartikel zum Russell-Tribunal (Nr. 15/7. April 1978) etwas genauer zu erklären. Sie halten sich auf Ihre Liberalität viel zugute. Dieser Artikel gibt Anlaß zu der Frage: was ist ein deutscher Liberaler im April 1978 noch wert?

Sie gehen davon aus, daß wir in der Bundesrepublik für ein richtiges Problem die falsche Methode gewählt haben. Die Art und Weise, wie wir Extremisten vom öfentlichen Dienst fernhalten, führe «zu fortgesetzter Schnüffelei» und schütze nicht «vor Denunziation». Ich finde diese Beschreibung irreführend. Das Russell-Tribunal hat präzise die Frage gestellt, um die es geht: «Ob Bürgern der Bundesrepublik auf Grund ihrer politischen Gesinnung unter Verletzung der Grundrechte das Recht verwehrt wird, ihren Beruf auszuüben.» Auch unter politischen Aspekten ist die Berufsverbotspraxis nicht darum suspekt, weil sie zu Schnüffelei und Denunziation führt, sondern weil die systematische Gesinnungskontrolle *aller* Anwärter des öffentlichen Dienstes einen Streubombeneffekt hat: sie löst in einer ganzen Generation Angst aus, bringt Mutlosigkeit hervor und verhindert Bindungen an das, wofür unsere weithin zynisch gewordene Republik einmal stehen sollte. Enttäuscht bin ich freilich nicht so sehr über Ihre verharmlosenden Definitionen, sondern über Ihre politische Stellungnahme zum «Mummenschanz von Harheim».

Der Tenor Ihres Artikels lautet: «Weder wir noch die anderen Kritiker werden ruhen, ehe da nicht Abhilfe geschaffen wird. Ein Russell-Tribunal aber brauchen wir dafür nicht. Das können wir auch allein.» Dieser Satz ist in anderen Organen mit Befriedigung nachgebetet worden; er ist ein trauriges Resümee dessen, was deutschen Liberalen zu Harheim eingefallen ist. Ich hatte, verehrte Frau Dönhoff, erwartet, daß Sie sich und uns fragen: warum *haben* wir ein Russell-Tribunal nötig; warum sind die Liberalen im Lande nicht selber Manns genug, die Prinzipien zu schützen, für die sie angetreten sind? Das eigentlich Irritierende an einer so schief angelegten Inszenierung ist doch der Umstand, daß sie nicht durch andere Initiativen längst überflüssig geworden ist. Mir ist nicht bekannt, daß sich liberale Publizisten, Staatsrechtler, Politiker, Schriftsteller, Philosophen für die Verteidigung bürgerlicher Freiheiten eine Woche Zeit genommen hätten, um zwölf gut dokumentierte Berufsverbotsfälle öffentlich zu analysieren.

Ich selbst habe eine Mitarbeit am Russell-Tribunal abgelehnt, weil ich, wie viele andere, der Meinung bin, daß ein falscher Rahmen die richtige Sache politisch entwertet. Diese Institution bietet zu viele Angriffspunkte: als selbsternanntes Tribunal; als Gericht über den Teil Deutschlands, in dem es um so vieles liberaler zugeht als in dem anderen Teil; und als Veranstaltung in einer Reihe von Tribunalen, die sich zuvor mit Vietnam und Südamerika befaßt hatten. Aber wie soll man reagieren, wenn Linke eine richtige Sache falsch anpacken? So wie der *Spiegel*, der den Vorgang höhnisch unter Gesellschaftsnachrichten ablegt? So wie Sie, die Sie an nationale Empfindlichkeiten rühren und eine Erinnerung an die Zeiten des Nürnberger Gerichtshofs zum besten geben? Haben uns seinerzeit die Alliierten daran gehindert, den Widerstand so erfolgreich zu organisieren, daß sich jeder Gedanke an ein Nürnberger Gericht erübrigt hätte? Ich will keine falschen Parallelen suggerieren, aber Sie selbst legen die Frage nahe: wer hat uns in den letzten Jahren an derjenigen Intransingenz gehindert, die ein Russell-Tribunal überflüssig gemacht hätte?

Warum also haben wir eine schiefe Inszenierung wie das Russell-Tribunal nötig? Das hat, vermute ich, mit der eigentümlichen Rechtsverschiebung unseres politischen Spektrums zu tun, mit jenen nationalen und obrigkeitsstaatlichen Hypotheken, die eine im Kaiserreich wurzelnde politische Kultur insbesondere unseren Liberalen auf die Schultern legt. Was hierzulande die Regel ist, merkt man an den Ausnahmen. Ein Radikalliberaler wie Dahrendorf, Mitarbeiter der *Zeit*, ist beinahe schon eine exotische Erscheinung. Im Umkreis der Universitäten ist das Wort «liberal» inzwischen ein Pseudonym für die neue Militanz alter Rechtsintellektueller geworden. Anscheinend muß man in diesem Lande Sozialist sein, um für liberale Prinzipien zu kämpfen. Das soll ja in den letzten hundert Jahren schon öfter vorgekommen sein.

Sie erinnern, verehrte Frau Dönhoff, an den letzten Herbst, an den Herbst in Deutschland, und Sie betonen die Verdienste liberalen Denkens: «Allzu heftig war die Reaktion der erregten Öffentlichkeit, und es war gut, daß damals viele Liberale, Schriftsteller und Intellektuelle, warnend ihre Stimme erhoben.» Ich habe Sie damals mit Vergnügen unter denen entdeckt, die ‹*Briefe zur Verteidigung der Republik*› schrieben. Sie haben viele gute und wohlmeinende Worte an den Wissenschaftsminister Pestel gerichtet. Sie haben das Mescalero-Flugblatt erwähnt. Mit keinem Wort aber haben Sie die pikante Neuerung erwähnt, die Herr Pestel in diesem Zusammenhang gerade eingeführt hatte: den *loyalty oath*, den er zwölf seiner Professoren schwören ließ. Diese Praxis ist aus den Zeiten McCarthys Ihnen wie mir bekannt. Eine Kritik daran haben Sie anderen überlassen.

«Kritik ist unentbehrlich, aber das Russell-Tribunal brauchen wir nicht» – so überschreiben Sie Ihren Artikel. Ich meine, das ernstlich Fatale an diesem Tribunal ist, *daß* wir es brauchen, daß nicht wir die schonungslose Kritik geübt haben, die es überflüssig gemacht hätte. Ein solches Tribunal werden wir erst dann nicht mehr nötig haben, wenn Bund und Länder damit rechnen müssen, daß zum Beispiel die *Zeit* innerhalb eines Jahres das tut, was im Bürgerhaus von Harheim innerhalb einer Woche getan worden ist: daß sie zwölf Fälle, jeden Monat einen, in extenso vorführen und analysieren wird. Sie werden mich auf die Lokomotivführer und die Kriegsdienstverweigerer hinweisen, über deren Fälle auch in der *Zeit* berichtet worden ist. Wie man sieht, bleibt *diese* Berichterstattung folgenlos. Vielleicht haben Regierungsbürokratien und Justiz das Gefühl bekommen, daß sie sich auf eine gewisse Kulanz der Presse verlassen können? Könnte man ihnen nicht die Gewißheit verschaffen, daß die *Zeit* jeden Monat einen weiteren Fall so auseinandernimmt, daß der Skandal bis ins letzte Dorf dringt?

Ich stelle mir das (und bitte dabei um Nachsicht für die Unbeholfenheit eines sowohl journalistischen wie juristischen Laien) ungefähr so vor:

Hildegard W., heute dreißig Jahre, sollte nach Abschluß ihrer Ausbildung zum 1. September 1977 in den Schuldienst eingestellt werden, da in Nordrhein-Westfalen ein Bedarf an Sonderschullehrern besteht. Ihre fachlichen Qualifikationen wurden ausgezeichnet beurteilt; aber sie ist seit Jahren DKP-Mitglied und hat früher auch einmal Parteiversammlungen besucht; seit längerer Zeit hat sie freilich diese Aktivitäten eingestellt. Auf Grund, und *nur* auf Grund dieser Tatsache ist der Frau W., nach zwei Anhörungen beim Regierungspräsidenten in Arnsberg, die Einstellung als Lehrerin verweigert worden – zum Erstaunen ihrer Ausbilder. Frau W. legte am 28. Oktober 1977 Widerspruch ein. Der Regierungspräsident lehnte diesen Widerspruch am 15. November 1977 ab. Die Ablehnung traf übrigens Frau W. in einer mißlichen Lage. Sie lebte getrennt von ihrem geschiedenen Mann. Dieser ist inzwischen tödlich verunglückt. Nun möchte Frau W. die bis dahin bei ihrem Ehemann lebende gemeinsame Tochter zu sich zurücknehmen. Das ist aber ohne ein festes Einkommen schwierig.

Die rechtliche Problematik dieses Falls besteht kurz darin, daß die Einstellungsbehörde ihren Zweifel an der Verfassungstreue der Bewerberin ausschließlich damit begründen kann, daß diese der DKP angehört – weitere «Erkenntnisse» liegen nicht vor. Nun hat das Bundesverfassungsgericht in seinem maßgebenden Beschluß vom 22. Mai 1975 festgestellt, daß die Zugehörigkeit zu einer Partei, die verfassungsfeindliche Ziele verfolge, «ein Stück» des Verhaltens sein könne, das für die Beurteilung der persönlichen Eignung des Bewerbers erheblich ist, daß diese Bedingung aber nicht *zureicht*, um den Bewerber vom öffentlichen Dienst auszuschließen. Dem entsprechen die Richtlinien, die die sozialliberale Regierung in Düsseldorf für die Behandlung dieser Fälle (in Übereinstimmung mit verschiedenen Parteitagsbeschlüssen) festgelegt hat. Wie verhält sich eine Behörde, die eine Lehrerin als politisch unzuverlässig ablehnt und dennoch keinen anderen Grund anführen kann als eben den, der nach den Beschlüssen des BVerfG und den Richtlinien der eigenen Regierung für eine Ablehnung nicht ausreicht? Sie führt einen Eiertanz vor.

Das Ablehnungsschreiben des Regierungspräsidenten beginnt mit dem Satz: «Ihre Mandantin geht zu Unrecht davon aus, daß sie pauschal wegen ihrer Mitgliedschaft in der DKP der persönlichen Eignung entbehre, ohne daß eine Einzelprüfung stattgefunden hätte.» Also erwartet man Angaben, die Frau W. *persönlich* belasten, irgendwelche Äußerungen, Handlungen – Teilnahme an Demonstrationen vielleicht oder doch wenigstens ein Seminarreferat über Marx oder Adorno. Nichts Dergleichen. Statt dessen gibt der Regierungspräsident zwei Gründe an: a) der erwähnte Beschluß des BVerfG beziehe sich auf die Bewerbung eines juristischen Referendars; hinsichtlich der politischen Treuepflicht seien aber an Lehrer höhere Anforderungen zu stellen als an Juristen; b) der «Indizwert» der DKP-Mitgliedschaft sei beim Bildungsstand eines Lehrers höher zu veranschlagen; hier bedeute die Mitgliedschaft per se eine weitgehende Identifizierung mit den Zielen der Partei. Dabei beruft sich der Regierungspräsident auf Urteile nachgeordneter Gerichte mit dem Kernsatz: «Die Mitgliedschaft in der DKP ist als fortdauerndes Dienstvergehen zu werten.»

Einige Verwaltungsgerichte sind offenbar unglücklich über den Beschluß des BVerfG. Wie sie den Behörden Luft verschaffen, zeigt die folgende Stelle; sie stammt aus dem Schriftsatz vom 1. März 1978, mit dem der Regierungspräsident zur (inzwischen eingereichten) Klage von Frau W. vor dem Verwaltungsgericht Gelsenkirchen Stellung nimmt: «Nach dem Urteil des VHG Mannheim vom 19. April 1977 (ZBR S. 325) ist die Aussage des Bundesverfassungsgerichts (Parteizugehörigkeit als ‹ein Stück› des einstellungsrelevanten Verhaltens) nicht so zu verstehen, als ob die Parteimitgliedschaft stets nur ein Beurteilungskriterium unter vielen sein könne. Mit dieser Feststellung habe das Bundesverfassungsgericht nur verdeutlichen wollen, was es an anderer Stelle des Urteils so formulierte, daß sich nämlich das Urteil der Einstellungsbehörde ‹auf eine von Fall zu Fall wechselnde Vielzahl von Elementen und deren Bewertung› zu gründen habe. Dies schließe ein (!), daß die Mitgliedschaft in einer verfassungsfeindlichen Partei *und deren Bewertung* bei Fehlen oder mangelnder Relevanz weiterer Umstände zur alleinigen Beurteilungsgrundlage gemacht werden könne. Zwar bedeute der Beitritt zu einer Partei, der im allgemeinen ganz unterschiedlich motiviert sein könne, keineswegs immer, daß das Mitglied mit den Zielen dieser Partei voll übereinstimme. Jedoch bedeute die freiwillige Mitgliedschaft in der *DKP* in Kenntnis ihres Programms und ihres Statuts nichts anderes als eine Identifikation mit den wesentlichen – verfassungsfeindlichen – Zielen dieser Partei.»

«Was ein starker Denker nicht alles vermag» – pflegte Adorno bei Gedankenakrobatik dieser Art zu sagen. Das BVerfG legt nämlich in dem zitierten Urteil eindeutig fest: «Es handelt sich um ein prognostisches Urteil über die Persönlichkeit des Bewerbers, nicht lediglich um die Feststellung *einzelner* Beurteilungselemente», wobei Parteimitgliedschaft als ein solches Element ausdrücklich genannt wird. Ein Gesetz, welches die politische Eignung eines Bewerbers auf Grund einer solchen «einzelnen konkreten Verhaltensweise» ausschließt, hält das Gericht für «verfassungsrechtlich bedenklich».

Der Referent, der im Auftrag des Regierungspräsidenten an Frau W. schreibt, macht sich indessen die interessante Auffassung des VGH Mannheim zu eigen, man dürfe aus Programm und Statuten einer Vereinigung auf die Persönlichkeitsstruktur ihrer Mitglieder sichere Schlüsse ziehen. Walter Bonhoeffer nennt das die faktische Kraft des Normativen. Freilich bemüht sich der Referent um eigene Ergänzungen.

– «Es klingt auch wenig überzeugend, wenn die Klägerin vortragen läßt, sie sei nicht für alle parteipolitischen Ziele der DKP (für welche nicht?). Nach Nr. 1 des Statuts der DKP vom 12./13. April 1969 kann, wie gesagt, Mitglied nur sein, wer die Grundsätze und Ziele der Partei und ihr Statut anerkennt; von gespaltener Anerkennung ist dort nicht die Rede.»

Auch hier die gleiche fetischistische Vorstellung von Organisationsmitgliedschaft: zwar darf für die Beurteilung der Persönlichkeit die Parteizugehörigkeit allein nicht den Ausschlag geben; wenn sich aber eine Bewerberin von Zielen ihrer Partei distanziert, darf aus ihrer Parteizugehörigkeit gefolgert werden, daß sie das gar nicht so meinen kann. Und an anderer Stelle:

– «Auch der Hinweis darauf, daß die Klägerin zu keiner Zeit versucht habe, während ihrer Seminarausbildung Schüler zu indoktrinieren, fällt nicht entscheidend ins Gewicht, denn dazu war sie bereits auf Grund ihrer Beamteneigenschaft ausdrücklich verpflichtet (§§ 55, Abs. 2 LBG), wollte sie anders nicht ein Disziplinarverfahren riskieren.»

Man fragt sich: würde Frau W. als beamtete Lehrerin nicht erst recht ein Disziplinarverfahren riskieren?

Ich bedaure, nicht alle acht Seiten dieses köstlichen Dokuments aus dem Alltag einer Gesinnungsschutzbehörde zitieren zu können. Für den besonderen Humor und die Feinfühligkeit des Referenten nur noch eine Kostprobe: «Neben der Sache liegen die Ausführungen der Klägerin über ihre fachliche Eignung. Diese ist nie in Zweifel gezogen worden (es sei denn, sie befürchte, daß der

Dienstherr sie wegen ihrer Mitgliedschaft in der DKP und der von ihr gezeigten Aktivitäten der Dummheit zeihen würde, wofür allerdings keine Anhaltspunkte bestehen).»

Wenn man sich vom diskreten Charme und der beispielhaften Gehorsamsbereitschaft beamteter Juristen nicht zu sehr beeindrucken läßt und der eigenen Laienintelligenz vertraut, stellt sich der Fall der Frau W. ziemlich simpel dar. Das Bundesverfassungsgericht will, daß ein fachlich qualifizierter Bewerber nicht allein auf Grund seiner Mitgliedschaft zur DKP vom öffentlichen Dienst ferngehalten werden darf. Die Landesregierung Nordrhein-Westfalen nimmt sich das zu Herzen und regelt die Einstellungspraxis in entsprechender Weise. Diese Richtlinien werden aber tatsächlich so praktiziert, daß der Beschluß des BVerfG verletzt wird. Und diese Praxis wiederum scheint durch die Rechtsprechung einiger Verwaltungsgerichte gedeckt zu werden. Lassen wir die Prinzipien bürgerlicher Freiheit beiseite, lassen Sie mich schlicht bürgerlich, nämlich unter Gesichtspunkten der Rechtssicherheit argumentieren. In einem rechtlich geordneten Gemeinwesen möchte man gern wissen, was nun gilt. Wer darf nicht in den öffentlichen Dienst? Bewerber, denen, über bloße Parteizugehörigkeit hinaus, Handlungen der Art nachgewiesen werden können, daß die Behörde ihren Zweifel an der Verfassungstreue im Einzelfall begründen kann? So war's doch wohl gemeint. Oder alle Mitglieder von extremistischen Parteien, also auch der NPD? Die Praxis, jedenfalls in Baden-Württemberg, sieht nicht danach aus. Oder nur Mitglieder der DKP? Einige Verwaltungsgerichte scheinen diese Auffassung zu vertreten. Oder solche DKP-Mitglieder, die in sicherheitsempfindlichen Bereichen tätig werden wollen? Das grenzte ja fast an politische Klugheit. Oder doch vielleicht lieber alle Lehrer, die der DKP angehören? Im Falle von Frau W. hat das Regierungspräsidium seine Entscheidung so begründet, als *gäbe* es eine Norm, derzufolge Lehrer nicht gleichzeitig der DKP angehören und in der Schule tätig sein dürfen. Von dieser Norm ist mir nichts bekannt. So unsinnig sie auch wäre, ich fände es besser, eine solche Norm käme wenigstens legal zustande. Dann könnte man über Sinn und Unsinn diskutieren und gegebenenfalls eine Klage auf Normenkontrolle anstrengen. Auch wären die Lokomotivführer, die Bundeswehrköche, die Postangestellten und Aushilfsmuseumsaufseher aus dem Schneider. So aber verbreiten unsere Gesinnungsschutzbehörden und die dafür zuständigen Gerichte Nebel; sie wollen die Nacht, in der alle Katzen grau sind. Niemand weiß, wer wer ist und wer wie behandelt wird; ist *das* der politische Sinn der Berufsverbotspraxis?

Verehrte Frau Dönhoff, lange Zitate verderben die schönste Geschichte. Aber ohne Zitate glaubt man's einfach nicht. Ich habe übrigens nicht recherchieren müssen, um den Fall der Frau W. zu finden. Ich bin in meiner Familie darauf gestoßen; Hildegard W. ist eine Schwägerin meiner Frau. Und ich hätte den Fall nicht präsentiert, wenn ich nicht überzeugt wäre, daß ich in beliebigen deutschen Großstädten binnen kurzem eine Handvoll ähnlicher Fälle identifizieren könnte. Ein Anruf bei einem der Anwälte, die mit diesen Dingen befaßt sind, genügt.

Ihr Artikel hat mich enttäuscht, weil ich mich in den liberalen Grundsätzen mit Ihnen einig weiß. Und ich habe mir diese Enttäuschung vom Herzen geredet, weil ich meinen eigenen Vorbehalten gegen das Russell-Tribunal mißtraue. Ich hatte vor Ostern sowohl mit Herrn Narr wie mit Herrn Duve überlegt, was man tun könne, um zu verhindern, daß Fragen der politischen Zweckmäßigkeit des Tribunals von der dort verhandelten Sache selbst publizistisch ablenken. Meine Anstrengungen waren halbherzig und sind im Sande verlaufen. Heute sehe ich, wie nötig sie gewesen wären. Mein Brief ist also auch ein bißchen Wiedergutmachung. Ich darf Sie deshalb um Verständnis dafür bitten, daß ich den beiden Kollegen einen Durchschlag dieses Briefes schicken möchte.

Mit besten Empfehlungen
bin ich
Ihr Jürgen Habermas

Marion Gräfin Dönhoff

«Den Spielraum der Liberalität ständig maximieren!»

Hamburg, den 11. Mai 1978

Lieber Herr Habermas,

das ist wahrhaftig eine phantastische Geschichte, die Sie da erzählen, und Sie erzählen sie so trocken und virtuos zugleich, so überzeugend, daß damit wirklich ein Modell für uns gesetzt worden ist – ein Modell freilich, das nicht so leicht wieder erreicht werden wird.

Für Ihre Stellungnahme zum Russell-Tribunal aber kann ich die gleiche Zustimmung nicht aufbringen, vielmehr, um es ganz ohne Beschönigung zu sagen: Ich bin ganz und gar anderer Meinung, finde auch, daß Sie die Ihre nicht überzeugend begründen.

Die Gründe, die Sie für Ihre Nicht-Teilnahme anführen, sind doch genau die, die ich für meine Ablehnung des ganzen Unternehmens geltend gemacht habe: Warum Bundesrepublik und nicht DDR; die selbstherrliche Ernennung; die Assoziation der Institution Tribunal.

Ich bin auch weiterhin der Meinung, daß es sich um einen Mummenschanz und nichts als einen Mummenschanz handelt: Ein Dutzend Leute, unter ihnen kein einziger Jurist, die, so scheint mir – aber da mag ich mich irren – nicht so sehr die Sorge um die Menschenrechte zusammengeführt hat, als der Haß auf die Bundesrepublik, beschließen eines Tages, die Richterrobe anzuziehen und sich, von niemandem hierzu aufgefordert, als Tribunal zu konstituieren. Sie sind Ankläger und Richter in einer Person; sie kennen das deutsche Recht nicht; Verteidiger gibt es nicht. Auch haben die Betreffenden nicht, wie Sie sagen, zehn Tage geopfert, sondern die Verhandlungen dauerten von Mittwoch bis Sonntag; der halbe Montag stand dann für die Beratungen zur Verfügung. Einer der Hauptakteure, der nicht bis zum Schluß bleiben konnte, hinterließ im übrigen sein Urteil in einem verschlossenen Umschlag.

Bei der anschließenden Pressekonferenz, bei der über Isolationshaft, Folter etc. gesprochen wurde, fragte ein Journalist: «Können Sie mir einen Fall nennen, wo jemand wegen politischer Gesinnung und nicht wegen krimineller Handlungen verurteilt worden ist?» Pfiffe und Gebuhe im Saal. Vom Podium die Antwort: «Diese Art der Fragestellung stellt genau die Form von Gesinnungsschnüffelei dar, die wir bekämpfen.»

Gar nicht verstanden habe ich Ihren Einwand gegen meine Reminizenz an jene Episode in Nürnberg, Stichwort: «Wir selber und nicht die Alliierten müßten diese Verbrecher aburteilen.» Sie fragen: «Haben uns seinerzeit die Alliierten daran gehindert, den Widerstand so erfolgreich zu organisieren, daß sich jeder Gedanke an ein Nürnberger Gericht erübrigt hätte?» Wenn Sie meinen, wir hätten den Widerstand vor dem 8. Mai 1945 so «organisieren» sollen, daß für die Alliierten nichts mehr zu tun übrigblieb, dann würde ich gern das Rezept wissen, mit dem Sie meinen, daß man Widerstand im totalitären Staat erfolgreich organisieren kann. Und nicht nur ich, der ich zu jenen gehörte, die das damals vergeblich versucht haben, würde dies gern wissen, auch viele Russen, Polen und die meisten Ostdeutschen wären sicher dankbar für einen solchen Hinweis.

Ein Wort zu dem speziell an mich gerichteten Vorwurf, ich hätte in meinem Brief an Pestel dessen höchst dubiosen *loyalty oath* nicht erwähnt: Jenen Brief, also den Beitrag für die rororo-Sammlung, schrieb ich Anfang September auf Grund einer telefonischen Aufforderung Freimut Duves, die mich in Italien erreichte – von Pestels seltsamer Aktion erfuhr ich erst nach Rückkehr Anfang Oktober.

Nun aber zum Wichtigsten. Sie fragen: «Was ist ein deutscher Liberaler im April 1978 noch wert?» Ich kann mit dieser Frage nicht viel anfangen, und darum möchte ich sie umformulieren: Gibt es noch Liberale, was sind deren Möglichkeiten und nützen sie diese?

Zunächst einmal die Feststellung, die auch durch häufiges Wiederholen nicht falsch wird: Wir Deutschen haben nie zuvor in einem so liberalen Staat gelebt. Es gibt also offenbar oben wie unten eine Menge liberaler Leute, denn von selbst gedeiht zwar alles mögliche, aber im allgemeinen nicht die Liberalität, und bei uns schon gar nicht.

Ich meine, liberal sein besteht nicht darin, daß man alles zuläßt, was irgend jemand einfällt, oder daß man jederzeit alles fordert, was unter diesem Etikett firmiert, sondern darin, daß man den Spielraum der Liberalität nach Möglichkeit ständig maximiert. Dies aber setzt politisches Abwägen voraus und kann nicht durch Lehrbuch-Konformität erreicht werden. Um auf das Russell-Tribunal zu exemplifizieren, dieser – pardon, ich muß es noch einmal sagen – Mummenschanz ist doch *counter-productive.* Er dient nur dazu, die Gruppen der Gerade-noch-Liberalen zu antagonisieren und zu dezimieren, während ein Beispiel wie das, das Sie so glaubwürdig schildern, dazu dienen kann, jene Leute in ihren Überzeugungen zu festigen und vielleicht sogar noch Proselyten zu machen. Viele solche Tribunale und die Bereitschaft zur Liberalität würde auf Null schrumpfen.

Mit anderen Worten: Ich bin froh, daß Sie nicht dem Russell-Tribunal beigetreten sind, sondern sich Ihren Ärger über meinen Kommentar und Ihren Hader mit sich selbst in Ihrem so dankenswerten Brief von der Seele geschrieben haben.

Mit herzlichen Grüßen
Marion Gräfin Dönhoff

Richard Schmid

So wird selbst der Gewaltlose zum Feind

Brief an Adolf Arndt

Lieber Adolf Arndt,

von allen guten Geistern, die uns seit Inkrafttreten des Grundgesetzes verlassen haben*, sind Sie der beste gewesen, der gescheiteste, klarsichtigste und mutigste. Mit Ihren Schriften und Reden, Ihren Plädoyers und Verfassungsbeschwerden haben Sie unsre Grundrechte und -freiheiten so verfochten und zu bewahren versucht, wie sie der Verfassungsgesetzgeber, damals frisch belehrt von den totalitären Erfahrungen, in den Jahren 1948/49 gemeint hatte. Seither sind wichtige Grundsätze des freiheitlichen Rechtsstaates, um die jahrhundertelang gekämpft worden war, zu Fragen der polizeilichen und parteipolitischen Zweckmäßigkeit degradiert worden. Dabei zeigte sich allerdings immer wieder, daß diese Zwecke davon gar keinen Nutzen haben, weil inzwischen Organisation und Computer die individuelle Tüchtigkeit und Intelligenz abgelöst haben. Ergibt sich in einem konkreten Fall ein rechtliches Hindernis bei der polizeilichen Fahndung oder Verfolgung, oder ergibt sich etwa der Verdacht, daß ein Verteidiger seine Rechte mißbraucht – flugs werden die Gesetze, die die Rechte der Bürger allgemein schützen sollen, eingeschränkt oder abgebaut. Das Bundesverfassungsgericht gibt sein grundgesetzliches Monopol preis, darüber zu entscheiden, ob eine Partei verfassungswidrig ist, so daß nun alle staatlichen oder kommunalen Behörden, Verwaltungs- und Dienststrafgerichte, darüber entscheiden mit Hilfe der über alle Zweifel erhabenen Erkenntnisse geheimer Dienste. Das Verbot der Benachteiligung wegen politischer Überzeugung nach Artikel 3 des Grundgesetzes soll nun nur noch für das «Haben» dieser Überzeugung, nicht auch für das «Äußern» dieser Überzeugung gelten.

* Professor Dr. Adolf Arndt (MdB) ist am 13. Februar 1974 gestorben.

Das sind nur ein paar Beispiele. Diese Entwicklung hat die Denkweise und den Menschentypus verändert, die über die staatlichen Gewaltmittel verfügen und damit die ganze Atmosphäre unseres Gemeinwesens. Das den Nazi-Staat beherrschende Freund-Feind-Schema ist im Begriff, sich wieder als Verhaltensregel und Gesinnungszwang durchzusetzen. Wer sich dem Schema nicht fügt, wird Bürger zweiter Klasse, oder, wie Carl Schmitt in seiner Schrift über den Begriff des Politischen so schön sagt, «friedlos gelegt».

Wir sind es Ihrem Andenken schuldig, uns über diese Entwicklung klarzuwerden. Es soll versucht werden, am Beispiel eines einzelnen Grundrechts die symptomatische Bedeutung dieses Wandels auch für wichtige andere Grundrechte klarzumachen. Es handelt sich um das Grundrecht der Kriegsdienstverweigerung. Zwar hat der Gesetzgeber wegen des Überhangs an Wehrpflichtigen einen Anlauf genommen, die Durchsetzung des Grundrechts zu erleichtern, was sofort vom Bundesverfassungsgericht inhibiert wurde. (Was daraus endgültig wird, ist im Augenblick, da dies geschrieben wird, nicht abzusehen.) Zwar hat sich das Grundgesetz – mit Recht – nicht für die Gewaltlosigkeit entschieden; aber es wollte doch deren weltanschauliche oder religiöse Anhänger rechtlich schützen. So ernst hat man es damals mit dem Pluralismus genommen.

Nun hat allerdings zur Zeit auch die Gewalt keine gute Presse, ja, man kann sagen, kein Begriff ist in der öffentlichen Meinung so stark negativ aufgeladen wie der der Gewalt. Der Gesetzgeber hat zwei entsprechende Verbaldelikte eingeführt. Gewalt darf nicht «befürwortet» und nicht «verherrlicht» werden. Das Fernsehen und die Spielwarenindustrie vermögen sich allerdings von der Verfemung der Gewalt abseits zu halten, aber sonst ist man sich darüber und über die Notwendigkeit, Bekenntnisse gegen die Gewalt abzuverlangen, so ziemlich einig. Auch zeigt sich übrigens, daß der Hörer und Leser der Massenmedien unverhohlen der primitiv menschlichen Regung folgt, nur die seinen politischen Interessen, Zielen und Gefühlen «zuwidere» Gewalt zu verdammen; die andere aber, sei sie legal oder illegal, staatlich oder privat, sympathisch findet und von ihr nicht genug kriegen kann, unbeschadet ihrer pauschalen Verdammung.

Nur ein Prinzip, ein Begriff scheint noch verdächtiger zu sein als die Gewalt, nämlich die Gewaltlosigkeit. Es haben sich mir neuerdings, unabhängig voneinander, zwei Sachverhalte dargeboten, die interessante Beobachtungen erlauben. Einer davon spielt sich in den USA ab, in denen die Auseinandersetzung der Individualrechte mit den öffentlichen Gewalten ähnlich, ja für uns geradezu maßgebend abläuft. Der Schauplatz USA hat außerdem für uns den Vorzug, daß dort konträre Fakten und Meinungen freier und schärfer gegeneinander gestellt zu werden pflegen, was der Wahrheitsermittlung sehr zugute kommt. Es sind zeitgenössische und höchst typische Vorgänge, die sich dokumentieren und beweisen lassen, im Unterschied zu jener im 21. Kapitel des Evangeliums Matthäus berichteten Demonstration der Gewaltlosigkeit, als Jesus von Nazareth, einer Weissagung gehorchend, «sanftmütig» auf einer Eselin reitend in Jerusalem einritt und sich eben dadurch die jüdische Obrigkeit mit den bekannten welthistorischen Folgen zum Feind machte. Hier zeichnet sich schon der Typus Mensch ab, den Idee, Haltung und Praxis der Gewaltlosigkeit zu Mißtrauen, Feindschaft, Erbitterung, Haß und – Gewalt reizt und aufregt. Ein Typus, der vor allem in den staatlichen Apparaten und bei den Inhabern und Ausübern staatlicher Gewalt häufig und mächtig ist, auf allen Stufen der Hierarchie. Die englische Kolonialverwaltung in Indien hat darüber in der Kampfzeit Gandhis ihre Erfahrungen gemacht. Auch außerhalb der Machtapparate ist der Typus übrigens häufig. Es zeigt sich, daß die von den Massenmedien informierte und geistig genährte Öffentlichkeit in politischen Dingen ausschließlich in den Kategorien der Gewalt, der offenen und latenten, denkt, reagiert und handelt. Das hängt damit zusammen, daß Gewalt den höchsten Sensationswert hat. Ein amerikanischer Fernsehpraktiker hat ermittelt, daß die gewaltlosen Aktionen der amerikanischen Neger in den sechziger Jahren kaum Interesse beim Fernsehen fanden, im Unterschied zu den Aktionen der radikal-gewalttätigen Neger, über die ausführlich berichtet wurde. Siehe das Buch von Daniel Schorr ‹*Clearing the Air*›, Boston 1974, Seite 298, worin bei den vom Fernsehen vernachlässigten, gewaltlosen Negerführern auch der jetzige Vertreter der USA bei den Vereinigten Nationen Andrew Young aufgeführt ist, Pfarrer und Freund und Jünger von Martin Luther King.

Der erste Fall, von dem ich berichte, ist gerade der des ermordeten amerikanischen Negerpfarrers Martin Luther King, Freundes der beiden, gleichfalls ermordeten Brüder Kennedy, und Friedensnobelpreisträger, Führer der gewaltlosen Bürgerrechtsbewegung der Neger in den USA. Die Durchleuchtung der Praxis des Federal Bureau of Investigation (FBI) durch die Untersuchungsausschüsse des Kongresses und durch einige mutige Journalisten hat ergeben, daß Edgar Hoover, der über vierzig Jahre lang Direktor des FBI war und den kein Präsident abzuberufen wagte – daß dieser mächtige und hochtypische Vertreter staatlicher Gewalt den Martin Luther King mit wahrhaft monomanischem Haß verfolgt hat. Dieser Haß steigerte sich mit dem Erfolg der gewaltlosen Aktionen und Losungen Kings und seinem wachsenden Charisma. Fotografien der gegen gewaltlos demonstrierende Neger eingesetzten Polizeihunde in Birmingham (Alabama) hatten dem Ansehen des FBI besonders geschadet. Martin Luther King hatte in seinen Reden eine gewisse poetische Gabe und schien die ganze Nation zu verzaubern. Das empfand Hoover als Angriff auf sich und seinesgleichen. Die abscheuliche Hetzjagd des FBI gegen M. L. King, die dann mit dem bezüglich der Motive ungeklärten Mord an King geendigt hat, ist weitgehend aufgeklärt. Die Hauptrolle dabei hat die Verdächtigung gespielt, Martin Luther King stehe unter kommunistischem Einfluß. Es wurde ihm Umgang mit ein paar Kommunisten vorgeworfen, den er nie bestritt. Hoover scheint dem Präsidenten Kennedy und seinem Bruder Robert, der Justizminister war, angedroht zu haben, er werde den kommunistischen Umgang ihres Freundes in eine gewisse Presse lancieren. Hoover galt und gilt noch heute als *master-blackmailer*, als Meistererpresser. Robert Kennedy genehmigte für einen Monat die Telefonabhörung Kings. Das FBI hielt sich natürlich nicht an diese Begrenzung, hörte jahrelang ab und montierte ohne Ermächtigung zahlreiche Wanzen in Räumen, die von Martin Luther King benutzt wurden. Was sich ergab, waren angebliche sexuelle Abenteuer Martin Luther Kings in Hotelzimmern. Massenbriefaktionen von fiktiven Absendern mit obszönem Inhalt an Martin Luther King mit Aufforderung zum Selbstmord, an seine Frau mit Aufforderung, sich scheiden zu lassen und dergleichen mehr wurden organisiert; nicht ein einziges politisch verfängliches oder belastendes Faktum kam heraus. Martin Luther King und die Bürgerrechtsbewegung sollten – es war die Zeit des Kalten Kriegs – politisch als Feind gekennzeichnet und diskreditiert werden, mit dem typisch totalitären Argument, daß der Umgang mit Feinden zum Feind mache. Der Aufwand erklärt sich nur aus dem Mißtrauen und der Feindschaft, die die Haltung und das Prinzip der

Gewaltlosigkeit in Menschen einer gewissen Mentalität erregt. Diese Mentalität vermißt bewußt oder instinktiv den Ansatzpunkt für eigene Gewaltanwendung und möchte solche Ansatzpunkte in der einen oder anderen Form wiederherstellen. In diesem Falle durch Assoziierung oder Identifizierung mit dem jeweils gängigen Haupt- und Staatsfeind.

Dieselbe typische Verkettung scheint mir im zweiten, einem bundesrepublikanischen Fall, gegeben zu sein. Es ist der Fall eines Lehramtsanwärters Häberlein aus Nürnberg, dem durch das Verwaltungsgericht Ansbach mit Entscheidung vom 10. Januar 1978 der Zugang zum Vorbereitungsdienst verweigert wurde. Der Kläger Häberlein war Vorsitzender der Bezirksgruppe Nürnberg der Deutschen Friedensgesellschaft – Vereinigte Kriegsdienstgegner (DFG-VK). Das Bayerische Staatsministerium des Innern hat den Regierungsbehörden von Mittelfranken im September 1976 gewisse «Erkenntnisse» der Verfassungsschutzämter über diesen Verein mitgeteilt. Darin heißt es, der DFG-VK habe «in den letzten Jahren eine Theorie-Diskussion aufgenommen, die sich deutlich an die marxistische und an die kommunistische Kapitalismus-Kritik anlehne». Sie habe sich «praktisch von ihrem Grundgedanken, dem Pazifismus, gelöst durch Eintreten für einen revolutionären Weg zu einem sozialistischen Gesellschaftssystem». Dafür beruft sich das Ministerium auf den Verfassungsschutzbericht des Bundesminister des Innern. Die Anhörung des Klägers Häberlein und die Überprüfung seiner Vergangenheit ergab für diese «Lösung» und diese «Anlehnung» nur, daß er sich vom Standpunkt des Pazifismus aus mit Kommunisten in Diskussionen eingelassen hatte. Was die bayerische Anstellungsbehörde dabei unter anderem unter Kommunismus versteht, wird durch folgenden Passus im Urteil deutlich: «Auf die Frage, welcher Personenkreis hinter dem Wahlaufruf ‹Strauß darf nicht an die Macht› stehe, äußerte sich der Kläger nicht.» Irgendeine eigene Äußerung, Zustimmung oder sonstiges Verhalten, das auf kommunistische Gesinnung schließen ließ, wird im Urteil nicht festgestellt, mit Ausnahme einer Kritik an dem Urteil des Bundesverfassungsgerichts, mit dem im Jahre 1956 die KPD verboten wurde, eine Kritik, die von vielen bewährten Nichtkommunisten geteilt wird. Das Verwaltungsgericht weist besonders darauf hin, daß nicht die pointiert pazifistische Gesinnung des Klägers Häberlein zur Abweisung seiner Klage führe – was so selbstverständlich sein sollte, daß die ausdrückliche Verwahrung dagegen verdächtig ist. Der Kläger – so wird festgestellt – sei kein Verfassungsfeind, aber er habe «gegenüber kommunistischen Zielsetzungen eine nicht genügend klare Abgrenzung vollzogen». Das heißt nichts anderes als: Er läßt sich nicht in das heute gültige primitive Freund-Feind-Schema einpressen. Er hat mit Kommunisten diskutiert; außerdem gibt es sogar einen, wenn auch nur einen einzigen Kommunisten im vielköpfigen Bundesvorstand der DFG-VK. Aus dem Urteil sei noch folgendes wiedergegeben: «Auf die weitere Frage, ob er eine Übernahme des DDR-Systems auf die Bundesrepublik Deutschland ablehnen werde, hat er nicht generell die notwendige Antwort gegeben, daß dies wegen der Aufrechterhaltung der freiheitlich-demokratischen Grundordnung des Grundgesetzes ausgeschlossen ist, sondern deshalb, weil eine große Kriegsgefahr entstehen würde.» Daß ihm – als Pazifist, der er ist – die Kriegsgefahr vorneansteht, scheint dem Gericht hochbedenklich. Die Verständnislosigkeit, ja Begriffsstutzigkeit gegenüber dieser Haltung verwehrt es dem Gericht auch, sich klar dazu zu äußern, was es unter «kommunistischer Zielsetzung» versteht. Denn verfassungsfeindlich ist nur der von den kommunistischen Parteien (mindestens bis vor kurzem) programmierte revolutionäre Weg über Diktatur des Proletariats und Einparteienstaat, nicht das materielle sozialistische Ziel, eine neue Wirtschaftsverfassung durch Vergesellschaftung der Produktionsmittel, Grund, Boden und Naturschätzen. Diese materielle Zielvorstellung ist durch Artikel 15 des Grundgesetzes gedeckt, vorausgesetzt, daß sie auf demokratischem Wege verwirklicht wird. Dieser Artikel und die daraus sich ergebende Folge sind allerdings in der Praxis und Vorstellungswelt der Staatsbehörden längst untergegangen. Fazit: Pazifistische Haltung und Gewaltlosigkeit schließen «praktisch» vom öffentlichen Dienst aus, weil deren Anhänger es ablehnen, den Kommunismus und die Kommunisten als mit Gewalt zu bekämpfenden Feind zu betrachten. Damit wird der Gewaltlose selbst zum Feind.

Die Nutzanwendung, lieber Adolf Arndt, für die Ihnen so teueren Grundrechte überhaupt, ist klar: Nicht nur das Recht auf Kriegsdienstverweigerung aus Artikel 4 Absatz 3 des Grundgesetzes ist mit dieser Verfemung des Pazifismus verletzt, sondern noch viel mehr. Auch das Recht auf freie Berufswahl und -ausbildung nach Artikel 12, das Recht auf freie Meinungsäußerung nach

Artikel 5, das Recht auf freie Vereinigung und Versammlung nach Artikel 8 und 9. Die Vorstellung, daß diese Freiheiten nur für jene gelten, die konform gehen mit den gesellschaftlich im Augenblick gängigen Meinungen und Haltungen, wird auch in Verwaltung und Justiz immer mächtiger. Während doch der Ursinn der Grundrechte darin besteht, den politischen Gegner, den Andersinnigen, soweit er nicht Gewalt anwendet oder zur Gewalt auffordert, zu schützen.

Habe ich nicht in Ihrem Sinne geschrieben?

Ihr alter Verehrer und Freund
Richard Schmid

Hartmut von Hentig

Die Anti-Atom-Plakette

Briefe zum Hamburger Plakettenstreit

Erster Brief

An den Hamburger Schulsenator Günter Apel

9. Januar 1978

Sehr geehrter Herr Senator Apel*,

Kollegen haben mich auf eine Kontroverse zwischen der Hamburger «Behörde für Schule, Jugend und Berufsbildung» und der Gewerkschaft für Erziehung und Wissenschaft, vertreten durch Herrn Dr. Göbel, aufmerksam gemacht, in der es um das «Tragen von sogenannten Anti-Atomkraft-Plaketten durch Lehrer im Dienst» geht. Man hat mich um meine Meinung gefragt und darum gebeten, sie Ihnen und der GEW mitzuteilen und für den Fall, daß ich dazu aufgefordert werde, als sachkompetenter «Gutachter» zu fungieren.

Ein förmliches Gutachten zu erstellen habe ich keine Zeit. Die Argumente, die in einem solchen Gutachten stehen könnten, wären darüber hinaus nicht im eigentlichen Sinne wissenschaftliche. Sie beruhen auf Erfahrungen einerseits und einer allgemeinen theoretischen Diskussion andererseits über die Voraussetzungen und Wirkungen politischer Bildung, die jedermann, nicht nur einem Erziehungswissenschaftler, zugänglich sind. Ich begnüge mich darum mit diesem Brief, von dem ich dem Landesvorstand der Gewerkschaft für Erziehung und Wissenschaft, Herrn Dr. Göbel, eine Durchschrift zukommen lasse.

Der von Herrn Rellstat gezeichnete Erlaß beruft sich auf § 56 HmbBG, demzufolge der Beamte bei politischer Betätigung Zurückhaltung zu wahren hat. Es wird ausgeführt, daß der Begriff der politischen Betätigung nicht nur parteipolitische Tätigkeiten,

* Günter Apel ist seit der Regierungsumbildung in Hamburg im Sommer 1978 nicht mehr Schulsenator, sondern Hamburgs Vertreter in Bonn.

sondern jegliches politisch-motiviertes Handeln im öffentlichen Leben umfasse. Insofern gehöre auch das Tragen von Anti-Atomkraft-Plaketten dazu, «welches als private Meinungsäußerung außerhalb des Dienstes unbedenklich» sei.

Ich finde dieses Argument bedenklich und bin neugierig, welche Auslegung ein ordentliches Gericht dem geben wird. Wird der Erlaß nicht zurückgenommen, bin ich sicher, daß die Öffentlichkeit auf eine richterliche Klärung hinwirken wird.

Bei dieser Auslegung von «politischer Betätigung» könnte ein Lehrer nicht mehr äußern, daß er gegen die Musik von Wagner, gegen die Geschwindigkeitsbegrenzung auf 100 km/h, gegen die Verbreitung von pornographischen Schriften ist oder, falls man Gegnerschaft politisch anders einschätzt als Befürwortung: Er kann nicht für Umweltschutz, für ein vereinigtes Europa, für eine Umverteilung der Arbeit in unserer Gesellschaft, für die Emanzipation der Frau sein. In all diesen Fällen geht es – oder kann es gehen – um politisch motiviertes Handeln. Platon, der sich darauf verstand, hätte das Bekenntnis zur Musik von Richard Wagner unter all den genannten vermutlich für das politischste gehalten. Gefährlicher noch ist es, wenn politische Absichten hinter den genannten Forderungen bewußt oder unbewußt verborgen bleiben. Wäre ich Bürger der Stadt Hamburg, ich sähe in dieser Auslegung der Schranken des Artikels 5 Abs. 2 GG eine schwere Beeinträchtigung meiner Meinungsfreiheit, weil nicht abzusehen ist, an welcher Stelle welche Embleme oder welche Wörter als Ausdruck einer unzulässigen einseitigen Indoktrinierung der mir anbefohlenen Schüler/Untergebenen angesehen werden können.

Was politisch bedenklich erscheint, ist es pädagogisch erst recht. Wie soll man Schülern, die wir dazu erziehen sollen, «selbständig zu denken, zu urteilen und zu handeln», vor zynischem Mißbrauch dieser Selbständigkeit bewahren, wenn ihre Erzieher und Lehrer innerhalb der Schule andere Verhaltensweisen haben sollen als außerhalb. Vorstellbar wäre immerhin noch, daß einem beamteten Lehrer zugemutet wird, auf der ganzen Linie die Meinung der vorgesetzten Behörde zu vertreten. Das wäre zwar falsch, aber konsequent und darum für den Schüler verständlich. So schwer es zu erklären sein wird, warum mein Auto, das vor der Schule parkt, das Anti-Atomkraft-Emblem tragen darf, ich aber in der Schule nicht, so schwer wird es sein zu erklären, warum der Gegenstand Atomenergie und die Gegnerschaft zu ihr behandelt werden darf, ja soll, damit nämlich Schüler sich Meinungen bilden, die Erwachsenen aber eine solche Meinung nicht haben dürfen. Sollen sie sie haben dürfen, dann wiederum ist nicht zu verstehen, warum sie das Etikett nicht tragen sollen, das für sich ja keine Überzeugungskraft besitzt. Entscheidend ist, daß der Lehrer anderen Positionen in seinem Unterricht Geltung und Gehör verschafft, nicht aber, daß er sich jeglicher Meinung enthält. Dies würde alle in der Nachkriegszeit entwickelten differenzierten Absichten des politischen Unterrichts zunichte machen.

Wir haben aus der Analyse des Versagens der Bildung vor dem Phänomen des Nationalsozialismus gelernt, daß Politik als solche nur durch Situationen und Personen erfahren wird und nicht durch Wörter. Der meinungskeimfreie Lehrer versagt dem Schüler, was dieser in erster Linie braucht: die Gelegenheit, einen eigenen Standort, ein eigenes Urteil zu fassen. Solon, als er das Athenische Volk zur Demokratie erzog, belegte jeden, der sich in einer öffentlichen Kontroverse neutral zu verhalten suchte, mit einer Strafe. Dies drückt in einer radikalen, von mir nicht befürworteten Form aus, daß es für eine Gemeinschaft gefährlich ist, wenn sie aus meinungslosen Mitläufern besteht.

Im Gegensatz also zum Schreiben von Herrn Rellstat bin ich der Meinung, daß die Ausgewogenheit, die dem Bilden eines eigenen Urteils dienen soll, nur dann ihren Zweck erfüllt, wenn der Lehrende selber bereit ist, ein Urteil zu fassen und dies auch zu bekennen.

Ich ziehe deutliche Grenzen zwischen dem politischen Bekenntnis zu einer bestimmten Maßnahme oder Ansicht und dem Anspruch, die alleinige politische Wahrheit über die gute Gesellschaft und die notwendige historische Entwicklung zu besitzen. Personen, die für sich ein richtiges Bewußtsein reklamieren, während die anderen notwendig ein falsches haben müssen, finde ich an Schulen nicht tragbar. Um einen solchen Fall handelt es sich bei dem Tragen einer Plakette nicht. Ausländischen Freunden, denen ich von dieser Maßnahme der Hamburgischen Schulbehörde erzähle, halten dies für einen schlechten Scherz. Ich kann mir nicht vorstellen, daß die durch Liberalität und politisches Selbstbewußtsein sich auszeichnende Hansestadt sich diesen subalternen engstirnigen Standpunkt zu eigen macht; ich hoffe vielmehr, daß der Erlaß durch die Hamburger Behörde zurückgenommen wird, bevor die Hamburger Bürgerschaft oder Hamburger Gerichte und am Ende die breitere deutsche Öffentlichkeit die Rücknahme verlangt.

Ich bitte um Verständnis für die Einmischung in Verhältnisse, die mich nicht unmittelbar zu betreffen scheinen. Nun, sie betreffen die Grundsätze politischer Erziehung, an deren Verwirklichung ich seit 25 Jahren in meinem Beruf arbeite.

Mit freundlichen Grüßen bin ich
Ihr Hartmut von Hentig

Zweiter Brief
Die Antwort des Persönlichen Referenten

Hamburg, 20. Januar 1978

Sehr geehrter Herr Professor von Hentig,

Ihre Briefe vom 9. und 11. Januar 1978, die sich mit der Frage befassen, ob Lehrer politisch werbende Plaketten im Unterricht tragen dürfen oder nicht, haben Herrn Senator Apel vorgelegen. In seinem Namen darf ich Ihnen für Ihre ausführliche Stellungnahme Dank sagen, Ihnen aber auch mitteilen, daß sich Senator Apel weder Ihren rechtlichen noch Ihren pädagogischen Überlegungen anzuschließen vermag.

Mehrere Passagen Ihres Schreibens geben Anlaß zu der Vermutung, Ihre Kritik an der vom Hamburger Senat vertretenen Position sei jedenfalls in ihrer Schärfe dadurch bedingt, daß Sie Scheinalternativen diskutieren: Selbstverständlich sollen Lehrer «solche Meinungen haben dürfen»; niemand will «meinungskeimfreie Lehrer», und konsequenterweise fordern die Hamburger Richtlinien, daß der Lehrer im Zuge der Behandlung politisch kontroverser Themen seine Meinung nennt und sich zu ihr bekennt. Ihre Ausführungen legen den meines Erachtens falschen Schluß nahe, der Lehrer müsse *deshalb* auch das Recht haben, in der Schule für seine politischen Auffassungen zu werben – zum Beispiel durch das Tragen von Plaketten; andernfalls könne es nur den meinungslosen Lehrer geben.

Sie vernachlässigen dabei den politisch bewußten Lehrer, der seine Haltung nennt und begründet, wo dies im Interesse des Unterrichts geboten ist, dem es aber verwehrt ist, den dienstlichen Umgang mit Schülern zur Propagierung seiner politischen Ziele zu nutzen.

Ich hoffe, daß meine Hinweise und die beigefügten Texte belegen, mit welcher Absicht und Begründung die von Ihnen so schroff kritisierte Position hier vertreten wird.

Mit freundlichem Gruß
(Dr. N., Persönlicher Referent)

Dritter Brief
Herrn Dr. N.
Pers. Referent

Bielefeld, den 9. Februar 1978/Rt

Sehr geehrter Herr Dr. N.,

haben Sie Dank für Ihren Brief vom 20. Januar, der nun mich wiederum nicht überzeugt. Ich vermag sehr wohl zu unterscheiden zwischen dem «meinungskeimfreien Lehrer» und dem Lehrer, der eine Meinung im Kontext von Gegenmeinungen angemessen darstellt und auf diese Weise Indoktrinierung vermeidet.

Das Problem scheint mir nicht hier, sondern an zwei anderen Stellen zu liegen:

1. An welcher Stelle wird aus einer Meinung, Auffassung, Einstellung eine politische?
2. An welcher Stelle wird eine Äußerung oder Verhaltensweise zu einer Werbung oder gar Indoktrination?

Wäre gegenwärtig eine Plakette zu tragen mit «Autos – nein danke» eine politische Aussage? Jahrzehntelang haben Jugendliche (und andere) Plaketten getragen «Make Love – Not War» und wer einen anderen duzt, ohne dies mit ihm vereinbart zu haben, wer lange Haare trägt, wer Papier wegwirft oder aufhebt, bekundet (ich wiederhole mich nur) immer auch etwas, was die Polis angeht und, wenn es zum allgemeinen Gesetz erhoben würde, im hohen Maß «politisch» wäre. Ob eine Meinungsäußerung werbend ist oder nicht das Gegenteil bewirkt, hängt doch von der Äußerung ab. Die Atomplakette sagt nichts als dies: «Atomenergie – nein danke!» und kann gelesen werden: auch dieser Mann, der dies trägt, ist ein Spinner, der nicht weiß, daß wir Atomenergie brauchen.

Die Vorstellung, daß das ausgewogene Darstellen die Indoktrination auch tatsächlich besser vermeide als eine solche Plakette, würde einer empirischen Untersuchung wohl kaum standhalten. Die Meinungsforscher haben da andere Hypothesen und Ergebnisse, auch würden sie Ihnen raten, sorgfältig zwischen wirtschaftlicher und politischer Propagierung zu unterscheiden.

Ich bin gegen die Überwältigung der Kinder durch die Meinung der Erwachsenen, gleich wie überzeugt diese sind, die reine Wahrheit zu haben. Kinder müssen beides erfahren: daß sie ein Recht auf unsere Überzeugungen haben, und warum es gut ist, sich den Überzeugungen anderer zu öffnen (und wie man's macht!). Wenn ich ihnen meinen Liberalismus erkläre, ist es gut, ja notwendig, ihnen zu sagen, welche gewichtigen Einwände man dagegen macht oder machen kann. «. . . Nein danke» überwältigt niemanden – ganz gleich, was davor steht. Und wenn sich ein Kind von lauter atomplakettentragenden anderen gedrängt sähe, auch eine zu tragen, dann wäre das zwar eine gemeine Nötigung, aber nicht durch die Plakette, sondern durch den rücksichtslosen Willen des Kollektivs. Kein «. . . ja danke» würde *diesen* Terror aufheben.

Was freilich eine «Meinung» wert ist, die ich nicht äußere, das muß grundsätzlich und jenseits der eben empfohlenen Empirie festgestellt werden. Als ich darüber einmal ein kleines Büchlein schrieb (*‹Öffentliche Meinung, öffentliche Erregung, öffentliche Neugier›*; Vandenhoeck & Ruprecht, Kleine Reihe), habe ich mich etwas tiefer der darüber verfaßten klassischen Theorien angenommen. Seitdem ist mir lebhaft bewußt, wie recht Engländer und Amerikaner haben, wenn sie von *freedom of speech* und damit eigentlich von Äußerungsfreiheit reden, während wir Deutschen uns gerne mit «Gedanken sind frei, wer kann sie erraten . . .» begnügt haben – sehr zu unserem Nachteil.

Mit freundlichen Grüßen bin ich
Ihr Hartmut von Hentig

Vierter Brief
«Der Lehrer muß eine eigene Meinung haben»

(H. v. H.) Bielefeld, den 12. Juni 1978

Lieber Herr Duve,

ein Hamburger Bürger, Professor W. Jeziorsky, schreibt mir in mehreren Briefen folgende Fragen und Argumente zu meinem in der *Hamburger Lehrerzeitung* (Nr. 2/1978, S. 12f) ohne mein Wissen abgedruckten Brief an den Senator vom 9. Januar:

1. Das Tragen der Plakette schlechthin *bewirkt* bei den Schülern eine *Voreingenommenheit* für die Überzeugung, die der Lehrer als seine eigene zur Schau trägt. Davon kratzt keine Katze etwas ab, und keine Dialektik kann diesen Sachverhalt aus der Welt schaffen. Die Behauptung, die Plakette habe keine *Überzeugungskraft*, stimmt nur, sofern damit gesagt wird, daß die Plakette als solche keine sachlich geartete, einsichtig begründende *Beweis-Argumentation* für die Entscheidung liefert, die der Träger getroffen hat und öffentlich bekundet. Aber die Plakette hat eine ganz starke *faktische Überzeugungskraft*, indem sie die Schüler suggestiv für die Entscheidung des Lehrers voreingenommen macht. Um diese *psychologische Lage* geht es. Wie immer auch die anschließende Unterrichtsarbeit verlaufen mag, immer wirkt untergründig – und deshalb um so stärker – bei den Schülern die Vorstellung mit: Der Lehrer hat sich aus Überzeugung so entschieden. Das Vorbild-Verhalten des Lehrers – hier das Tragen der Plakette – bewirkt bei den Kindern eine viel tiefer begründete Überzeugung, die durch rationale Betrachtungen nicht wegzubringen ist. Für den Psychologen liegt da ein sehr schwieriges Problem: Die *verhaltens-psychologische Lage bei Vorbild-Einflüssen, die von der Lehrerperson ausgehen.* Vorbilder prägen in den Tiefenschichten Grundeinstellungen, die mit intellektuellen Argumentationen nicht eliminiert werden können. Das sind Sachzwänge, die der Lehrer einkalkulieren muß. Das bedeutet hier, daß er auf das Vorbild-Geben verzichten muß, aus pädagogischen Gründen. Und er kann das ja auch getrost und leicht. Wenn er einfach das Kennwort «Atomkraftwerk» an die Wandtafel schreibt, dann hat er einen sachlichen und durchaus wirksamen Einstieg, der jeglichen Verdacht einer Indoktrinationsabsicht aus-

schließt. Und nun muß ich jeden Plakettenträger fragen, warum er nicht diesen Einstieg wählt, sondern den der Überzeugungsvorwegnahme? Wo liegt die Begründung? Auf diese Antwort bin ich sehr gespannt. Sie haben gut reden, daß «entscheidend ist, daß der Lehrer anderen Positionen Geltung und Gehör verschafft». Solange der Lehrer die Plakette trägt, ist eine solche unbefangene Unterrichtsführung praktisch unmöglich. Ihre Argumentation ist nicht wirklichkeitsgerecht und deswegen wertlos: Die vorbildgeprägte untergründige Meinung sagt dem Schüler dauernd: Aber mein Lehrer hat sich so entschieden. – Eine solche differenzierende Betrachtung des Problems aus der real-psychologischen Sicht muß in die Diskussion eingebracht werden. Warum geschieht das nicht?

Sie müßten mir auch sagen, warum Sie das Problem auf eine andere Diskussionsebene verlagern, wenn Sie nur von der freien *Meinungsäußerung des Lehrers* sprechen, nicht aber das *Recht des Kindes auf freie Meinungsbildung ohne jegliche Beeinflussung durch den Lehrer* genauso ernst nehmen.

2. Die von Ihnen angeführten Beispiele (Wagner usw.) haben ja keine Beweiskraft. Ich könnte Gegenbeispiele bringen: Was würden Sie sagen und tun, wenn ein Lehrer eine Plakette trüge, die für die Todesstrafe wirbt oder für den politischen Mord? Solche abseitigen Analogien führen doch nicht an den Kern der Problematik heran, sondern lenken ab, indem sie eine sehr ernst zu nehmende Sache ins Lächerliche ziehen.

3. Den Passus vom «zynischen Mißbrauch» verstehe ich nicht.

4. *Sie* sollten diesen Punkt bestimmen, an dem eine Plakette, die der Lehrer trägt, zu einer politischen Beeinflussung wird. Um auf diese Frage eine Antwort zu bekommen, deswegen hat man Sie angerufen. Sie schreiben aber nur: «... weil nicht abzusehen ist, an welcher Stelle welche Embleme oder welche Wörter als Ausdruck einer unzulässigen einseitigen Indoktrinierung ... angesehen werden können.» Von Ihnen hatte man hilfreiche Aussagen darüber erwartet, *wo diese Indoktrinierung beginnt.*

5. Verstehe ich Sie richtig, daß es Ihnen darum geht, die Kinder erfahren zu lassen, daß und wie Erwachsene sich kritisch verhalten und ihre Protesteinstellung öffentlich bekunden? Es geht Ihnen also nicht eigentlich darum, die Kinder auf Grund einer eingehen-

den sachlichen Befassung mit dem Kernkraftthema zu einer eigenen Meinungsbildung in der Angelegenheit zu befähigen. Sie sind also, genau wie ich, der Meinung, daß ein solches Unterfangen fragwürdig ist, weil die Kinder im allgemeinen die komplizierten Zusammenhänge und Widersprüchlichkeiten der Sachverhalte nicht erfassen und nicht beurteilen können. Sie versprechen sich also keinen Ertrag von der «laienhaften» Behandlung des Themas. Wenn die Schüler aber nach Ihrer Meinung nicht imstande sind, die Nein-Entscheidung des plakettentragenden Lehrers auf ihre sachliche Begründung und Berechtigung zu prüfen, dann sollte der Lehrer die Plakette nicht tragen, denn sie wird zu einer Bevormundung ohne Einsicht verführen. Das darf nicht sein . . .

Wenn also anschließend an das kritische Hinterfragen und Bezweifeln der Berechtigung der Zumutung nicht in einer sachlichen Analyse die Bedingtheiten, die Motive, das Für und Wider der Angelegenheit ergründet wird und wenn nicht aus diesen Einsichten eine eigenständige Urteilsentscheidung zur Grundlage eines eigenständigen vernünftigen Handelns gemacht wird, dann ist es pädagogisch unverantwortlich, die Kinder *nur* zum kritischen Einspruchsverhalten zu erziehen. Dann landen wir im Nihilismus.

Ich habe ihm darauf ebenfalls in mehreren Briefen unter anderem folgende Antworten gegeben:

1. Ich habe an Ihrem letzten Brief ganz neue Ansichten kennengelernt, beispielsweise die, daß das Recht der freien Meinungsbildung des Kindes «ohne jegliche Beeinflussung durch den Lehrer» vor sich gehen solle. Ich kenne Ihren Beruf nicht. Der meine – ich bin in erster Linie Lehrer – besteht darin, Einfluß zu nehmen. Daß ich mich bemühe, den Einfluß zugunsten der Freiheit des Kindes – seiner moralischen und intellektuellen – zu üben, macht diesen Einfluß nicht etwa geringer! So formal kann man also an die Sache nicht herangehen . . .

Warum das Thema nicht in den Unterricht einbringen? Selbstverständlich, auf Ihre einfache Frage habe ich diese einfache Antwort: dies soll man auch tun. Aber der Lehrer ist nicht nur für die Kinder da, und wäre er es, er wäre ein schlechter Lehrer. Er hat ein ganzer Mensch zu sein mit eigenen Meinungen, auch solchen, die nicht Gegenstand des Unterrichts sind. Daß Kinder lernen müssen, wie wir es alle gelernt haben, daß es

Dinge gibt, die man nicht auf Anhieb versteht und denen man sich gleichwohl nicht auf Anhieb unterwirft, wäre mir fast wichtiger als alles, was ein Lehrer laienhaft über Atomkraftwerke sagen kann.

2. Sie schreiben: «Die von Ihnen angeführten Beispiele (Wagner usw.) haben ja keine Beweiskraft.» War das ihr Sinn? Sollte nicht eine Denkanregung gegeben werden zu der Frage, die Sie ja auch stellen: an welchem Punkt eigentlich beginnt eine Plakette eine politische Aussage zu vermitteln? Sie stellen sie nur in der anderen Richtung: «Was würden Sie sagen und tun, wenn ein Lehrer eine Plakette trüge, die für die Todesstrafe wirbt oder für den politischen Mord?» Und Sie sagen selbst, dies seien abseitige Analogien, nämlich immer dann, wenn man ihnen *Beweiskraft* abgewinnen will. Lächerlich habe ich niemanden machen wollen, und wenn der Eindruck entstanden ist, bedaure ich dies ausdrücklich. Aber was ich in der Form einer Hypothese gekleidet habe, ist Wirklichkeit gewesen: in einer Versammlung, bei der nicht nur ein Ausländer, sondern viele verschiedener Nationen zugegen waren, hat man sich zwischen Empörung und Gelächter nicht entscheiden können – genau dies ist's, was ein schlechter Scherz verursacht.

3. Wer Mündigkeit für einen Freibrief zur Beliebigkeit hält, verfehlt – unschuldigerweise – den Sinn dieser gesellschaftlichen Tugend. Wer an einem Lehrer, der Vorbild sein sollte, erkennt, daß die Selbständigkeit an- und ablegbar ist, muß sie – und nunmehr: zynischerweise – für einen Ausdruck von Beliebigkeit halten und seinen Rechtsanspruch auf diese «Tugend» notwendig mißbrauchen.

4. Wenn und weil nicht abzusehen ist, an welcher Stelle welche Embleme oder welche Wörter als Ausdruck einer unzulässigen einseitigen Indoktrinierung angesehen werden können – so zitieren Sie mich –, hat man es mit einer Güterabwägung zu tun, und die geht in diesem bestimmten Fall zugunsten der Meinungsfreiheit des Lehrers aus, weil ich nicht sehen kann, welchen Schaden es dem Bewußtsein, der Freiheit, dem Aufwachsen eines Kindes tut, wenn es wahrnimmt: mein Lehrer/meine Lehrer sind gegen Atomkraftwerke («auch wenn ich nicht verstehe warum»). Ich finde es eine kühne Erwartung von Ihnen, es solle der Herr Professor nun doch bitte sagen, «wo die Indoktrinierung beginnt».

5. Eine Bevormundung kann ich nur etwas nennen, was mich an einer eigenen Meinung, Entscheidung oder Tat hindert. Kinder haben zu Atomkraftwerken zunächst immer nur die Meinung von Erwachsenen und keine Entscheidungen oder gar Taten. Hinsichtlich ihrer Kaninchen, ihrer Bluejeans, ihrer Freunde oder ihrer Schularbeiten haben sie sehr ausgesprochene Meinungen, aber darin bevormunden wir Erwachsene sie ohne irgendwelche Skrupel.

Wie würden Sie sich zu Eltern verhalten, die ein Kreuz, das Symbol des christlichen Glaubens, um den Hals tragen und sich damit zu etwas bekennen, was ihr Leben und das Leben der Kinder ungleich stärker bestimmt als Atomenergie – und mindestens genauso unverständlich ist, ja nach meiner Vorstellung das ist, was man zwar auf jeder Lebensstufe erfahren, aber nur auf den allerhöchsten erklären kann? Die Religion, die Moral, die Liebe, die politische Ordnung, in der wir leben – sie alle werden nicht «in einer sachlichen Analyse der Bedingtheiten, der Motive, des Für und Wider der Angelegenheit ergründet», wie Sie es hierfür fordern. Jedenfalls nicht in jedem Zeitpunkt, in dem die Kinder damit in Berührung kommen. Nur der Gesamtprozeß ihrer Bildung trägt irgendwann die Antworten aus, wenn das Verhalten der Lehrer und der Erwachsenen insgesamt die Zuversicht erhalten hat, daß Menschen Vernünftiges denken und tun und Rechenschaft dafür zu geben gehalten sind. Wie aber soll ein Kind zu dieser Einstellung kommen, wie soll es sich diese Zuversicht auch nur bewahren, wenn es erlebt, daß Erwachsene aus sogenannten pädagogischen Gründen ihre Gedanken verbergen müssen, ja die Meinungsfreiheit, die sie den Kindern beibringen sollen, selber nicht praktizieren.

Die Kinder sind nicht die einzige Öffentlichkeit des Lehrers. Seine Äußerungen und Taten dürfen nicht nur auf seinen Beruf hin ausgerichtet sein – er wäre eine Un-Figur, um nicht zu sagen, ein Un-Mensch und täte sicher die falsche pädagogische Wirkung. Man stelle sich vor: Der Lehrer-Bürger nähme seine Plakette täglich vor dem Betreten des Schulgebäudes ab und steckte sie wieder an, nachdem er die Schule verlassen hat. Ein Kind sieht ihn dabei und fragt, was er tue. Er antwortet: «Ich muß dir eine Meinung verbergen, die ich anderen aber mitteilen möchte, und zwar, weil ich sie dir gegenüber nicht begründen kann, weil du noch zu unverständig bist.» – Die ist meine Antwort auf

Ihre sogenannte Kernthese von der realpsychologischen Situation.

Mit freundlichen Grüßen bin ich
Ihr Hartmut von Hentig

Robert Jungk

Das Recht auf freie Rede

Lieber Volker Hauff,

vor etwas über fünf Jahren haben Sie einen viele Seiten langen Brief aus dem Kernforschungszentrum Karlsruhe (KfK) erhalten. Es war kein offener Brief wie dieser hier, sondern ein vertrauliches Schreiben, das einige dort beschäftigte Forscher an «ihren» Abgeordneten sandten, der gerade Staatssekretär im Bundesministerium für Forschung und Technologie geworden war. In der erwartungsvollen Stimmung, mit der damals zu Beginn des Jahres 1973 die erste Regierung Brandt als ein neuer Anfang begrüßt wurde, meinten diejenigen, die sich da an den jungen als fortschrittlich geltenden Volker Hauff wandten, endlich auf die bedenkliche Klimaverschlechterung hinweisen zu müssen, die – wie sie meinten, unter dem Einfluß einiger von den bösen Ideen der Nazizeit noch immer nicht abgelösten Führungskräfte – in einem der größten wissenschaftlichen Institute eingetreten war.

Die Hoffnungen, die damals auf Sie gesetzt wurden, haben Sie nicht erfüllt, nicht erfüllen können. Erst als sich der Druck verstärkte und mehrere hundert Mitglieder des deutsch-französischen Forschungsinstituts von Laue-Langevin in Grenoble gegen einen der in diesem Brief Genannten – einen dokumentarisch beglaubigten antisemitischer Handlungen Schuldigen – nun ebenfalls Stellung nahmen, entschied man sich in Bonn endlich für seinen Abgang, der dann nachträglich noch durch die Verleihung einer hohen staatlichen Auszeichnung beschönigt wurde.

Sie haben mir zweimal angeboten, unter vier Augen diesen Fall zu besprechen. Ich habe dieser Einladung nicht Folge geleistet, weil ich nicht in ein Netz von verpflichtender Vertraulichkeit eingebunden werden wollte. Auch ging und geht es mir ja nicht nur um personelle Vergangenheitsbewältigung, sondern um die darüber hinausgehende generelle Frage: Wie steht es heute um die Freiheit der Forschung in dieser von Liberalen und den Vertretern eines freiheitlichen Sozialismus regierten Republik?

Ich glaube, mich zu erinnern, daß in dem Hilferuf aus Karlsruhe vom «Kasernengeist» die Rede war, der den Geist der kritischen Auseinandersetzung gefährde. Das, was ich seither über Vorgänge nicht nur in diesem, sondern auch in anderen Instituten gehört habe, verstärkt den Eindruck, daß Infragestellung des Akzeptierten und Geplanten, eine Grundhaltung wissenschaftlichen Vorgehens, in der Bundesrepublik zur Zeit eher Ausnahme als Regel ist. Da gibt es zum Beispiel Publikationsvorschriften, die nicht genehme Veröffentlichungen unter den verschiedensten Vorwänden verhindern können. Die zu leicht und zu lange akzeptierte Zone der Geheimhaltung industriell nutzbarer Erkenntnisse – die ja eigentlich durch das Patentrecht überflüssig gemacht werden sollte – ist entschieden erweitert worden und umfaßt nicht etwa mehr nur «politisch bedenkliche» Äußerungen, sondern auch forschungspolitisch abweichende Vorstellungen. Projekte, die «man» einmal vorgeschlagen, beschlossen und finanziert erhalten hat, können praktisch von Institutsangehörigen nicht mehr eindringlich hinterfragt werden. Auch dann nicht, wenn sie inzwischen mehreren der daran Arbeitenden als verfehlt oder – wie zum Beispiel bei dem unglückseligen Vorhaben «Schneller Brüter» – als gefährlich erscheinen.

Auf Grund interner und öffentlicher Kritik sowie der Bemühungen Ihrer Dienststelle haben sich zwar der Vorstand und der wissenschaftlich-technische Rat des KfK entschließen müssen, zum 1. Juli 1978 neue «Richtlinien bei Veröffentlichungen von Mitarbeitern des Kernforschungszentrums Karlsruhe (KfK)» in Kraft zu setzen. Aber wie das geschah, zeigt deutlich den Widerwillen, mit dem diese Reform angegangen wird. Weder schickte man – wie ursprünglich vorgesehen – jedem wissenschaftlich-technischen Mitarbeiter ein persönliches Exemplar noch wurden die vielfach kritisierten alten im Verhinderungsgeist abgefaßten Antragsformulare rechtzeitig «den neuen Erfordernissen angepaßt». Daher seien, so las man im Rundschreiben 13 des Vorstands an die Instituts-, Abteilungs- und Projektleiter, «bis zur Verfügbarkeit der neuen Formularsätze . . . die alten Vordrucke zu verwenden». Es ist also einem Großforschungsinstitut mit einem in hohe Millionenzahlen gehenden Budget angeblich «aus technischen Gründen» nicht möglich, ein zweiseitiges Dokument und ein paar unscheinbare Fragebogen rechtzeitig herzustellen und zu verteilen.

Ein winziges Detail? Gewiß. Aber eben ein bezeichnender Vorgang. Man ist auch jetzt noch nicht wirklich gewillt, die Mitarbeiter ganz voll zu nehmen und dem «alten Stil» aufzugeben. Die angeblich verbesserte Publikationsordnung ist denn auch kaum wirklich geeignet, den Forschern so viel Freiheit zu gewähren, wie man könnte und sollte.

Nach wie vor heißt es in Artikel 3 (Zustimmungsvorbehalt und Entscheidungskriterien): «Jede Veröffentlichung bedarf der vorherigen schriftlichen Zustimmung des Leiters der dem zuständigen Vorstandsmitglied unmittelbar unterstellten Organisationseinheit.» Dabei maßen sich die Vorgesetzten an, die «wissenschaftliche Verläßlichkeit und formale Gestaltung» einer Arbeit zu beurteilen. Das heißt, es werden Persönlichkeiten, die ja vor ihrer Aufnahme in eine hochqualifizierte Forschungseinrichtung nach einem jahrelangen Ausbildungs- und Auswahlverfahren bereits auf ihre Eignung hin untersucht wurden, nun wie Schüler bei jeder einzelnen Hervorbringung erneut auf ihr Können geprüft. Und das – wenn man die personellen Verhältnisse berücksichtigt – nicht selten von Vorgesetzten, die ihnen an Verläßlichkeit und Gestaltungsfähigkeit unterlegen sind, weil sie selber auf Grund ganz anderer Kriterien in führende Positionen kamen.

Gegen eine solche Entscheidung gibt es nun zwar ein gegenüber früher formal verstärktes Beschwerderecht. Aber es werden in solchen Fällen die an der ablehnenden Entscheidung beteiligten Personen nicht etwa durch unabhängige Experten «von außerhalb» ersetzt, sondern lediglich durch «ein anderes Mitglied des Vorstands und des geschäftsführenden Ausschusses vertreten». Daß es in einem solchen Fall zur Revision von Entscheidungen kommt, muß wohl jedem unwahrscheinlich vorkommen, der weiß, wie stark der Cliquengeist in der Führung dieser – wie vieler anderer Institutionen – ist.

Wie ist es überhaupt zu einem solchen anderen demokratischen Ländern weitgehend unbekannten autoritären Verwaltungsstil in Forschung und Entwicklung gekommen? Hier ist in erster Linie der bestimmende Einfluß der CDU in der Gründungsphase der bundesdeutschen Großforschungsinstitutionen zu bedenken. Die christdemokratischen Minister von Lenz über Strauß bis zu Stoltenberg mit ihren oft noch mehr zu hierarchischen Entwürfen tendierenden Staatssekretären und hohen Beamten setzten administrativ und personell Entscheidungen, gegen deren verheerende Folgen sich später die parteilosen und sozialdemokratischen Minister dieser Behörden kaum mehr ernstlich durchsetzen konnten.

Aber es kam noch anderes dazu. Mit dem Wachsen des Forschungssektors und der dafür ausgeworfenen Gelder wuchs auch der Einfluß der an dieser Etwicklung interessierten Großindustrie. Für sie hieß Kooperation in vielen Fällen nicht nur Mitarbeit und Mitentscheidung, sondern Führung. Es wurden immer öfter besonders diejenigen Projekte finanziert, die, nachdem der Staat aus Steuergeldern die kostspielige Anlaufforschung finanziert hatte, von den Konzernen «verwertet» und in bare Münze umgesetzt werden konnten. Damit drang aber auch die für die Industrie kennzeichnende Verwertungs- und Geheimhaltungsmentalität in die Institute ein. «Die schutzrechtliche Bedeutung und Verwertungsmöglichkeit des in der Veröffentlichung enthaltenen Ideenguts» (zitiert aus den neuen Richtlinien des KfK) wurde als wichtiges Kriterium eingeführt. Verschärft wird diese Auflage im Falle von Karlsruhe dadurch, daß bei der dortigen Forschung (die zu fast hundert Prozent von der Bundesrepublik bezahlt wird) auch noch die französische Nuklearindustrie mitreden und die Publikation ihr nicht genehmer Resultate verhindern kann.

Es ist in der Privatindustrie durchaus Brauch, daß die dort Beschäftigten sich vertraglich einem «Treueparagraphen» unterwerfen, der ihnen Beschränkungen ihrer im Grundgesetz verbürgten Rechte auf freie Rede auferlegt. Kritik an dem, was in einem Unternehmen geschieht, kann als «unloyal» mit Entlassung bestraft werden. Selbst wenn – wie es kürzlich geschah – ein in der pharmazeutischen Industrie Beschäftigter konstatiert, daß dort, in Zuwiderhandlung erlassener Gesetze, Praktiken geduldet und gefördert werden, die der Gesundheit der Bevölkerung Schaden tun könnten, muß er sich von dem Anwalt, an den er sich in seiner Gewissensqual wendet, sagen lassen, daß er durch eine solche «Denunziation» Entlassung riskiere.

Unter ähnlichem Druck stehen die Forscher und Techniker der staatlichen mit der Industrie kooperierenden Großforschungsinstitute. Sie riskieren Entlassung und Verlust zumindest eines Teils ihrer Ruhestandsgehälter, wenn sie sich in berechtigter Sorge an die Öffentlichkeit wenden. Ausdrücklich heißt es in Paragraph 6 der neuen Publikationsordnung des KfK, daß alle Veröffentlichungen in Presse, Rundfunk und Fernsehen «in den Zuständigkeitsbereich der Stabsstelle (sic!) Öffentlichkeitsarbeit (ÖA)» fallen.

Bei meinen Kontakten mit kritischen Wissenschaftlern in Großinstituten bin ich immer wieder darauf aufmerksam gemacht worden, daß ich keine Quellen nennen solle, weil dies für meine Informanten schwere nachteilige persönliche Folgen haben müsse. Ich habe mich konsequent daran gehalten, selbst dann, als die Direktion des KfK behauptete, meine Informanten gebe es gar nicht. Erst als es sich herumsprach, daß eine führende deutsche Publizistin einige dieser angeblich nicht existierenden Persönlichkeiten unter Zusicherung voller Diskretion besucht und gesprochen hatte, hörten diese Verleumdungen auf.

In einem anderen Institut (Hahn–Meitnerinstitut, Dahlem), wo etwas mehr Liberalität zu herrschen schien, hat der «Arbeitskreis Kernforschung» es im Oktober 1977 gewagt, die nicht nur von der eigenen Institutsleitung (Professor Levi), sondern auch von der Bundesregierung aufgestellten Behauptungen über die angebliche Sicherheit der «Entsorgungstechnik» für radioaktive Abfälle auf Grund eigener Arbeiten öffentlich anzuzweifeln. Ihre Mitteilung wurde leider nur von einer einzigen deutschen Tageszeitung (im Kleindruck) gebracht. Seither meinen einige Verfasser dieser Mitteilung, subtilen Formen der Diskriminierung von seiten der Institutsleitung ausgesetzt zu sein. Ein ähnlicher Druck brachte zum Beispiel Herrn Professor Thiemann, einen langjährigen angesehenen Mitarbeiter der Kernforschungsanstalt Jülich, schließlich dazu, das Institut zu verlassen.

Das sind nur einige Beispiele für die Beeinträchtigung der Forschungsfreiheit in der Bundesrepublik. Sie kennen vermutlich persönlich noch andere. Wenn es Ihnen, sehr geehrter Herr Minister, an dessen Reformwillen ich im Gegensatz zu einigen der unter diesen Verhältnissen Leidenden immer noch glaube, mit dem ernst ist, was sie in einigen Reden und Aufsätzen über die wissenschaftliche und technische Entwicklung in der Demokratie gesagt haben, dann werden sie nicht anders können, als einen ernsthaften und tiefgreifenden Prozeß der Selbstprüfung im Wissenschaftsbetrieb einzuleiten. Er sollte dazu führen, daß in der Bundesrepublik Hindernisse für Kritik und ihre Veröffentlichung sowohl in den Instituten, die unmittelbar Ihrem Einfluß unterstehen, wie in den Universitäten, so bald wie möglich abgebaut werden. Geschieht dies nicht, wird diese höchstens halbfreie Forschung immer deutlicher verkümmern und schließlich vielleicht sogar in jene Sklavenwissenschaft münden, die einst im Dritten Reich um sich griff und heute noch in den Ländern des Ostblocks vorherrschend ist.

Hören Sie nicht auf die Einwände und Verharmlosungen derer, die an der Erhaltung und Erweiterung der herrschenden Zustände interessiert sind. Wagen Sie es, an den Wissenschaftsbetrieb von heute mit der Schärfe echter wissenschaftlicher Kritik heranzugehen, so schwer das bei der herrschenden Interessenverflechtung auch sein mag.

Nur weil ich gerade Ihnen so etwas zutraue, habe ich diesen Brief geschrieben. Er wird mir – und hoffentlich in der Folge auch Ihnen – manchen neuen Ärger bringen. Aber lohnt es sich nicht, das zu riskieren?

Ihr
Robert Jungk

Fritz Sänger

«Der Artikel 5 des Grundgesetzes ist schlicht ein Menschenrecht»

Lieber G. H.,

nein, ich bin Ihnen wegen Ihrer gewiß mißverständlichen Wendung von einem «Gefasel über die Freiheit des Bürgers» nicht gram. Sie geht aber von einer Meinung über Aufgabe und Möglichkeiten der Mitwirkung des Bürgers im Staate aus, die wirklich unzutreffend und verzerrt ist.

Es ist ja leider oft so mit diesem Wort von der «Freiheit», daß es als Deklamation hergesagt wird und der Sprecher dabei offen läßt, was er meint oder aussagen möchte.

Was ist denn das, die Freiheit des Bürgers? Sie wie ich wollen sie unter der Verantwortung sehen, die der einzelne Mensch für sich und zugleich für die Mitmenschen hat. Dann ist also die Freiheit des Bürgers zuerst ein Anspruch, und zwar auf uneingeschränkte Wahrnehmung der Chance zu erfahren, was sich ereignet hat, was beabsichtigt ist, was geschehen kann, geschehen soll oder nicht geschehen darf. Dies will und muß er wissen für seinen gesamten, heute so weltweit ausgedehnten Lebensbereich in Familie, Gemeinde, Land und in der Gesellschaft der Völker dieser Welt.

Unterrichtet zu sein, das ist also wohl des Bürgers wichtigstes Anliegen, damit er sich ein eigenes Bild dessen machen kann, was ihn umgibt und sein Leben beeinflußt. Er will das wissen, er muß es wissen, damit er selbst für gut oder für schlecht, für möglich oder illusionistisch werten kann, was da vor sich geht oder sich entwickelt.

Dieser Anspruch der Menschheit ist so alt wie sie selbst auf unserer guten Mutter Erde mit Geist und Denkvermögen wandelt. Ob einst die Trommel im Urwald ihm Zeichen und Kunde gab oder heute die Elektronik ohne Pause den Fluß der Nachrichten um die Welt strömen läßt und fast zur gleichen Sekunde alle

Menschen in allen Ländern und Erdteilen teilnehmen läßt an dem, was geschieht – die Information ist der Reiz zum Miteinander, zum Bedenken, zum Mitfühlen und zur gemeinsamen Abwehr eines Unheils.

Der Bürger in unserer Zeit und zumal in einer Gesellschaft, die in demokratischer Verfassung zu leben sich vorgenommen hat, will wissen und muß wissen, damit er urteilen und mitentscheiden kann. Die staatliche Gewalt, das heißt das Wollen und gemeinsame, ausgeglichene, die unterschiedlichen Beurteilungen übergreifende Gestalten, soll doch nach unserem Grundgesetz vom Volke ausgehen. Das Volk muß darum wissen, um was es geht und wie und wann das zu tun ist, was da «ansteht».

Diese Position des Bürgers ist grundlegend anders als die, welche er in einem Obrigkeitsstaat oder in einer offenen oder getarnten Diktatur einnehmen kann. Dennoch müssen auch dort die Regierten um ihrer Menschenwürde willen informiert sein. Alle Menschen haben den Anspruch auf freies Wissen, Denken und Sagen.

In der Bundesrepublik Deutschland ist dieser Freiheitsanspruch als ein Grundrecht festgestellt worden. Es wurde mit dem Menschen geboren, es wurde ihm nicht vom Staat verliehen. Es ist ein Menschenrecht!

Dieser ist der Bürger unserer Zeit, dies soll er sein. Er ist wohl «Untertan der Obrigkeit, die Gewalt über ihn hat», wie Martin Luther den Römerbrief im damaligen Sprachgebrauch (Vers 13) übersetzt hat, aber, kein Zweifel: Luther hat mit dieser Wortwahl ungewollt Unheil angerichtet. Das Wort Obrigkeit erhielt im Wandel der Sprache und ihrer Bedeutung einen politisch wertenden Sinn. Das wird vielleicht am besten deutlich, wenn ich Sie, lieber Freund, darauf hinweise, daß die englische Bibel von den *higher powers* spricht, die französische von den *puissances superieurs*, von den höheren Mächten, den ewigen Werten, denen wir gehorchen, «untertan» sein sollten. Der Bürger ist der Quell dessen, was in der demokratischen Gemeinschaft bewirkt wird, wenn er diese Position recht begreift und wenn ihm die volle Entfaltung seiner Rechte und Pflichten ermöglicht wird. In der Demokratie soll dies die Wirklichkeit sein.

Die Staatsform der Demokratie bietet bisher noch immer die beste Möglichkeit, miteinander in selbstgeordneter Freiheit zu leben, indem die Rechte des einzelnen mit denen der Gesamtheit ausgeglichen werden, die Freiheiten jedes Bürgers ihre Grenze an den Freiheiten des anderen Bürgers finden. Dies zu erreichen, muß das Gespräch erbringen, das ständige, dem Verständnis zustrebende Gespräch. Hier sind weder die Latte des nächsten Gartenzauns noch die am weitesten reichende Langstreckenrakete angebracht.

Der entscheidend wichtige Freiraum des Bürgers setzt voraus, daß ein entsprechender Raum für die Information und die Meinungsaussage in Presse und Rundfunk, Fernsehen, Versammlung, Buch, Schallplatte und in jeder anderen Möglichkeit gegeben sein muß, die dem Menschen zur Verfügung steht, damit er sich informieren und äußern kann. Dies tun zu können, das ist des in Freiheit lebenden Bürgers wichtigster und erster Anspruch, um sein Leben lebenswert zum Nutzen aller verbringen zu können.

Damit ist nun wohl auch gesagt, daß die Mittler des Wissens um das Geschehen im Lande und in der Welt, die Zeitungen, der Rundfunk, das Fernsehen und alle sonst denkbaren technischen und geistigen Möglichkeiten der Mitteilung eine wesentlich andere Aufgabe haben als zuerst die, irgend jemand zum Lebensunterhalt zu dienen, Geld zu verdienen, Gewinn zu haben, Macht auszuüben. Der Auftrag der Publikationsmittel, um diese Mittler und Vermittler des Wissens und der Meinungsvielfalt zusammenzufassen, ist von unübersehbarer Bedeutung für die Menschheit, für die Gesellschaft, den Staat, die Vereinigung, den einzelnen. Der Produzent oder dirigierende Manager dieser Vermittlung kann nicht mit dem Produzenten einer Maschine, von Lebensmitteln oder Kleidung verglichen werden. Seine Aufgabe steht auf einer anderen Ebene, hat eine andere Bindung und Verpflichtung. Sie ist die Erfüllung eines Dienstes für den Bürger, den Staatsbürger, wenn Sie so wollen.

Das Grundrecht der Freiheit der Presse, die «Pressefreiheit», ist ein Recht des Bürgers, aller Bürger, und die Leistung des Zeitungsverlegers, des Herausgebers und des Journalisten und Mitarbeiters jeder Art, ist der Dienst am Bürger, an der Gesellschaft, am Staat, an der Organisation alles dessen, was das Zusammenleben ordnet und ermöglicht. Weder der Zeitungsverleger noch der Journalist haben im Grundgesetz der Bundesrepublik Deutschland ein Sonderrecht erhalten, sondern allein der Bürger im Staat bekam den mit ihm geborenen Anspruch als Grundrecht garantiert. Er kann sich der Leistung jener Mittler bedienen.

Sie, lieber G. H, haben sich keineswegs zu Unrecht daran gestoßen, daß von einer «öffentlichen Aufgabe» der Presse, des Rundfunks, überhaupt der Publikationsmittel gesprochen und geschrieben wird. Wenn Sie nun aber die Position des Bürgers recht verstehen, sollte wohl sein Anspruch auf Information und freie Aussage als eine allgemein wichtige, sogar eine unentbehrliche Angelegenheit anerkannt sein. Wird der Anspruch erfüllt, so wird damit eine öffentliche Aufgabe gelöst, und der Begriff dürfte verständlich werden. Der Staat selbst kann und darf, wenn er demokratisch verfaßt ist, das politische, kulturelle, wirtschaftlich-ökonomische Gespräch, die freie Diskussion der Bürger, nicht zu lenken versuchen.

Bisher haben auch fast nur private Unternehmer Zeitungen ins Leben gerufen und geführt und sie oft zu hohem Ansehen entwikkelt. Hier und da sind Stiftungen die Eigentümer. Neuerlich haben sich Aktiengesellschaften und juristisch anders strukturierte Institutionen für den Zweck der Herausgabe von Zeitungen gebildet. Damit hat sich bereits das ursprüngliche Verhältnis kompetenter Geister zur Publikation eigener Werte zu lockern begonnen. Die Herausgabe einer Zeitung ist näher an den üblichen Begriff «Gewerbe» herangerückt, nicht zu ihrem Vorteil, auch nicht im Sinne ihrer eigentlichen Aufgabe. Nur eine klare Trennung zwischen den kommerziellen Angelegenheiten des Zeitungsunternehmens und der geistigen Leistung der Redakteure und Mitarbeiter ermöglicht die Wahrung der Unabhängigkeit der Publikation. Ein Zeitungsbetrieb ist eben ein Wirtschaftsbetrieb eigener Art, weil die Zeitung nicht «ein übliches gewerbliches Produkt» ist, sondern ein Organ zur Beobachtung und Kontrolle des öffentlichen Geschehens und zur Vermittlung des Wissens an alle, für deren Lebenswirklichkeit Verwaltung, Regierung und Gerichtsbarkeit tätig sind. Es ist nötig hinzuzufügen, daß auch die Rundfunkanstalten, obwohl öffentlich-rechtlich tätig, keine Staatsanstalten sind und es auch nicht werden dürfen, damit auch sie die Freiheit in Wort und Bild wahren können.

Der Zeitungsverlag ist ein Eigentum, das, wie alles Eigentum, nach Artikel 14 des Grundgesetzes «verpflichtet» ist, dem Wohle der Allgemeinheit zu dienen. Dies zu realisieren ist eine der schwierigsten Aufgaben, die in der Bundesrepublik noch gesetzlich zu lösen ist, ohne daß dabei das Freiheitsrecht des Bürgers, sein Anspruch nach Artikel 5, in Gefahr gerät. Die Wahrung der

Unabhängigkeit der Zeitung, jeder Zeitung, von Interessen und Interessengruppen, ist, so formulierte es 1965 der damalige Präsident des Bundesverfassungsgerichts in Beratungen mit dem Deutschen Presserat und 1966 in einem Vortrag, das einzige Motiv, aus dem die deutschen Zeitungsverleger Staat und Gesellschaft zum Beistand aufrufen können und müssen, wenn sie glauben, ihre Aufgabe nicht mehr erfüllen zu können. Es gibt eine Verteidigung der privatrechtlichen Struktur der deutschen Presse, die immer noch dem Privileg das Wort zu reden versucht. Das Grundrecht aber ist der eindeutige Widerspruch zum Privileg.

Die wirtschaftliche Struktur der Presse muß allein von Aufgabe und Zweckmäßigkeit bestimmt sein. Die privatwirtschaftliche Struktur ist so lange gut und brauchbar und schützt den Bürger vor dem Übergriff von Interessen jeder Art, solange sie die Arbeit der Redakteure und Mitarbeiter, die unbehinderte, objektive, zuverlässige und umfassende Nachrichtenarbeit und eine verantwortungsbewußte freie Meinungsäußerung schützt. Wenn diese Voraussetzung nicht mehr gegeben ist, stellt sich die Frage nach der zweckmäßigen Form des Eigentums an der Zeitung von selbst neu. Sie ist, bitte, lassen Sie mich das noch einmal sagen, nur in zweiter Linie wichtig. Wenn die Frage einmal zu beantworten sein wird, die offensichtlich, und zwar aus verfassungsrechtlichen Zwängen, auf uns immer dringlicher zukommt, damit Grundgesetz und Wirklichkeit in Übereinstimmung gebracht werden, dann muß auch für jede Zeitung die Objektivität der Nachricht, die in jedem Wohnbezirk zu sichernde Vielfalt der Meinungsverbreitung und das unbehinderte und ständige Erscheinen der Zeitungen, in welcher Form auch immer, garantiert werden.

Daß der Bürger seinen Informationsanspruch erkennt, daß er ihn erfüllt bekommt, weil ihn erst das Wissen zu sinnvoller Mitarbeit in der Gemeinschaft der Mitbürger befähigt, das ist und bleibt von entscheidender Bedeutung. Der Bürger muß um dieses Freiheitsrecht kämpfen, wenn es bedroht ist und muß es verteidigen, weil es für ihn lebenswichtig werden kann.

Die Schöpfer des Grundgesetzes haben dieses Verhältnis des Bürgers zur Zeitung gesehen, das sich in der Entwicklung demokratischer Lebensform herausgebildet hat. In einem Briefwechsel mit einem der wichtigsten von ihnen, mit Theodor Heuss, habe ich versucht herauszufinden, was mit der Formulierung des umstrittenen Artikel 5 des Grundgesetzes über die Freiheit der Meinungsäußerung praktisch gewollt worden ist. Er antwortete:

«. . . Sie haben mehrfach auf die grundsätzliche Bedeutung des Art. 5 Grundgesetz hingewiesen, aber sie ist noch viel größer. Denn der Art. 5 enthält nicht nur das Recht auf Informations- und Meinungsfreiheit, nein, wir wollten das als eine Verpflichtung feststellen, welche die Presse gegenüber dem Bürger in unserer Demokratie hat, auch der Rundfunk natürlich. Der Artikel sollte niemals ein Sonderrecht für einen Stand oder eine Berufsgruppe geben, sondern ein normales Recht für den Staatsbürger in demokratischer Verfassung festhalten, das sich allmählich entwickelt hat. Auf diese Verpflichtung muß dann geachtet werden, vom Rundfunkrat, von Ihrem Presserat. Erfüllen diese ihre Kontrolle nicht, kann der Staat nicht nur, sondern muß der Staat eingreifen und feststellen, wo etwas fehlt. Die Entwicklung ist in den letzten Jahren, soweit sie mir bekannt geworden ist, einen Abweg gegangen, indem sie die Frage entstehen ließ, ob die Verleger oder die Journalisten das Recht auf Pressefreiheit hätten. Sie haben es beide nicht, sondern beide haben die Pflicht zur Freiheit der Information und der Meinungsaussage, und der Bürger hat das Recht, ich meine den Anspruch auf diese Freiheit, richtig und vollständig informiert zu werden und seine Meinung zu sagen und zu schreiben. Das haben wir mit Art. 5 GG machen wollen.»

Professor Dr. Carlo Schmid, der mit Theodor Heuss zu den einflußreichsten Urhebern der Artikel des Grundgesetzes gehört, die die Grundrechte der Bürger enthalten, hat mir 1973 diese ihm vorgelegte Interpretation von Heuss wie folgt bestätigt:

«. . . Der Brief von Theodor Heuss gibt in der Tat wieder, was wir Verfasser des Art. 5 uns vorgestellt hatten. Das darin niedergelegte Recht ist nicht ein Privileg der Presse, sondern schlicht ein Menschenrecht. Wo diese Menschenrechte verletzt werden oder man ihnen keinen Raum gibt, ist es Sache derer, denen die Verantwortung über den Gehalt unserer Verfassungswirklichkeit obliegt, einzugreifen. Letzterer Satz sollte nicht mißverstanden werden: Ich meine dies nicht als den Versuch einer Zensur, auch nicht einer Zensur der Zensur, sondern als ein Aufmerksammachen, das sich an alle richtet.»

Mit der Sicht dieser beiden Politiker, die als Mitglieder des Parlamentarischen Rates in besonderer Verantwortung am Zustandekommen des Grundgesetzes mitgearbeitet haben, stimmen auch andere Veröffentlichungen und die Stellungnahme überein, die der besonders sachverständige Abgeordnete der CDU, Dr. Dr. h. c. August Dresbach, vorher Hauptgeschäftsführer der Industrie- und Handelskammer Essen, 1963 in einer Diskussion in Bonn einnahm und bekundete. Gelegentliche Diskussionen über das in der Bundesrepublik nach dem Grundgesetz geltende Presserecht, die mit ausländischen Sachverständigen geführt wurden, haben diese Position der Presse in der deutschen Verfassungswirklichkeit noch zusätzlich uneingeschränkt bestätigt, zuweilen mit einem ausgesprochenen Wunsch, es sollte im eigenen Lande in gleicher Weise deutlich sein, was die Aufgabe der Presse ist.

Wir sollten nicht allzu stolz auf das sein, was die Schöpfer des Grundgesetzes 1949 für das neue Deutschland erarbeitet haben, so gut und brauchbar diese Verfassungsakte ist. Was in anderen Völkern seit Jahrzehnten gesichertes Gedanken- und Rechtsgut war, zeigt ein Artikel der Londoner *Times*. Sie schrieb am 6. Februar 1852:

«Die erste Pflicht der Presse ist es, die schnellste und korrekteste Kenntnis von den Ereignissen der Zeit zu erhalten und sie gleichzeitig, indem sie sie veröffentlicht, zum allgemeinen Besitz der Nation zu machen.»

Die Zeitung erläuterte diesen Grundsatz:

«Wir können nicht einräumen, daß ihre (der Presse) Hauptaufgabe darin besteht, die Bemühungen des Staatsmannes zu teilen, oder daß sie durch die gleiche Beschränkung, an die gleichen Pflichten und die gleiche Verantwortung wie die Minister gebunden ist.

Die Aufgaben und die Pflichten der beiden Mächte sind ständig getrennt, allgemein unabhängig voneinander und manchmal diametral entgegengesetzt. Die Würde und die Freiheit der Presse werden von dem Augenblick an eingeschränkt, in dem sie eine dienende Rolle hinnimmt. Um ihre Pflicht mit Unabhängigkeit und folglich auch zum größten Nutzen für die Allgemeinheit zu erledigen, kann die Presse in keine enge oder verpflichtende Bindung mit den Staatsmännern des Tages eintreten, auch kann sie ihre dauernden Interessen nicht den Wünschen der ephemeren Macht irgendeiner Regierung unterordnen.»

Der Bürger in Deutschland hatte auch vor der Zeit der Diktatur den Wert einer freien Presse erkannt und schätzengelernt. Daß er diesen Besitz «mit Zähnen und Klauen» verteidigen muß, hat die

Vergangenheit gelehrt und lehren heute wieder manche Äußerungen, die in aller Öffentlichkeit von führenden Politikern mancher Richtungen getan werden.

Dieses große und wichtige Institut, das wir Presse nennen, muß, wie immer auch seine technische Wirklichkeit aussehen mag und sich wandelt, unabhängig, leistungsstark und weltoffen erhalten bleiben und ausgebaut werden, und zwar um der ständigen fortschrittlichen Entwicklung der freien Gesellschaft und des demokratischen Staates willen.

In unserem heutigen Deutschland haben wir eine Periode der Presselenkung, des geistigen Terrors, der Zerstörung materieller und der totalen Umwertung ideeller Werte hinter uns. Sie ist nicht ohne Nachwirkung geblieben. Noch immer sei das größte Problem die Unwissenheit der Bürger im Lande, schrieb jüngst eine der führenden deutschen Zeitungen. Wenn die Presse und jedes andere Publikationsmittel wirklich eine Macht darstellt – was gewiß nicht im üblichen Sinne zutrifft –, dann sind alle die besonders interessiert, die Macht haben und gebrauchen wollen. Deshalb ist die Presse immer in Gefahr, direkt oder indirekt dienstbar gemacht zu werden. Es würde stets zum Schaden des freien Bürgers geschehen. Gelingt den Mächtigen der Mißbrauch ihrer Macht, so wird die Freiheit des Bürgers beschnitten oder manipuliert. Der Bürger ist und bleibt auf die Unabhängigkeit der journalistischen Arbeit angewiesen, auf das Verantwortungsbewußtsein der Journalisten, auf ihre Selbstkontrolle und ihre gegenseitige kritische Beobachtung. Die Freiheit der Journalisten ist in unserer Zeit weniger durch den Staat und seine Organe bedroht, dessen Aktionen in der Regel schnell offenbar werden, als vor allem durch Interessenten und Interessengruppen, die legale und auch unerlaubte Möglichkeiten lautlos zu nutzen wissen. Bürger und Presse können nur im Bündnis miteinander und mit uneingeschränkter Anerkennung der Ansprüche des Bürgers und der Pflichten der Presse ihre Freiheitsrechte wahren, der eine als Souverän, der andere als Kontrolleur des öffentlichen Geschehens.

Wenn in Verteidigung der bürgerlichen Freiheit für die Unabhängigkeit von Presse und Funk in Wort und Bild gerungen wird, dann geht es nicht um mehr Macht, nicht um neue Kompetenzen, um Rechte oder Interessen, sondern es geht schlicht um die unverzichtbaren, die wesentlichen Voraussetzungen für die vorbehaltlose, vollständige und zuverlässige Unterrichtung des Bürgers, die er, seiner Rechte und Pflichten gegenüber Staat und Gesellschaft bewußt, zur Betätigung seiner Verantwortung braucht. Er ist der ursprüngliche Träger der Staatsgewalt, er muß sich orientieren, denn er soll entscheiden. Nur so kann die Demokratie leben und sich entwickeln. Verläuft die Wirklichkeit anders, behindern Gesetze, Maßnahmen welcher Art auch immer, Struktur der Presse oder juristische Interpretationskunst die verantwortungsbewußte Freiheit der Arbeit der zur Information berufenen und ihr verpflichteten Publikationsorgane, dann ist die Bürgerfreiheit nur noch eine leere Formel, die zur Tarnung dient.

Ich denke, lieber G. H., daß wir uns verstehen und daß wir doch übereinstimmen. Aber zu oft ist «grundsätzlich» alles in Ordnung – nur im Detail wirkt der Teufel sich unbekümmert aus. In diesem Falle, in dem vieles noch in der Entwicklung ist, muß auf den Teufel deshalb besonders aufgepaßt werden!

Mit freundlichem Gruß
Ihr Fritz Sänger

Pit Klein*

An einen Hörer mit Familie

Im Februar 1978

Sehr geehrter Herr, geschätzte Familie,

selten habe ich einen Brief bekommen, der mich so tief getroffen hat und noch immer trifft. Denn, wenn mir schon beim ersten Lesen die Schamesröte ins Gesicht gestiegen ist, so weicht beim näheren Studium Ihrer geradezu klassischen Zeilen die spontane und häufig nur allzu flüchtige Scham einer gründlichen Erschütterung. Da es sein kann, daß Sie in völliger Fehleinschätzung Ihres epochalen Dokuments keinen Durchschlag davon angefertigt haben, erlaube ich mir, seinen Wortlaut, nur um Ihre Namen gekürzt und verändert, wiederzugeben:

«Sehr geehrter Pit Klein,

Ihnen gegenüber möchte ich mein allergrößtes Bedauern zum Ausdruck bringen, daß der Südwestfunk bis heute die Skrupel nicht überwinden konnte, sich von Ihnen zu trennen. Ihr arrogan-

* Der Journalist Pit Klein, der seit elf Jahren beim Südwestfunk in Baden-Baden als Redakteur und Reporter angestellt ist, hat seinerzeit durch eine satirische Glosse den Unwillen der Betriebsleitung erregt, die damals erst kurze Zeit im Amt war. Intendant Willibald Hilf (CDU) erteilte Klein einen strengen Verweis, der die Vorstufe zu einer Kündigung sein kann. Klein ging mit Unterstützung der Gewerkschaft RFFU vor ein Arbeitsgericht. Infolgedessen wurde der Fall auch in der Öffentlichkeit diskutiert. Von den zahlreichen Briefen, die Klein erreichten, kritisierten die meisten die Maßnahme des Intendanten. Diejenigen, die dem Intendanten zustimmten, taten das, soweit Klein von ihnen Kenntnis erhielt, fast ausschließlich auf dem Niveau eines Briefes, den er aus Freiburg im Breisgau bekam. «Mit gebremster Spontaneität» und «ärgerlicher Ironie» hat er auf diesen Brief eine fiktive Antwort formuliert.

tes Geschwätz, Ihr freches Mundwerk und Ihre oft selbstgefällig zur Schau getragene Intoleranz gegen Anderstdenkende empfinden wir und mit uns viele Südwestfunk-Hörer als Brechmittel.

So würden wir Ihnen versichern, daß wir nichts unversucht lassen werden, die vielen Südwestfunk-Hörer und uns vor einer weiteren Belästigung durch Sie zu schützen.

Mit freundlichen Grüßen
Der Junior, die Mutter, der Senior.»

Lassen Sie mich gleich bei dieser wunderbaren Einigkeit bleiben, die Sie dadurch demonstrieren, daß Vater, Mutter und Kind, daß die heute so oft in den Dreck gezerrte Familie, also ohne wenn und aber, hinter einer so kompromißlos formulierten Polemik steht.

Ich versichere Sie, daß ich den Begriff der Polemik hier nicht im negativen Sinne gebrauche, wie es heutzutage leider immer wieder der Fall ist. So werfen sich die Politiker der verschiedenen Parteien immer dann vor, die Rede des jeweiligen Abgeordneten oder Ministers sei polemisch gewesen, wenn sie meinen, die Rede habe keine sachliche Grundlage gehabt. So meine ich das nicht. Vielmehr bevorzuge ich des Wortes ursprüngliche Bedeutung, wonach Polemik eine Auseinandersetzung zwischen verschiedenen geistigen Anschauungen, besonders im Bereich der Wissenschaft, Politik, Kunst und Philosophie ist (siehe Brockhaus, 16. Aufl., 1956). Es erübrigt sich meines Erachtens der Hinweis, daß eine derartige Auseinandersetzung ohne sachliche Argumente natürlich nicht geführt werden kann. Eine bloße Beschimpfung reicht also für eine Polemik nicht aus.

Bevor ich jedoch auf Ihre Sachlichkeit eingehe, lassen Sie mich noch ein wenig bei der erwähnten Einigkeit bleiben, die Sie als Familie zeigen und die mir – ich gestehe es offen – nach dem Herzen greift. Da hat sich offenbar zuerst der Sohn hingesetzt, hat einen Bogen in die elektrische Schreibmaschine eingespannt und ebenso empört wie geübt begonnen, den ersten Absatz hinzuhämmern. Davon neugierig gemacht, sind dann wohl die Eltern ins Zimmer gekommen und haben dem Sohn über die Schulter geschaut. Wie groß mag da ihre Freude gewesen sein: Denn hier saß keiner von diesen Krawallbrüdern, die, statt zu arbeiten, gegen Atomkraftwerke demonstrieren; hieß saß keiner, der sich gegen Verhörmethoden der Militärregierung in Chile wendet und damit den viel schlimmeren Russen in die Hände arbeitet; hier saß keiner, der sich vor dem Wehrdienst drückt und damit unsere freie Welt an einer ganz empfindlichen Stelle trifft; kurz, hier saß keiner von diesen Typen, die immer noch was wollen, obwohl sie doch gar nichts zu wollen haben, weil alles, so wie es läuft, höheren Ortes schon richtig gemacht wird. Hier saß ein Sohn, wie ihn seine Eltern mögen: Fleißig, anständig und ohne Zweifel. Dieser Sohn, diese Musterausgabe von einem Sohn saß also an der Schreibmaschine und schrieb einen so begeisternden Brief, daß er zwar den ersten Absatz noch mit «Ich» beginnen, aber nicht mehr damit beenden konnte; denn dann fielen die Eltern ebenso begeistert mit ein, und aus dem «Ich» wurde ein «Wir», und nun bin ich es, der sich dieser Familiensolidarität wie einem schlagenden Argument beugen muß.

Diese in echtem deutschem Mutterboden gewachsene Solidarität ist jedoch nicht Ihr einziges Argument, bei dem mich, sei es aus Dummheit, sei es, weil ich falsch aufgeklärt worden bin, Schauer der Ehrfurcht anfassen. Ich erwähnte es schon: Es sind vor allem die von Ihnen bemühten Argumente selbst, die mich geradezu zwingen, in die Polemik mit Ihnen einzutreten.

Sie schreiben, daß Sie es bedauern, daß der Südwestfunk bis heute seine, des SWF, Skrupel nicht überwinden konnte, sich von mir zu trennen. Ich muß gestehen, daß ich Skrupel, wo immer sie auftreten mögen, niemals bedauert habe und niemals bedauern werde, daß ich besonders die konkreten Skrupel, die Sie beim SWF mir gegenüber sehen, bisher heiteren und hoffnungsvollen Sinnes begrüßt habe; denn was soll ich, arrogant, selbstgefällig und frech, wie ich bin, ohne diese Skrupel machen? Einen anständigen Beruf anständig ausüben: Das war zwar immer mein Ziel, ist mir aber vom Schicksal nicht beschieden worden. So sind die Skrupel meines Arbeitgebers das einzige, was mich vor der schiefen Bahn bewahrt. Und gerade sie wissen nur zu gut, wohin die schiefe Bahn in den meisten Fällen führt: Vom Ladendiebstahl über langhaarige Schweinigeleien in Kommunen bis hin zu Triebverbrechen und Terrorismus. Aber über Skrupel kann man bekanntlich vortrefflich streiten: Die einen haben nie welche, die anderen haben manchmal welche, und diejenigen, die nie welche haben, müssen natürlich bedauern, wo und wem gegenüber solche, die manchmal Skrupel haben, sich diese die Skrupel dann erlauben. Sie, lieber Herr, geschätzte Familie, bedauern. Und darüber kann man nun nicht mehr streiten.

Sie bedauern, und in diesem Wort steckt das Wort trauern, und ein gescheiter zeitgenössischer Kopf hat einmal beklagt, daß wir alle unfähig seien zu trauern. Damit hat er eine ganz bestimmte Trauer gegenüber einer ganz bestimmten Vergangenheit gemeint, aber ich kann jetzt, da ich um Ihr Bedauern sprich Trauern weiß, nicht mehr in diese Klage einstimmen; denn es ist doch so: In unserer gemeinsamen deutschen Vergangenheit, in der Sie sich schon auf Grund des ehrwürdigen Alters zweiter Familienmitglieder besser auskennen als ich, haben ja nicht nur Braune eine Rolle gespielt, sondern unglücklicherweise auch Leute, in denen Sie, sicherlich nicht ganz zu Unrecht, meine geistigen und politischen Vorbilder argwöhnen. Leute, die durch ihr skandalöses Verhalten die Braunen geradezu gezwungen haben, so braun zu werden, wie sie dann tatsächlich waren. Und nun entdecken Sie in mir einen Nachfahren dieser Leute, und Trauer übermannt Sie. Trauer darob, daß, was die Braunen leider nicht geschafft, auch dieser Republik noch nicht gelungen ist, nämlich Leuten wie mir das Maul zu stopfen. So haben Sie das natürlich in Ihrem Brief nicht ausgedrückt, und ich will auch nicht sagen, daß Sie es gemeint haben. Ich will Ihnen nur zurufen: Haben Sie Mut. Die Zeit ist schon wieder günstig dafür!

Es ist mir nämlich inzwischen klargeworden, daß ich für Sie der grobe Klotz bin, in den Sie und Ihre geistigen Vorläufer mit der Zähigkeit von Leder Ihre Keile treiben, ohne, daß es Ihnen gelungen wäre, den Klotz zu spalten, geschweige denn, ihn bis zur Unkenntlichkeit zu zersplittern. Das liegt aber weniger an meiner Widerstandskraft als vielmehr daran, daß es in dieser Republik nach wie vor Leute gibt, die Skrupel haben. Wie mein Arbeitgeber, der Südwestfunk. Er geht also nicht einfach hin und schmeißt mich raus, sondern er gibt mir erst einmal vorsichtig zu verstehen, daß ich in Zukunft – bitteschön – etwas zurückhaltender sein soll. Er zeigt mir gewissermaßen die gelbe Karte. Dabei pocht er jedoch nicht auf eine Autorität, wie sie ein Fußballschiedsrichter genießt, sondern er bietet mir freiwillig die Möglichkeit an, vor ein neutrales Gericht zu ziehen. Ziel meiner Klage: Feststellung, daß das Zeigen der gelben Karte – pardon – eine Fehlanzeige war.

Ich verstehe nur zu gut, daß Sie diese Haltung nicht billigen. Für Sie sind Skrupel mir gegenüber fast so was wie Selbstmord. Das leuchtet mir ein; denn wie wäre mir zumute, wenn da ein arroganter Schwätzer mit frechem Mundwerk und selbstgefällig zur Schau getragener Intoleranz auf mich einreden dürfte; wenn mir da einer das dumpfe Gefühl gäbe, daß ich nicht zu den Andersdenkenden, wie sie in unserer Republik ganz demokratisch und lebendig vorkommen sollen und müssen, gehöre, sondern zu den Anderstdenkenden. Der Andersdenkende, der Anderstdenkende, der Amanderstendenkende. Ich danke Ihnen sehr für die Anregung zu diesen Wortschöpfungen und bin sicher, daß es sich in Ihrem Brief nicht um einen Flüchtigkeitsfehler handelt; denn Flüchtigkeit war doch wohl nie Ihr bester Teil. Sie waren doch wohl immer bodenständig gründlich. Wie also wäre mir zumute, fahre ich mit dem oben begonnenen Gedanken fort, wenn jemand mich zum Anderstdenkenden machen und damit von den demokratischen Spielregeln dieser Republik ausschließen wollte? Sie wissen, wie mir zumute wäre. Mir wäre zumute wie Ihnen.

Deshalb fällt es mir auch nicht schwer, mir Ihre weiteren Schritte gegen mich vorzustellen:

Sie werden alle diejenigen, die sich am Schaufenster Ihres gutgehenden Geschäfts die Nasen plattdrücken, hereinbitten. Ich gehe doch nicht fehl in der Annahme, daß Sie zu jener fleißigen, gewerbetreibenden Bürgerschicht gehören, die stets brav und ordentlich konservativ gewählt und auch in den Hitlerfaschisten nur besonders radikale Konservative gesehen hat, die – Gott sei Dank – sehr deutsch waren und nur mit den Juden ein bißchen zu weit gegangen sind. Viel schlimmer wäre natürlich gewesen, wenn Kommunisten, Sozialisten oder Sozialdemokraten vom Schlage eines Kurt Schumacher Ihnen an Ihr gutgehendes Gewerbe gegangen wären; denn so was haben die ja alle miteinander immer schon vorgehabt, und sie haben es noch. Da kann Ihnen keiner was vormachen. Da kennen Sie sich aus. Sie werden also – kann ich mir vorstellen – die vielen Südwestfunk-Hörer, die Ihren Laden betreten, gegen das Brechmittel Pit Klein mobilisieren. Da man in Ihren Kreisen, und das macht Sie und Ihre Kreise so sympathisch, von Politik direkt nichts versteht und auch nicht verstehen will, schlage ich vor, Sie betreiben Ihre Mobilmachung nicht auf der politischen Ebene, die bekanntlich ein weites Feld ist, sondern auf zwei Feldern, die für Sie, so wie Sie diese Felder betrachten, sehr leicht überschaubar sind: Ich meine die Kunst und den Sport, ich meine – genauer gesagt – den Heino und die deutsche Fußballnationalmannschaft. Was den Heino angeht, brauchen Sie Ihrem Kreis nur zu sagen, daß Pit Klein da die folgenden unverschämten Meinungen vertritt: Er glaubt steif und fest, daß Heino von einem der vielen unbekannten Flugobjekte – im Volksmund «Fliegende Untertassen» genannt – auf unserer Erde abgesetzt worden ist. Wenn Sie das Ihren militanten Freunden sagen, werden diese ihren gerechten Zorn kaum noch zurückhalten können. Gänzlich vorbei aber wird es mit ihrer Beherrschung sein, wenn sie hören, daß dieser Klein nur den einen Wunsch hatte, daß die Fußballnationalmannschaft der Bundesrepublik Deutschland – in Ihren Kreisen kurz Deutschland genannt – nicht wieder Weltmeister würde. Was nämlich sonst passiert wäre, stellt er sich so vor: Die deutschen Schlachtenbummler hätten ‹*Deutschland, Deutschland über alles*› gesungen; die Mitglieder der argentinischen Militärjunta wären begeistert eingefallen.

Aber das wäre doch wunderbar, werden jetzt Sie und Ihre Gesinnungsfreunde jubeln. Doch dieser Klein entgegnet Ihnen, daß ihm bei der Vorstellung speiübel wird.

Zwar klammere ich mich noch eine Weile an jene, die Skrupel haben, aber die Frage ist, wie lange es dauert, bis es auch die wegreißt. Wenn es aber soweit ist, dann stelle ich mich selbst ab.

Noch müssen Sie das besorgen: Es gibt dafür einen Knopf oder eine Taste. Drücken oder drehen Sie, und mit der Belästigung durch mich ist es fürs erste schon mal vorbei. Das gründliche Vorgehen – mit Stumpf und Stiel – kommt dann, wie oben geschildert.

Mit vorzüglicher Hochachtung
Pit Klein

Horst Herrmann

Eine unchristliche, wenn auch katholische Tradition

An einen Priesterseminaristen

Lieber Freund,

glauben Sie, bitte, nicht, daß nun auch ich Sie auf diese Weise indoktrinieren möchte. Nichts liegt mir ferner, zumal Ihnen gegenüber, der Sie ohnedies, selbstverständlich freiwillig, in einem Klima ständiger geistig-geistlicher Beeinflussung zu leben gezwungen sind.

Ich will auch keineswegs Ihre innere Ruhe stören, durchaus nicht. Ich weiß, daß Sie sich ernsthaft für einen Beruf rüsten, der auch heute noch viel Ruhe braucht, viel In-sich-Ruhen, trotz allem. Ich nehme an, daß Sie sich in diesen Wochen und Monaten der Vorbereitung auf Ihr Amt nicht mehr beirren lassen wollen. Sie haben sich ja inzwischen endgültig entschlossen, «durchgerungen» (wie es Ihre priesterlichen Lehrer ausdrücken), den Menschen da draußen, extra muros, das Reich zu verkündigen. Sie haben die Ärmel hochgekrempel. Sie sind, frühere und künftige Ängste einmal hin oder her, bereit.

Es wäre unfair, diese Ihre Entschlossenheit jetzt noch, so kurz vor dem Tag Ihrer Ordination, anzuzweifeln. Wie gesagt, das möchte ich nicht. Ihr Rucksack ist ja gepackt.

Aber vielleicht erlauben Sie mir doch, zu all den vielen Päckchen, die Sie da von Ihren Betreuern und Trainern mit auf Ihren steinigen Weg hin zu den Menschen bekommen haben, ein weiteres zu legen. Ob Sie es überhaupt mitnehmen oder ob Sie es schon jetzt nicht Ihrem Sturmgepäck zurechnen wollen, weiß ich nicht. Ich biete es Ihnen dennoch an, in rotes Papier verschnürt, ansonsten unscheinbar. Ein kleines Geschenk für Ihre Weihe zum Priester.

Ich schnüre darin ein eine einfache, eine alternative Erinnerung. Nicht mehr und nicht weniger. Das Gedächtnis nämlich an all die vielen, die Ihren Weg vor Ihnen gegangen sind – und die, als Priester und als Kirchenchristen, inzwischen als «gescheitert» zu gelten haben. Ich bin mir darüber im klaren, daß Sie während Ihrer Ausbildung auch von all diesen gehört haben, wenn auch mit abwertenden Worten des bloßen Mitleids.

Doch sollten Sie diese Menschen nicht ganz geringschätzen oder gar vergessen. Zwar sagt die offizielle Tradition der «Sieger» in diesem Land noch immer, solche Versager, Abweichler und Außenseiter seien besonderer Erwähnung nicht wert. Die Gemeinschaft der Starken, der in der orthodoxen Doktrin Feststehenden hat jene Menschen ja «ausgesondert». Die Kirche hat sich immer wieder durchgesetzt, alle Schwächen überwunden. Gerade in der Bundesrepublik steht die Institution ja gefestigt da: Privilegien gibt es zuhauf. Und die staatlichen Institutionen überbieten sich darin, dieses System nur ja nicht antasten zu lassen. Auch es gehört, Trennung von Staat und Kirche einmal hin oder her, zu unserer freiheitlich-demokratischen Grundordnung. «Sicherheit über alles», so lautet die Devise.

In dieser Situation fallen die «anderen» gar nicht auf. Lieber Freund, Sie brauchen vielleicht eine besondere Brille, um diese Menschen überhaupt wahrzunehmen. Gerade weil auch Sie sich anschicken, zum beamteten Verteidiger des Status quo zu werden. Sie werden ja als Priester allenfalls «sozial» tätig. Sie neigen sich den Unterprivilegierten zu, Sie sorgen für die Karitas, Sie planen Kindergärten und Altersheime, Sie wollen auch dem geistigen Hunger abhelfen, Sie werden «Grundwerte» zu benennen und zu wahren wissen. Doch die «andere Seite der Wahrheit», die sehen Sie fürs erste nicht.

Sie nehmen mit großer Wahrscheinlichkeit gar nicht wahr, daß es mitten unter uns Opfer kirchlicher Berufsverbote gibt: Priester, die etwa eine Familie gründen wollten und dafür (!) ihren Beruf aufgeben mußten, Religionslehrer, welche einer Denunziation zum Opfer gefallen sind, weil sie nicht mehr die Theologie des Mittelalters zu vertreten bereit waren, Theologiestudenten, denen ihr Engagement für die falsche Seite den Beruf verbaut hat. Und vieles mehr.

Ich nenne Ihnen, zur Schärfung der Optik, nur ein kleines Beispiel: An der Katholischen Fachhochschule für Sozialwesen und Religionspädagogik in Freiburg ist dieser Tage ein Student mit Haus- und Ausbildungsverbot belegt worden, weil er – auf dem Territorium der vom Staat unterhaltenen und von der Kirche getragenen Hochschule – ein Blatt des MSB Spartakus verkauft hat. Ein halbes Jahr vor Abschluß des langen Ausbildungsgangs ist dieser Student damit «gestoppt» worden. Vier Jahre zweiter Bildungsweg (zum Teil Abendstudium neben dem Beruf), dreieinhalb Jahre Fachhochschulstudium sollen umsonst gewesen sein. Das angestrebte Berufsziel, für das der Student seine bereits begonnene Beamtenlaufbahn aufgegeben hatte, wird nicht erreicht werden können. Einen «solchen» Sozialarbeiter kann sich die Kirche, deren Priester Sie bald sein werden, eben nicht leisten.

Lieber Freund, glauben Sie nur nicht, das seien Einzelfälle. Nein, das sind sie nicht. Das alles hat Tradition. Zwar ist noch kaum jemand von den «Siegern» den geistigen Ursachen des spezifisch katholischen Kampfes gegen die Abweichler nachgegangen (wozu auch!), doch hat auch noch kaum jemand eine solche Wirklichkeit geleugnet. Die Fakten sprechen da für sich: Wir leben noch immer in einem besetzten Land. Gerade jene Mitchristen, die immer so lauthals von den «Grundwerten» unserer Gesellschaft sprechen, versuchen nämlich, diesen Zustand aufrechtzuerhalten. Ein Recht auf Duldung hat nur die Wahrheit, deren Wahrheit. Unterstützt werden darf nur die Wertordnung, deren Wertordnung. Wer sich jedoch zu einer anderen Meinung bekennt, der wird zum Unmenschen.

Noch einmal nenne ich Ihnen ein paar dieser Unmenschen: den Studenten, der sich politisch falsch engagiert, den Wissenschaftler, der zu anderen Ergebnissen gelangt als die orthodoxe Mehrheit, den Priester, der heiratet, den Religionslehrer, der eine neuere Theologie vertritt. Ihnen allen gegenüber schweigt das Grundgesetz. Da gibt es weder das Recht auf Ehe und Familie, das von Staats wegen zu schützen ist, noch das Recht auf Freiheit von Meinung, von Forschung und Lehre, auf welches hierzulande so viele Beamte vereidigt worden sind. Daß die Abweichler im kirchlichen Bereich unter dem Schutz der für alle geltenden Bürgerrechte stünden, kann man von daher gesehen eigentlich kaum behaupten.

Nach wie vor kann es sich vielmehr eine Weltanschauung leisten, am Grundgesetz vorbei «ihre Angelegenheiten selbständig zu regeln». Und die Gerichte der Bundesrepublik müssen ihr sogar noch beipflichten. Das ist die Verfassungswirklichkeit in unserem Land im Angesicht jener, die «Berufsverbote» nicht erfunden, sondern nur geerbt haben – von ihren kirchlichen Inquisitionsvorfahren. Das ist die ganz besondere Tradition unseres Landes.

Aber, wie gesagt, so etwas soll Sie nicht weiter stören. Bereiten Sie sich ruhig auf Ihren großen Tag vor. Sie haben es ja dann geschafft. Und von den «anderen», die links und rechts am Weg, an Ihrem Weg, liegen geblieben sind, redet ohnehin kaum mehr jemand. Die Christen und die Demokraten sind längst wieder unter sich.

Mit priesterlichem Gruß
Ihr Horst Herrmann

III. . . . und spielt mit dem Bürger Katz und Maus

Kristina Bonhage

Ich habe es, wie die anderen, an Zivilcourage mangeln lassen

Frankfurt, den 19. 10. 1977

Liebe Schwester,

die Eltern erzählten mir nach Deinem letzten Besuch in Greifenthal, daß Du so gar nicht politisch informiert seiest und es auch nicht sein wolltest, weil Du glaubtest, daß andere dafür zuständig seien. So passiert das Seltene, daß ich mich aufraffe zu einem Brief. Er entspringt einer Sorge. Er beinhaltet nicht Kritik, sondern Aufforderung. Ich schreibe als Schwester, weil das Wort Familie für mich auch einen Inhalt hat. Ich schreibe auch als Zeitgenossin und als Deutsche, ich werde das gleich erklären. Und nicht zuletzt auch als Patin, wenngleich, das gestehe ich hier freimütig, diesbezüglich der Stein des Anstoßes vor meiner Tür liegt. Indes, ich bin der festen Überzeugung, daß Deinen Kindern, also auch Olaf, ein reiches Maß an Fürsorge und Geborgenheit zuteil wird, und ich guten Gewissens mich aus den Problemen der Erziehung, von denen Du sicher unendlich viel mehr verstehst als ich, heraushalte; und ich denke auch nicht, daß derlei Einflußnahmen überhaupt in den Bereich der Patenschaft fallen, von extremen Ausnahmen vielleicht abgesehen. Es sind nur ein paar Fragen, die mir, vielleicht an Olafs Statt, hier einfallen.

Was ich hier schreibe, geht mich direkt und persönlich an. Ich bin Betroffene. Ich teile die Gefahren meiner Umwelt – die durch Umweltzerstörung, die durch technische Einrichtungen, die der hektischen Lebensführung, die der Unfriedfertigkeit. Ich teile auch ihre Leiden – die allergische Anfälligkeit, die psychische Unausgeglichenheit, das Überfordertsein, die Menschenferne, die Vereinsamung, die Unwesentlichkeit. Ich teile auch ihre Möglichkeiten – den Lebensstandard, das Wissen, die Entfaltungschance, die Rechtssicherheit, die persönliche Freiheit. Und ich teile ihre Gefährdung durch Demagogie und blinden Haß, durch Verketzerung und Fanatismus. Als Teilnehmerin am Wissenschaftsbetrieb nehme ich diese Chancen und Gefahren in einer besonderen Weise wahr. Ich lebe in einer vom Universitätssystem erzwungenen Praxisferne. Das mindert in mancher Beziehung meine Urteilsfähigkeit, treibt akademische Theorieblüten. Aber es macht auch empfindlich für komplizierte Problemlagen, für Krisen im Denken und Handeln unserer Zeit, für die Verwundungen der Seele, für die Bedrohung des Denkens. Daß Seelen verwundbar sind, darüber brauche ich Dir nichts zu sagen. Daß das Denken bedroht ist, sollte ich vielleicht doch erklären, auch wenn es eigentlich zu komplex ist für einen einzigen Brief.

Als wir, Frauke, Karen und ich, neulich in der Mensaschlange für das Essen anstanden, betraten vier uniformierte und bewaffnete Polizisten mit einigermaßen rüdem Gebaren den Eßsaal. Es ist unklar, was sie oder ob sie dort überhaupt etwas suchten. Ihr bloßes Auftreten war eine ungeheuerliche Machtdemonstration, zwischen den friedlich zu Mittagstisch sitzenden Studenten wahrhaftig eine Provokation. Eine politisch in einer kommunistischen Gruppe aktive Studentin alleine hatte den Mut, ihr Unbehagen, daß wir alle teilten, in einer im höchsten Maße törichten und ihrerseits provokanten Weise zu äußern. Sie beschimpfte die Polizisten und forderte Aufklärung über den Zweck ihres Auftretens. Die Polizisten, in Sekunden durch Zivile per Funk von Kollegen verstärkt, umzingelten die Frau, in stummer Demonstration ihrer Gewalt. Ein etwas müder Sprechchor «Bullen raus» begleitete das Geschehen, bis er schließlich vor Schreck verstummte. Die junge Frau wurde, unter lautem Protest und sichtlicher Angst, mit Gewalt von sechs Polizisten aus dem Saal geschleift. An der Mensatür kam es zu einem Handgemenge zwischen Studenten und Schlagstöcken. Nach fünf Minuten war der ganze Spuk vorbei. Betretenheit, Betroffenheit, zitternde Knie überall. Es ist bis heute unklar, ob es einen rechtfertigenden Grund für das Verhalten der Polizei gibt. Ob diese Frau eine kriminell Verdächtige und deshalb gesucht war. Es ist immerhin denkbar, obwohl die beschriebene Situation, so wie die sechshundert Menschen sie miterleben mußten, einen solchen Schluß nicht zuläßt. Es sah eher so aus, als hätten sie da einen Menschen einfach kassiert. Um so betretener machte mich meine eigene Haltung. Ich hatte Angst, wie alle. Ich wollte nicht darin verwickelt werden, wie alle, weil es heute gefährlich ist, mit manchen politischen Gruppen in Zusammenhang gebracht zu werden. Ich habe es, wie die anderen, an der Zivilcourage mangeln lassen, die mit staatlich sanktionierter Gewalt ausgestatteten Polizisten an die Grenzen dieser Gewalt zu erinnern, gegen eine Verfahrensweise zu protestieren, die noch nicht einmal mehr den Anschein der Rechtmäßigkeit trug. Ich lebe in dem Vertrauen darauf, daß, wenn dieses Verhalten ungerechtfertigt war, das durch die staatlichen Sanktionen innerhalb der Polizeiverwaltung seine Folgen haben wird. Ich vertraue darauf, daß sich die Menschen, die in unserem Staat mit Macht ausgestattet sind, an die Vorschriften zu ihrem Gebrauch halten und im übrigen von den dafür Zuständigen kontrolliert werden. Das entbindet mich von einer aktiven Kontrolle in meinem Alltag, die ohnehin gänzlich undurchführbar wäre. Aber entbindet sie mich auch von der Kritik, von der Wachsamkeit? Es wurde hier viel darüber diskutiert, und jeder hatte Angst davor, daß man sich nun nicht mehr sicher sein könne, ob in der Mensaschlange vor und hinter einem nicht ein ziviler Spitzel stände, der sich ein «Meinungsbild» verschafft, der Äußerungen speichert, die politische Unzuverlässigkeit vermuten lassen, die eine politische Überwachung zur Bekämpfung der Sympathisantenszene des Terrorismus rechtfertigen. Ich bin von dieser Angst infiziert, weil auch ich nicht das Schwarzweiß-Denken mancher Politiker teile und ihnen damit vielleicht verdächtig erscheinen muß. Ich bin darüber erschrokken, weil ich von mir anders dachte, erschrocken, weil solch mangelnde Zivilcourage der Solidarität Abbruch tut, auf die ich vielleicht morgen angewiesen bin, wenn ich als Andersdenkende, als Differenzierende, verdächtig geworden bin. Die Angst legt sich wie ein Schatten auf mein Denken. Ich bin traurig darüber, und ich leide daran. Ich werde lernen müssen, dagegen anzugehen und im übrigen mit solchen Gefahren des Denkens zu leben. Ich kann nicht verhindern, daß mir solche Leiden aufgezwungen werden. Ich werde, wie alle anderen auch, meine Rechte und Freiheiten, meine Werte und Ziele verteidigen müssen. Es betrifft mich, was um mich herum passiert, auch wenn es mit meinem Leben direkt gar nichts zu tun zu haben scheint.

Und noch etwas macht mir bei diesem Anlaß Sorgen. Gehörte ich zu der Generation meiner Eltern, dann wäre ich heute den kritischen Fragen meiner Kinder ausgesetzt, wie konnten in der NS-Zeit solche Greuel nur vor euer aller Augen begangen werden? Wie war es möglich, das zuzulassen oder davon nichts zu erfahren? Und selbst wenn ich sagen könnte, ich habe nichts gewußt, ja noch nicht einmal etwas geahnt, müßte ich mir diese Ahnungslosigkeit nicht vorhalten lassen? Sie ist, wie immer sie auch wahr und erklärlich oder verständlich sein mag, auch ein Grund, warum Millionen von Menschen in Fortsetzung einer alten Tradition um ihr Leben gebracht wurden. Ich denke, eine solche Einsicht würde mich schwer belasten, sie machte jeden weiteren Vorwurf überflüssig. Nun, ich gehöre zu der Generation der Kinder. An den Kriegen meiner Väter habe ich keinen Anteil. Ich habe ihre Sünden nicht zu vertreten, sondern nur meine eigenen. Am Nationalsozialismus jedenfalls trifft mich keine Verantwortung. Es steht mir auch nicht zu, zu richten oder zu verurteilen. Mir bleibt nur zu fragen und geduldig auf einen Zeitpunkt zu warten, der Frage und Antwort zuläßt. Aber dennoch bin ich Betroffene. Ich gehöre zu einer Generation, deren Väter ein gebrochenes Verhältnis zu Autorität haben, deren Vergangenheit zu einem gewissen Teil tabuisiert ist, deren unbewältigter Konflikt auf ihren Erziehungsstil durchschlug. Mein Vaterleitbild des unsicheren Patriarchen, der sich in wohlverstandener Pflichterfüllung bis ins letzte für das Wohlergehen seiner ihm Anvertrauten einsetzt, um das, vielleicht nur latent bewußte, Unbehagen der eigenen Lebensgeschichte zu übertönen, dieses Vaterleitbild hat mich in wesentlichen Teilen meiner Person geprägt. Ich habe doch zu tun mit der Geschichte meiner Väter.

Und im Ausland, wie ich das in Norwegen erlebt habe, muß ich mir mein Deutschsein zurechnen lassen, auch wenn immer fein zwischen den Generationen getrennt wird. Aber es schmerzt mich doch, meine Eltern auf diese Weise von mir zu trennen. Ich erfahre etwas von der Verantwortung für mein Land, auch für seine Vergangenheit. Als Ethnologin habe ich zu begreifen gelernt, daß es aus dieser Identität, die ich mir im Laufe meines Lebens erworben habe und die meine Vorväter mir durch ihr Leben erworben haben, keine Flucht in eine Traumgesellschaft gibt, die frei ist von Vorurteil, Aggression, Mißachtung, Haß. Unter den bestehenden Gesellschaften gibt es keine solche und es ist ganz zweifelhaft, ob es jemals eine gegeben hat. Da bleibt nur die Hoffnung, daß es einmal eine solche geben wird. Es wäre naiv zu glauben, wir würden das noch erleben können. Vielleicht wird die Generation Deiner Kinder ihr ein Stück näher sein. Aber Deine Kinder werden, wie ihre Altersgenossen auch, belastet sein durch die Fehler ihrer Eltern. Darin liegt, so glaube ich, nichts Besonderes. Aber es wird in der Zukunft, also auch für Stefan und Antje und Olaf und Holger, darauf ankommen, daß sie mit Zivilcourage das zu erhalten wissen, was sie durch ihr Elternhaus an ethischer Grundhaltung gelernt haben. Sie werden früher oder später konfrontiert sein mit Gedanken, die ihnen dieses streitig machen wollen. Was wolltest Du ihnen sagen, wenn sie erleben müssen, daß eine von den Konflikten dieser Welt freie Kindheit ein Luxustraum – ein idealer Traum – war, der sie in der Illusion groß werden ließ, die Schwierigkeiten der Zeitgenossen seien inexistent? Wirst Du ihnen sagen müssen, Du habest von den Anfechtungen Deiner Zeit keine Kenntnis gehabt, dafür seien andere zuständig gewesen? Kannst Du sicher sein, daß sie Dir dieses glauben, auch wenn es wahr ist? Daß sie Dir dieses nicht vorwerfen, obgleich es in bester Absicht geschah? Gewiß ist eine Konflikterziehung eine streitbare Sache und ich rede ihr nicht das Wort. Aber ich lege Dir die Frage ans Herz, ob Du Dich nicht wappnen mußt, wenn Deine Kinder aus dem Traum ihrer Kindheit erwachen und die Welt in ihrer Gänze, das ist auch ihre Grausamkeit, begreifen und erfragen lernen? Wenn sie Dir Fragen stellen, die Dir eine Rechtfertigung abverlangen? Kann es sein, daß Du ihnen sagen müßtest, Du seiest gutgläubig, aber blind für die gegenwärtige Realität gewesen?

Ich weiß, daß in meinen Worten das Plädoyer für die Überforderung liegt. Aber die Einsicht in die Schwierigkeit des Unterfangens, sich in einer *realen* Gegenwart zu orientieren, wie wenig sie auch unseren Vorstellungen entsprechen mag, kann doch nicht zur Aufgabe dieses Bemühens, sondern nur zu verstärker Anstrengung führen.

So betrachtet, kann, glaube ich, das Bewahren der Kinder vor unverträglichen Konflikten nur bedeuten, ihre Belastbarkeit durch Übung von ihnen angemessener Belastung aufzubauen. Zu solcher Art Belastung gehören auch die zeitnahen Probleme von Aggression und direkter Gewalt, gegen die Widerstand zu leisten zu allererst ihre Kenntnisnahme und ihre Einschätzung voraussetzt. Niemand auf der Welt kann dergleichen ohne Übung, und habe er gleich die friedlichste Seele.

Um zum Anfang zurückzukehren, ich möchte Dir zu bedenken geben, Dich aufzufordern, bei den Dingen, die Du Deinen Kindern zur Vermittlung durch Deine Erziehung, durch Dein Vorbild, auswählst, die Geschehnisse der Welt, die sie einmal teilen werden mit ihren Altersgenossen, die sie sich nicht auswählen können, einzubeziehen, auch wenn sie nicht in die Vorstellung passen, die Deine Weltauffassung ausmacht. Einbeziehen in diesem Sinne kann ja auch heißen, sie bewußt herauszulassen; bewußt aber heißt in jedem Falle, daß *Du* sie zur Kenntnis nehmen müßtest.

Mit herzlichen Grüßen
an die ganze Familie von der ganzen Familie
und von
Deiner Kristina

Dorothee Sölle

Brief an eine junge Lehrerin in der Provinz

Liebe Barbara,

«ist es denn wirklich so schlimm?» hast Du mich gestern nach der Diskussion gefragt. Du hast ja gesehen, wie die jungen Leute uns ihre Verzweiflung entgegenkotzten. Nein, dachte ich, diese Leute haben kein Recht, so zu reden, es gibt noch Richter in Berlin, es gibt noch Lehrer, Sozialarbeiter, Polizeibeamte, Pfarrer, die Widerstand gegen die Aushöhlung der Demokratie leisten. Aber als ich nach Hause kam, fand ich in meiner Post das Urteil eines Bonner Amtsgerichts gegen drei Studenten, die am Nachdruck des Buback-Nachrufs beteiligt gewesen sind, und nach der Lektüre dieses «im Namen des Volkes» ergangenen Urteils war ich wieder geschlagen, weil das Klima, das sich in diesem Dokument spiegelt, wenig Hoffnung für die Republik zuläßt.

Ich will Dir von diesem Urteil erzählen, weil ich mir denken kann, daß Du es im Unterricht brauchen könntest, schließlich sollst Du Deine Schüler ja darüber aufklären, in was für einem Land sie leben, wie die Gesetze in diesem Land funktionieren, und es ist sicher nützlich zu wissen, was die Wunsch- und Leitvorstellungen eines deutschen Richters im Jahre 1978 sind.

Ich weiß nicht, wie weit Du mit dem Hintergrund der Sache vertraut bist.

Nach der Ermordung des Generalbundesanwalts Siegfried Buback durch Terroristen veröffentlichte der Göttinger AStA den Artikel eines anonymen Studenten («Mescalero») unter dem Titel ‹*Buback – ein Nachruf*›. Dieser Artikel, von dem Verfasser selber als «Rülpser» bezeichnet, kann als ein Beitrag zur geistigen Auseinandersetzung mit dem Terrorismus und der Gewaltfrage angesehen werden. Da er öffentlich nur schwer zugänglich war, Zitate aus ihm aber durch die gesamte Presse gingen, haben verschiedene

Gruppen an deutschen Universitäten den im Bonner Urteil als «Schmähschrift» bezeichneten Text wiederabgedruckt. Sie alle sind unterdessen unter Strafanzeige gestellt worden, die Delikte, die ihnen zur Last gelegt wurden sind: Verunglimpfung der Bundesrepublik und ihrer verfassungmäßigen Ordnung (§ 90a), Volksverhetzung (§ 130) und Befürwortung von Straftaten (§ 140). In Bonn sind die beiden letztgenannten Verfahren von der Staatsanwaltschaft indessen eingestellt worden, Strafbefehle dagegen wurden ausgesprochen wegen «Verunglimpfung des Staates».

Die Unterstellung der juristischen Behörden, die zu Strafanzeige und, häufig, zu Verurteilung führt, ist der erste Punkt, von dem ich möchte, daß Deine Schülerinnen und Schüler ihn verstehen. Sie lautet: wer einen solchen Text nachdruckt, identifiziert sich mit dem Inhalt. Die Bonner Nachdrucker haben der Sache ein Vorwort beigegeben, in dem es heißt: «Wir veröffentlichen diesen Artikel, auch wenn wir uns mit einzelnen Wörtern und Passagen nicht identifizieren können. Es liegt uns fern, die Ehre eines Toten zu verunglimpfen.» Trotz dieser klaren Aussage wurden alle 35 angeklagt, weil die bloße Wiedergabe der Meinung eines anderen im Interesse besserer Information, bereits als «Identifikation» angesehen wird.

Ich finde, Du solltest in Deiner Klasse darüber sprechen, was diese Gleichsetzung von Veröffentlichung und Identifizierung für Folgen hat für Presse- und Informationsfreiheit. Das Recht, Informationen unzensiert zu erhalten, und sei es auch nur einen Göttinger Rülpser, ist ein Grundrecht. Ich erinnere mich an die Zeit, als ich in Deinem Alter und Lehrerin war und gelegentlich mit meinen Schülerinnen einen Artikel aus dem *Neuen Deutschland* analysiert habe, um den Mechanismus einer staatlich gelenkten Presse zu erklären. Die Opposition wird dort zunächst totgeschwiegen; erwähnt wird sie erst, wenn sie angeprangert, angeklagt oder bereits verurteilt ist. Zu diesem Zeitpunkt und in diesem Zusammenhang tauchen dann häufig auch Zitate, die den arglosen Leser mit Abscheu erfüllen sollen, auf. Der Dissident kann seine Sache nicht öffentlich vertreten und der Leser muß sich die vorenthaltenen Informationen selbst rekonstruieren, worin viele Leser im Ostblock indessen bemerkenswerte Fähigkeiten entwickelt haben . . .

Wenn Du in der Klasse über das Recht auf Information sprichst, so mach auch auf die Konsequenzen der These: «Veröffentlichung ist Identifizierung» aufmerksam. Identifizierung erfährt ja eine ungeheure Begriffsausweitung. Nicht jeder Schüler wird gleich an Veröffentlichung denken. Aber ist nicht auch das Lesen von Flugblättern eine Vorform der Identifizierung? Müßtest Du nicht, der Logik des Bonner Urteils folgend, die Schüler warnen vor den Gefahren, die ihnen schon bei einem Einkaufsbummel drohen: wer stehenbleibt, wo Flugblätter verteilt werden, wer sich auf Diskussionen einläßt, wer Papiere und Schmähschriften in die Hand nimmt, in physischen Kontakt mit derlei tritt, wer schließlich sein Informationsbedürfnis so ernst nimmt, daß er liest – begibt er sich nicht schon in die Grauzone «verfassungsfeindlicher Bestrebungen»?

Ein anderer Punkt betrifft die Rolle, die die öffentliche Erziehung im Bewußtsein des Strafrichters Hertz-Eichenrode spielt. Lest und analysiert dazu den folgenden Satz.

«Bei der Strafzumessung war strafmildernd zu berücksichtigen, daß die Angeklagten in einer Zeit aufgewachsen sind, in der die Bekämpfung des freiheitlich-demokratischen Rechtsstaates durch eine Reihe verfassungsfeindlicher Organisationen mit zuvor ungeahntem Kapitaleinsatz geduldet worden ist, da davon auszugehen ist, daß die Angeklagten dadurch mit geprägt sind.»

Dieser Satz ist einmal stilistisch bemerkenswert und lehrreich: der Hauptgedanke wird im Nebensatz untergebracht; vielleicht, weil er das Licht der klaren Aussage scheut? Der Satzbau ist beachtlich kompliziert und gleicht einer Katze, die sich in den Schwanz beißt. Warum drücken sich Juristen so aus? Vermutlich doch, weil sie die einfließenden Meinungen, Wunsch- und Angstvorstellungen klein halten wollen, nicht bewußt machen wollen, sie sollen als selbstverständlich vorausgesetzt erscheinen.

Es ist, dem Urteil zufolge, vorauszusetzen, daß wir alle von einer grauen Zahl gutbezahlter verfassungsfeindlicher Organisationen bedroht sind, sie arbeiten unkontrollierbar – vermutlich in Schulen, Medien, Jugendorganisationen, sie unterwandern alles. Spricht es nicht geradezu für die Humanität des Gerichts, daß diese bedrohlichen Fakten der öffentlichen Erziehung als «strafmildernd» für die Angeklagten eingeordnet werden?!

Eine ähnliche Art von Humanität spricht aus der Beurteilung, die einer der Angeklagten erfährt:

«Bei dem Angeklagten Berger ist der Strafrichter davon ausgegangen, daß dieser als evangelischer Theologiestudent möglicherweise durch falsche Lehrer verführt zu der Straftat gekommen ist und möglicherweise zu schüchtern war, sie in der Hauptverhandlung in Gegenwart seiner Mitangeklagten zu bereuen. Daher erschien bei dem Angeklagten Berger eine Geldstrafe von sechzig Tagessätzen trotz Bedenken noch ausreichend.»

Im letzten Satz spürt man förmlich, wie sehr der Richter mit sich ringen mußte, ehe er seine Bedenken gegen das allzu milde Urteil ausräumen konnte. Nur der Hinweis auf die Bedrohung durch «falsche Lehrer» hat ihn dazu gebracht. Natürlich habe ich mich gefragt, welche «falschen Lehrer» er denn meinen kann. Politisch gesehen finde ich diese Bemerkung eher ehrenvoll, weil der theologisch-kirchliche Bereich offenbar nicht mehr ohne weiteres als zuverlässig und systemkonform angesehen werden kann. Der Widerstand, in den das Evangelium Menschen treibt gegen die bestehende Ordnung, läßt sich nicht mehr einfach einebnen, da hat der Herr Richter ganz recht!

Ein letzter bemerkenswerter Punkt betrifft die Rolle der Justiz in der Bundesrepublik. Dieser Passus ist von so durchschlagender stilistischer Qualität, daß ich ihn dir ganz zitieren möchte.

«Dabei ist der Strafrichter sich andererseits jedoch auch bewußt, daß Strafen nur eine begrenzte Wirkung haben, solange der Schutz der freiheitlichen demokratischen Grundordnung weitgehend auf die Strafverfolgung beschränkt bleibt und Straftätern, die eben diese demokratische Grundordnung bekämpfen, desungeachtet Studienplätze und staatliche Förderung weiter gewährt wird und zugelassen wird, daß Verfassungsfeinde mit großem Aufwand weiter durch Propaganda den freiheitlichen demokratischen Staat bekämpfen, und ist sich der Strafrichter im Hinblick hierauf auch bewußt, daß die Erfüllung anderen Stellen obliegender Aufgaben nicht durch Erhöhung von Strafen ersetzt werden kann.»

Daraus läßt sich in der Tat eine ganze Unterrichtsstunde bestreiten.

Wiederum ließe sich mit einer Analyse des Satzbaus beginnen, der das gequälte und leidende, sich windende Bewußtsein des Richters so deutlich widerspiegelt. Man sieht nicht nur den Richter, nein die gesamte deutsche Justiz vor sich, wie sie hilflos ungeheuren gesellschaftlichen Mächten gegenübersteht. Sie, die deutsche Justiz, hat diese Last zu tragen, ihre Beamten sind überfordert, offenbar erfüllen «andere Stellen» die ihnen obliegenden Aufgaben nicht, und Richter, die danach lechzen, endlich die wirklichen Aufgaben zu erfüllen und hart und entschieden zuzugreifen, fühlen sich an den Händen gebunden, weil sie wissen, daß die eigentlich notwendige Erhöhung der Strafen kein taugliches Mittel zum Schutz der freiheitlich-demokratischen Grundordnung ist. Die Richter fühlen sich ähnlich wie Lehrer, die auch wissen, daß Zensuren kein ausreichendes Disziplinierungsmittel sind, sie seufzen unter der Last, die die Gesellschaft ihnen aufbürdet.

Wer sind denn die «anderen Stellen», denen diese großen Aufgaben obliegen? Warum erfüllen sie sie denn so schlecht?

Ich glaube, daß ist die produktive Frage, die man an diesen bemerkenswerten Text stellen muß. Vielleicht werden in Deinem Klassengespräch dann die Kultusministerien, die Massenmedien, vielleicht auch die Arbeitsämter, die all die Nichtstuer bezahlen, auftauchen . . . Vergiß nicht auf einen der wichtigsten Garanten der freiheitlichen Ordnung, der dem Herrn Richter sicherlich vorschwebt, hinzuweisen: die Polizei.

Es genügt nicht, so verstehe ich den Herrn Richter, die Verfassungsfeinde zu einem späten Zeitpunkt leider, allzu milde, zu bestrafen. Da muß schon vorher eingegriffen werden, da müssen schon vorher Studienplätze und Förderungsgelder an politische Bedingungen geknüpft werden, da brauchen wir noch weit mehr Verfassungsschutzbeamte, da ist die innere Sicherheit nicht im mindesten gewährleistet, da müssen wir nach «mehr Staat» und keineswegs nach «mehr Demokratie» rufen, da muß der Sumpf ausgetrocknet werden, was nicht die Aufgabe der Justiz allein sein kann, Kontrolle muß her, Zensur, Überwachung, die falschen Lehrer müssen durch «richtige» ersetzt werden . . .

Lies dieses Urteil, Barbara, und sprecht auch darüber, wie man sich wehren kann. Ist es denn wirklich so schlimm? hast Du mich gefragt. Es ist sehr schlimm, nicht nur, was faktisch geschieht, sondern dieses Klima, diese Ängste, dieser Satzbau. Aber das heißt nicht, daß man sich nicht wehren kann. Und auch das fängt in den Schulen an.

Mit herzlichem Gruß
Deine Dorothee

Klaus Staeck

«Ein Narr, der noch an Zufälle glaubt»

An den
Leiter des Finanzamtes I
Herrn Regierungsdirektor
Dr. Conrad Schröder – MdL –
7800 Freiburg

Heidelberg, 11. 7. 78

Sehr geehrter Herr Schröder,

zu Beginn des Jahres 1978 ging Ihr Name kurz durch die Presse. Nicht auf der ersten Seite, mehr unter ferner liefen, aber der Anlaß war aufregend genug. Es war davon die Rede, daß Sie in Ihrer Eigenschaft als Leiter des Finanzamtes Freiburg der «Aktionsgemeinschaft gegen Umweltgefährdung durch Kernkraftwerke» die Anerkennung als gemeinnützige Körperschaft rückwirkend ab 1. Januar 1974 entzogen hätten. Am Rande wurde vermerkt, Sie seien zugleich Stadtrat und Landtagsabgeordneter der CDU. Durch diese Personalunion sind Sie in der Bundesrepublik ein Unikum. Wer soll Ihnen glauben, daß Ihre Entscheidung gegen die Gemeinnützigkeit eine sachlich gebotene und keine politische Gefälligkeitshandlung gegenüber Ihrem Ministerpräsidenten war. Ihr Parteifreund hat ja nie einen Zweifel darüber aufkommen lassen, daß er alle Bürgerinitiativen wenn nicht des Teufels, so doch mindestens des Linksradikalismus für verdächtig hält. Die Blessuren freilich, die er sich gerade in Wyhl geholt hat, sind mit Sicherheit noch nicht vernarbt und es ist auch bekannt, daß derselbe Herr Filbinger seinen Wahlkreis in Freiburg hat, wo er allerdings nicht gerade vom Glück des Tüchtigen und den Wählermassen erdrückt wurde. Ein Narr, der hier noch an Zufälle glaubt. Der Außenstehende muß eher den Eindruck des abgekarteten Spiels haben. Schlimm genug für die Demokratie, daß Sie als Chef einer Verwaltung und Abgeordneter in einer Person das Prinzip der Gewaltenteilung nach außen nur schwerlich glaubhaft darstellen können.

Der Verdacht, daß Sie persönlich sich politisch Liebkind bei

Ihrem CDU-Ministerpräsidenten machten wollten, wird durch die Tatsache bestärkt, daß es Beamte Ihres eigenen Finanzamtes gewesen sind, die 1972 die Aktionsgemeinschaft vor dem Antrag auf Anerkennung als gemeinnützige Körperschaft beraten haben. Nur sechs Jahre später bestreiten Sie die vorher bejahte Förderungswürdigkeit mit dem verblüffenden Argument, daß schutzwürdige Interessen miteinander in Konkurrenz stehen würden. Als würde nicht die Gesellschaft zur Rettung Schiffbrüchiger in Konkurrenz zu jenen Schiffseigner stehen, die ihre alten Kähne aus Versicherungsgründen lieber untergehen sehen. Tritt das Rote Kreuz nicht in Konkurrenz mit allen Kriegführenden. Ist es deshalb weniger förderungswürdig.

Völlig unglaubwürdig wird Ihre Argumentation, wenn zwar der Bürgerinitiative die Förderungswürdigkeit abgesprochen wird, dem in Konkurrenz dazu stehenden Atomforum dagegen nicht. Ist Ihnen in Ihrer Rolle einer Art doppeltes Lottchen nie in den Sinn gekommen, daß es nicht Aufgabe des Finanzamtes sein kann und darf, politisches Verhalten von Bürgerinitiativen mit Hilfe der Abgabenordnung zu belohnen oder zu bestrafen. Die der Bürgerinitiativen unterstellten rechtswidrigen Handlungen können kaum als ausreichender Grund für Ihre Entscheidung angesehen werden, da sie diese Allerweltsbehauptung – die beinahe schon zu einer Routineunterstellung zu werden droht – nicht durch Tatsachen belegt haben. Oder sehen Sie es schon als rechtswidrig an, wenn sich Bürger außerhalb der Regierungspartei zur Erreichung legitimer Ziele zusammenfinden.

Was Ihr Verhalten so bemerkenswert macht, ist die Tatsache, daß durch Ihre Entscheidung die Demokratie in ihrem Kern getroffen wurde. Es ist im Augenblick modern, das erklärliche und unerklärliche Verhalten der Bürger – meist ohne Beleg – auf eine diffuse Staats- und Parteiverdrossenheit zu schieben. Ihr Vorgehen kann in der Tat selbst einen Demokraten verdrossen machen. Geht es doch nicht allein um Zweifel, ob die Gewaltenteilung bei uns noch funktioniert. Was schwerer wiegt ist dies: weil Ihnen die dort vertretenen Ziele und Ansichten nicht gefallen, soll durch Entzug der Förderungswürdigkeit die Bürgerinitiative finanziell ausgetrocknet werden, um ihre Existenz zu gefährden. Sollen etwa nur solche Initiativen gefördert werden, die sich für eine unbegrenzte Nutzung der Atomenergie einsetzen? Dabei kämpft diese Freiburger Aktionsgemeinschaft noch nicht einmal generell gegen

Kernkraftwerke, sondern sie lehnt aus Gründen der Sicherheit nur diesen Reaktortyp für diesen Standort ab. Es ist nicht demokratisch, einer Initiative wegen politischer Mißliebigkeit einfach den Geldhahn zuzudrehen, anstatt sich mit ihr politisch auseinanderzusetzen. Verdrossenheit ist eine eher lahme Reaktion darauf, daß just in dem Augenblick, als die Bürgerinitiative wegen beachtlicher Prozeßkosten zu einer Spendenaktion aufruft, pünktlich die erhofften Spenden steuerlich nicht mehr begünstigt werden. Es heißt, die Bürger für dumm zu verkaufen, wenn man zu dem Schaden auch noch höhnisch erklärt, daß diese Entscheidung nicht politisch motiviert sei.

Wäre das Ganze ein lokaler Racheakt der Verwaltung, könnte man über die Sache noch hinwegsehen. Die Gerichte haben sich schon mit vielen Übergriffen und Mißbräuchen beschäftigen müssen, ohne daß darüber die Demokratie zugrunde gegangen wäre. Schlimmer aber ist der naheliegende Verdacht, daß der ganzen Aktion ein nüchternes parteistrategisches Kalkül zugrunde lag. Nachdem sich das Kreativitätspotential der Christenunion bald ausschließlich auf die Erlangung der uneingeschränkten Macht konzentriert, schien hier ein neuer Dreh gefunden zu sein, dem ersehnten Ziel näher zu kommen. Der Trick ist so einfach wie dreist: nachdem die Förderungswürdigkeit des Personenzusammenschlusses Bürgerinitiative auf administrativem Wege verneint ist, legt man die Umgründung als eine politische Partei nahe. Als Partei ist der gleichen Personengruppe die Spendenabzugsfähigkeit wieder versichert. Von einer solchen wie auch immer farbigen Partei verspricht sich die CDU die absolute Mehrheit, weil diese Partei eher der sozial-liberalen Koalition als der CDU Wähler wegnehmen würde.

Nun ist die CDU in Baden-Württemberg in der Zerstörung demokratischer Institutionen aus parteiegoistischen Gründen ja geübt. Weil der Mehrheitsfraktion der CDU die Zusammensetzung einiger gewählter Studentenvertretungen nicht gefiel, wurde per Gesetz die Verfaßte Studentenschaft als Institution abgeschafft: demokratisch ist nur, was der eigenen politischen Zielsetzung entspricht.

Eine Partei und ihre Vertreter, die sich nicht politisch argumentativ mit den mit ihnen konkurrierenden Gruppen der Gesellschaft auseinandersetzen wollen, müssen sich die Frage gefallen lassen, vor welchen demokratischen Institutionen sie haltzumachen gedenken. Zu viele Beispiele von Angriffen auf Institutionen gibt es inzwischen. Erst kürzlich hat nach dem gleichen Schema Ihr schleswig-holsteinischer Parteifreund den Staatsvertrag mit dem Norddeutschen Rundfunk gekündigt. Wegen politischer Unzufriedenheit mit der Sendeanstalt soll gleich die ganze Institution zerschlagen werden. Die ARD als Zusammenschluß der Funkanstalten der Länder lebt ständig mit der Androhung Ihrer bayerischen Parteifreunde, sich auszugliedern. Nachdem diese Sendeanstalt inzwischen voll christianisiert ist, sollen die davon abweichenden Meinungen der im Verbund zusammengeschlossenen Sender nicht länger geduldet werden. Die Aufzählung ließe sich fortsetzen. Sie findet ihre traurige Krönung in der Tatsache, daß sich die Schwesterparteien im Bundestag weigern, die ihnen von den Wählern zugewiesene Rolle der parlamentarischen Opposition zu übernehmen. Die Einigung von SPD und FDP in der Wahlnacht 1969 wird hartnäckig als Komplott ausgegeben, das die CDU/CSU daran hinderte, die eigentlich ihr zustehende Regierungsmacht zu übernehmen. 1972 mußte der Vorwurf der Bestechung herhalten, um zu erklären, wieso die Unionsparteien beim Mißtrauensantrag von Rainer Barzel gegen Willy Brandt nicht an die Regierung kamen. Nicht einmal der Wahlerfolg der Koalition vom Herbst 1972 konnte sie davon überzeugen, daß die Wähler die CDU/CSU in der Rolle der Opposition haben wollten. Seitdem ist es angeblich das Wahlrecht, das illegitimerweise den Unionsparteien die Regierung vorenthält. Kurz nach der Wahl 1976 hat sich Herr Kohl sogar als Sieger ausgerufen, obwohl wiederum die Wähler ihm die Oppositionsbank zugewiesen hatten. Eine Opposition, welche die Aufgaben der parlamentarischen Opposition nicht übernimmt, und die statt dessen nicht müde wird, die angebliche Unrechtmäßigkeit der parlamentarischen Mehrheitsverhältnisse zu demonstrieren, ruiniert systematisch das Ansehen des Parlaments. Wählerwillen und Parlament werden also von den Unionsparteien als legitim nur anerkannt, solange sie ihrem Herrschaftsanspruch nicht im Wege stehen. Ist aber das Ansehen des Parlaments erst einmal ruiniert, kann man sich ausrechnen, wann die Zerstörung dieser Institution auf der Tagesordnung steht.

Es geht mir nicht um die Frage, ob Bürgerinitiativen besser oder schlechter geeignet sind, unsere Probleme zu lösen als andere Vereinigungen. Es kommt mir darauf an, Sie davon zu überzeugen, daß es für eine Demokratie lebensgefährlich ist, wenn einige

Bürger ihre politische Macht dazu mißbrauchen, jeweils die ganze Institution aufzulösen, wenn die diese Institutionen tragenden Personen eine andere politische Auffassung vertreten als sie selbst. Nicht daß ich Sie für einen fanatischen Christkönigskrieger halte. Nein. Vielleicht verstehen Sie sich selbst eher als kleines Rädchen. Das ist es aber gerade, was die gegenwärtige Situation so schwierig macht: nicht nur der ewig prustende und polternde Herr Strauß, der sich auf der Nord-Süd-Schiene durch die deutschen Lande brüllt, macht Angst. Sondern die vielen Unscheinbaren, die wie Sie das kleine bißchen Macht, das sie in Händen haben, anwenden, um Franz Josef Strauß noch zu übertreffen.

Mit freundlichen Grüßen
Klaus Staeck

Freimut Duve

«Der Rechtsstaat allein ist nicht die Demokratie!»

Brief an den Postbeamten B. in der Kleinstadt E.

Sehr geehrter Postbeamter, lieber Herr B.,

wir kennen uns, aber dies ist ein öffentlicher Brief; darum schreibe ich Ihren Namen nicht aus. Vor einigen Monaten weigerten Sie sich, einen Brief zu befördern, der nach Ihrer Meinung ordnungswidrig ausgestattet war. Sie störte die kleine Anti-Atom-Sonne auf dem Umschlag. Es hatte damals einige Mühe gekostet – unter Einschaltung mehrerer vorgesetzter Dienststellen und Auskunft bei der Pressestelle der zuständigen Oberpostdirektion –, bis der Brief entgegengenommen und befördert werden konnte. Sie erinnern sich? Der Kunde war – für Sie ungewohnt, weil selten – hartnäckig. Schließlich hat die Post den Brief befördert, mit samt dem Aufkleber. In Dutzenden anderen Fällen hat sie nicht befördert.

Soweit ich heute informiert bin, war es keine spontane Willküraktion von Ihnen – etwa weil Sie glühender Verehrer der Atomtechnik seien –, sondern Sie handelten auf Anweisung. Die Post beruft sich bei solchem Verfahren auf die Bestimmung, wonach politische Propaganda nicht auf Briefumschlägen angebracht werden dürfe. Sie kennen die ungeheure Fülle von propagandistischen Geschmacklosigkeiten, die die Post als Dienstleistungsbetrieb täglich anstandslos befördert. Sie wissen, was mit dieser selektiven Maßnahme bezweckt werden sollte – die Einschüchterung auf allen Gebieten einer bestimmten unliebsam gewordenen Gruppe von Mitbürgern.

Ich schreibe Ihnen diesen Brief, weil Sie seinerzeit so kräftig und aus innerster Überzeugung die unangreifbare Rechtmäßigkeit der Zurückweisung betonten. Nicht eine Sekunde wollten Sie meinen Zweifel gelten lassen, daß die Post dies auch dann nicht behindern dürfe, wenn sie rechtlich dazu befugt sei. Ich versuchte,

Ihnen zu erklären, daß ich dies für einen Mißbrauch des Rechts ansähe, zumal unendlich viel Propaganda durch die Post befördert würde, ohne daß rechtliche Bedenken geltend gemacht würden. Hier nun liegt der Grund meines Schreibens. Ich möchte versuchen, Ihnen zu erklären, warum ich diesen an sich harmlosen Vorfall so ernst nehme.

Wir alle wissen, wie oft staatliche Bedienstete ihre rechtlichen Möglichkeiten gegen den Bürger in Anspruch nehmen, um andere als die vorgegebenen Ziele zu verfolgen. Ein allgemein bekanntes Beispiel ist die Kontrolle der Warndreiecke der Autos zum Zwekke der ohne Durchsuchungsbefehl unzulässigen Wagenkontrolle. Das, was der Beamte tut, muß im Konfliktfall der rechtlichen Nachprüfung standhalten, was immer das Motiv seiner Aktion gewesen sein mag. So hat etwa die Hamburger Schulbehörde den Lehrern verboten, die Anti-Atom-Sonne zu tragen. Auch dafür hatte sie die rechtliche Handhabe. Sie könnte auch das Tragen von Parteiabzeichen, von Berlin-macht-das-Tor-auf-Nadeln am Rockaufschlag verhindern. Aber sie ordnet Maßnahmen nur da an, wo sie ihr politisch opportun erscheinen. Rechtlich abgesichert und rechtsstaatlich nachprüfbar müssen sie allerdings sein. Keinem Bürger soll ein Unrecht zugefügt werden. Der Staat darf nur, was er darf, und er tut auch nur, was er darf – das aber konsequent.

In keinem Land der Welt ist der ständige, bald schon zynische Verweis auf die Rechtsmittel, auf die Möglichkeit des Bürgers, sich vor den Gerichten sein Recht zu holen, so eskaliert wie bei uns. Gegen einen Bauern in Brokdorf, der auf seiner Wiese das Aufstellen eines Zelts (für Demonstranten) gestattet hatte, wurde eine Geldbuße über 800 DM angeordnet, wegen Verschandelung der Landschaft, nach dem Landschaftspflegegesetz. Das Zelt sollte einige hundert Meter von der Brokdorfer Mauer und dem künftigen Atomkraftwerk stehen. Der Bauer mußte gegen diese Verfügung klagen. Der Rechtsweg steht ihm offen. Aber sein Glaube an den fairen Geist der Demokratie ist zerbrochen. Selbst wenn er vom Gericht nach langem Streit irgendwann einmal Recht bekommen sollte – ihm ist bewiesen, daß der Staat bis zur absurden und irrationalen Logik bereit ist, den Geist der Verfassung, den Geist der Demokratie zugunsten des zynischen Gebrauchs aller rechtlichen Möglichkeiten verenden zu lassen. Der Staat tritt auf als Rächer und Verfolger, als Übervater, der sich selbst immer wieder rechtfertigt mit dem Verweis auf den Rechtsstaat.

Der Rechtsstaat ist nicht die Demokratie! Wenn im alten Königreich der Barotse am Oberlauf des Sambesi im heutigen Sambia ein Mörder die Hütte eines ganz bestimmten Hoffunktionärs erreichen konnte, dann gab es keine Möglichkeit mehr, ihn vors Gericht zu stellen. Dieses Asylrecht stand über der Macht des Königs. In der sehr verwickelten Strafprozeßordnung dieses schriftlosen Königreiches war die Macht des Königs genau umrissen. Er konnte auf keinen Fall Willkürherrschaft ausüben. Das Barotse-Königreich ist jedoch nie eine Demokratie gewesen. Wohl aber galten feste rechtsstaatliche Prinzipien.

Am 15. Juni 1215, also vor über siebenhundertsechzig Jahren, erhielt England seine «Magna Charta» – sie beendete in wesentlichen Bereichen die Willkürherrschaft des Königs. Im Brockhaus steht dazu: «Die mittelalterliche Idee, daß das Recht über dem König steht und die Vasallen und die Freien ein Recht zum Widerstand gegen die Unrecht übenden Herren haben, führt hier erstmals zu einer staatsrechtlichen Bestimmung.» Aber wie lange mußte demokratischer Geist in England kämpfen, um über die Habeas Corpus-Akte, über die Enthauptung eines Königs, um über ein Jahrhundert der Reformen zu einer lebendigen Demokratie zu gelangen! Der Rechtsstaat ist wesentlich älter als die Demokratie! Der Rechtsstaat füllt mit seinen Verfahrenszwängen keineswegs den Geist und die Verfassung (die wirkliche Verfassung) der demokratischen Gesellschaft aus.

Wo immer demokratisch gewählte Politiker sich des zynischen Hinweises auf die «Rechtsstaatlichkeit» bedienen, um zu strafen und zu rächen, zu ahnden und zu verschrecken, da sollten wir sie auf den fundamentalen Unterschied zwischen Rechtsstaat und Demokratie hinweisen. Es gibt auch autoritäre Staatssysteme, in denen die formalen Rechtsstaatsprinzipien durchaus funktionieren, wo aber der Gesetzgeber selbst den Geist der Demokratie längst unterhöhlt hat. Selbst in der brutalsten Verfolgung während der Naziherrschaft gab es Dutzende von Richtern, die sich formal auf sicherem Boden wähnten, die nur taten, was geltendes Recht ihnen vorschrieb.

Gewiß, es ist ein gewaltiger Sprung zwischen dem Rechtsstaat und der Willkürherrschaft, und wir müssen den Rechtsstaat mit Klauen und Zähnen verteidigen. Aber es ist ein ebenso gewaltiger Sprung zwischen den formalen Prinzipien des Rechtsstaates und der verfassungsmäßigen Verankerung der parlamentarischen Demokratie, mit der Bindung an Grund- und Menschenrechte. Der nach innen gekehrte Kalte Krieg, den staatliche Stellen seit Jahren gegen viele Formen des Abweichens von politischen Normen führen, stützt sich zumeist auf ein Staatsverständnis, wie es im Beamtenrecht der vordemokratischen Epoche zum Tragen kommt. Das Staatsverständnis des 19. Jahrhunderts, keineswegs Ausdruck eines Willkürstaates, ist nicht das Staatsverständnis unseres Grundgesetzes, auch dann nicht, wenn die Mehrheit des derzeit rechtsprechenden Bundesverfassungsgerichts wenig Gespür zeigt für den qualitativen Sprung zwischen rechtsstaatlichen Prinzipien und jener Demokratie, wie sie die Grundgesetzväter wohl verstanden haben müssen.

Hier geht es nicht um einen Streit um Worte. Hier geht es um den für unsere Demokratie lebensgefährlichen zynischen Mißbrauch des Rechts. Junge Menschen, die heute, aus einer Demonstration willkürlich herausgegriffen, vor der materiellen Existenzvernichtung stehen, weil der Rächerstaat sie mit den Kosten für Polizeieinsätze belasten will, sehen, wie – natürlich rechtsstaatlich abgesichert – der Staat mit ihnen Katz und Maus spielen will. Wie läßt sich der Kampf für die Bejahung dieser Verfassung, für die Verurteilung des Terrorismus denn noch führen, wenn sich der Rechtsstaat seinen demokratischen Geist selbst ausbläst? Welches Vertrauen in die Demokratie sollen Schüler entwickeln, wenn ein Minister sich nicht zu schade ist, den Lehrern das Tragen einer harmlosen Plakette zu verbieten, nur weil er es *darf*? Wie sollen wir Jugendliche zu einem Verständnis und zu einem «aktiven Einsatz» für die Demokratie gewinnen, wenn Verwaltungen den Unterschied zwischen 1215 n. Chr. und 1978 nicht kennen – und ihnen manche Richter Recht geben. Wie soll jemand verstehen, daß die rechtlich nicht einmal abgesicherte Errichtung eines Kernkraftwerkes das Landschaftspflegegesetz weniger berührt als das Aufstellen eines Zelts?

Warum handelt der Staat so, warum geben ihm einige Gerichte Recht, warum andere nicht, und warum tut sich bei solchen Vorkommnissen die öffentliche Meinung (aller Richtungen) nicht zusammen und protestiert gegen den Mißbrauch des Rechts zugunsten bestimmter politischer Ziele? Warum sind so viele sonst empfindsame Demokraten bereit, fünfe gerade sein zu lassen, wenn die Unbill staatlicher Bestrafungsaktionen nicht der eigenen Gruppe widerfährt, sondern denjenigen, die ohnehin zur gescholtenen Minderheit gehören?

Warum tritt bei alldem kein Direktor einer Elektrizitätsgesellschaft (also ein politischer Gegner der so Behandelten) auf, und sagt: «So nicht!»? Warum verteidigt so selten jemand, der entgegengesetzter *Meinung* ist, die *Rechte* seines Gegners? Für mich liegt in dieser Forderung einer der wenigen wirklichen Fortschritte menschlicher Geschichte. Und gerade in diesem wichtigen Punkt hat die deutsche politische Geschichte mehr versagt als die anderer Staaten. Ich halte für einen Fortschritt der Menschen, daß wir eine Meinung ablehnen können und zugleich dafür kämpfen, daß der andere sie sagt. Für die Meinungsfreiheit auch des Gegners eintreten ist wohl eine der sonderbarsten, ja paradoxen Errungenschaften der Geschichte des Humanismus. Denn die gegnerische Meinungsfreiheit anerkennen, heißt zugleich, die Bedeutung und die Durchsetzbarkeit der eigenen Ideen grundsätzlich etwas einschränken. Ich nehme gern für jede meiner Ideen diese grundsätzliche Einschränkung in Kauf. «Ich finde Deine Meinung zum Kotzen, aber ich werde dafür kämpfen, daß Du sie äußern darfst.» Wenn wir uns darüber einigen können, daß dieses Prinzip nicht nur eine der großen «Errungenschaften» ist, sondern daß es zugleich auch der Kerngedanke unserer Demokratie ist, werden meine Befürchtungen leichter verständlich. Ich behaupte, daß dieses Grundprinzip seit Beginn der Bundesrepublik sich nie hat richtig entfalten können, daß es von Anfang an gebremst wurde und daß es nach einer kurzen Phase der Toleranz unter Heinemann und Brandt inzwischen wieder kaputtgeht. Heute ist es wieder so wie in den fünfziger Jahren. Wer die Meinungs*freiheit* des anderen verteidigt, dem wird unterstellt, er verteidige die *Meinung* des anderen und mache sich diese zu eigen.

Das aber ist der Beginn der Auflösung der Demokratie zugunsten einer anderen autoritären Staatsform. Wie oft ist mir auf öffentlichen Veranstaltungen zum Thema Berufsverbot entgegengehalten worden, daß ich ausgerechnet Kommunisten verteidige, ließe doch tief blicken. Das Verteidigungsprinzip der pluralistischen, auf Toleranz gegründeten Gesellschaft hat sich nie richtig durchsetzen können, heute ist es am zerbröseln. Das hat eine Reihe von Gründen:

– Dieses Prinzip ist in der deutschen Gesellschaft nie richtig akzeptiert worden. Denn es würde einen festen Staatsbürgerbegriff voraussetzen. Alle, die dazu gehören, zu den Deutschen, haben das Recht auf unterschiedliche Meinung. Bis heute gibt es keine von Ideologien freie Staatsbürgerschaft in Deutschland. Ebenso wie im 19. Jahrhundert in der Kleinstaaterei, kann der Meinungsabweichler «ausgebürgert» werden. Von Ost nach West faktisch, von West nach Ost gedanklich: «Geh doch gleich nach drüben!» So was hat es in der französischen und dänischen Geschichte nie gegeben.

– Das Prinzip selbst ist paradox, warum soll ich meinem Gegner erlauben, seine falsche und «gefährliche» Meinung zu sagen. Ein paradoxes Prinzip aber läßt sich nicht einfach lehren wie eine mathematische Formel, sondern es muß in seiner humanen Weisheit erlebt und erkämpft worden sein – dieses Prinzip ist nie in einem innerdeutschen geistigen Kampf «Sieger» geworden.

Das sind einige der Gründe, die mich so allergisch reagieren ließen, als der Brief nicht befördert werden sollte oder als ich von dem Zelt in Brokdorf hörte. Vielleicht haben auch Sie sich gefragt, wie zynisch muß ein Regierungspräsident sein, der einige hölzerne Spielplatzgeräte abreißen läßt, weil sie nicht in die Landschaft paßten, in eben jene Landschaft, in der nach Regierungswillen schon bald mit dem Bau der Wiederaufbereitungsanlage begonnen werden soll, einem der größten Industriekomplexe der Bundesrepublik. Das jedenfalls brachte ein höherer Beamter in Lüneburg fertig, als er nach Mitteln suchte, um einen von der Bürgerinitiative Gorleben gebauten Spielplatz loszuwerden. Er scheint rechtmäßig gehandelt zu haben, aber er hat den Geist der Demokratie und ihre Bürger verspottet.

Seien Sie, dies ist die herzliche Bitte eines Post- (und Telefon-) kunden, künftig besonders wachsam, wenn Ihnen etwas zu tun abverlangt wird, was sich gegen Ihre Mitbürger richtet. Seien Sie besonders wachsam, wenn dafür die Begründung gegeben wird, alles sei rechtsstaatlich abgesichert. Im übrigen wissen Sie ja, Sie müssen jederzeit eintreten für die freiheitlich-demokratische Grundordnung. Und zu dieser Ordnung gehört, daß dieser Staat ein Kind der Verfassung ist. Er darf die Freiheitsrechte seiner Bürger nicht beeinträchtigen, auch dann nicht, wenn er sich die Rechtfertigung aus den Gesetzesbergen zusammenbastelt.

Mit freundlichen Grüßen
Freimut Duve

IV. Ein furchtbarer Jurist

Rolf Hochhuth

Parteien und Autoren

Antwort auf Dr. Helmut Kohls «Ehrenerklärung der CDU für Filbinger»

> «Man kann Filbinger aus dem, was er bei Kriegsende unter den damaligen Verhältnissen getan hat, keinen Vorwurf machen. Aber man führt mit Ratten und Schmeißfliegen keine Prozesse.»
>
> Dr. h. c. Franz Josef Strauß in der *Frankenpost* vom 31. Juli 1978 über *Die Zeit* und Hochhuth

Basel, Sommer 1978

Sehr geehrter Herr Dr. Kohl,

wie mir leider erst kürzlich bekannt wurde, soll dank einer Beschwerde des Baden-Württembergischen Staatsministeriums oder der Stuttgarter CDU, sofern die nicht identisch sind, aus dem Südwestfunk Baden-Baden ein Reporter hinausgeworfen werden, weil er es versäumt habe, sich beim Publikum zu entschuldigen, daß er mir in einer Regional-Abendschau nach meinem ersten Prozeßtag nicht Einhalt gebietend ins Wort fiel, als ich sagte, Herr Filbinger haben den Matrosen Gröger «umgebracht».

Nun, es ist nachzuweisen, daß ich – wie immer – so schnell sprach, daß der Interviewer technisch gar keine Möglichkeit hatte, mich zu «korrigieren». Doch abgesehen davon, daß dieser junge Mann tatsächlich noch unschuldiger an dieses Wort geriet als die Jungfer ans Kind: Warum soll man nicht sagen dürfen, Filbinger habe seine Opfer umgebracht? Sie sind Jurist, Dr. Kohl, so nehme ich die Gelegenheit wahr, kostenlos eine Belehrung zu erwerben: *wer*, wenn nicht der «Feuer!» rufende «Leitende Offizier des Vollstreckungsverfahrens», zu dem Filbinger sich selber ernannt hatte, nachdem er es schon war, der als Vertreter der Anklage das Todesurteil gefordert hat – *wer* sonst hat Gröger umgebracht?

Etwa die zehn Matrosen am Drücker, die auf Filbingers «Feuer»-Befehl abdrückten?

Da haben wir sie wieder, die Lebenslüge der bundesdeutschen Justiz: jedermann findet hierzulande normal zu sagen, Eichmann habe Millionen Juden umgebracht – obgleich er als der Chefspediteur zu den Gaskammern nachweislich keines seiner Opfer auch nur berührt hat mit eigener Hand. Jedermann findet es in Übereinstimmung mit der bundesdeutschen Justiz normal, diesem und den anderen Killern in der SS deren Berufung auf «Befehlsnotstand» vor deutschen Gerichten, sofern die zufällig einmal vor eines geraten, streitig zu machen – doch ist ja gar nicht daran zu zweifeln, daß mindestens seit Februar 1942 der Befehl an die SS, alle jene Juden sofort zu töten, die nicht «zur Vernichtung durch Arbeit ... selektiert» wurden, eindeutig war. Er war festerbindend für die SS als es für Hitlers Militär-Juristen die Wehrmachtsgesetze über Fahnenflucht gewesen sind. Ließ doch Hitlers Weisung vom August 1940 über die Behandlung von Fahnenflüchtigen den Richtern durchaus die Freiheit, Angeklagte wie Gröger so zu behandeln wie ihn Marinerichter Neumann behandelt hat, der dem Matrosen bekanntlich acht Jahre Haft für jenes Delikt gab, für das dann Filbinger ihn in den Tod kommandierte. Was ich da sage, wurde eindeutig auch von dem Stuttgarter Gericht am 23. Mai dieses Jahres bestätigt. Die *Frankfurter Allgemeine* druckte am 11. Mai auf Seite 6 unter der Überschrift «Rechtmäßige Weisung des Gerichtsherrn» – diese Überschrift war ein Zitat aus dem juristischen Gutachten nicht des Nazi-Gerichtsherrn, obgleich sie sich so las, sondern des Filbingerschen Staatsministeriums –, und druckte auf Seite 8 unter der Überschrift: «Zeugin erkennt SS-Aufseher des Lagers Majdanek wieder» zwei «Geschichten» aus der Hitlerzeit, die auf eine schauerliche Weise an Hand zweier Schicksale illustrieren, welche egoistischen und unerhört heuchlerischen Unterscheidungen die bundesdeutsche Justiz trifft zwischen jenen Befehlsempfängern Hitlers, die ihresgleichen waren, nämlich Juristen wie Filbinger, und jenen, die als nichtakademische Totschießer oder Vergaser die Hinrichtungen durchführten. Wer noch bei anständigen Professoren aus der Weimarer Republik studiert hatte, was Recht oder Unrecht sei, der durfte – so die *heutige* bundesdeutsche Interpretation – später dann für Hitler hängen, enthaupten, erschießen, sooft er sich angeblich «weisungsgebunden» fühlte wie Filbinger sich an Schniewinds Weisung gebunden gefühlt haben will, für den schon rechtskräftig zu acht Jahren verurteilten Gröger doch noch die Todesstrafe durchzusetzen! Keinem einzigen dieser sich heute oft nicht einmal auf das damalige «Recht», nicht einmal auf das Gesetz, sondern nur auf «Weisungen» herausredenden Juristen, doch nur wenn sie Juristen waren, ist nach 1945 irgend etwas Nachteiliges deshalb geschehen; höchstens der humane, inzwischen ermordete Richter Drenkmann suchte sie auf, um ihnen kollegial nahezulegen, sich doch (und natürlich mit voller Pension) ein wenig vorzeitig in den Ruhestand zu begeben wegen der schaudervollen Todesurteile, die sie für Hitler vollstreckt hatten. Jedoch: hatte einer *nicht* Jura studiert, sondern war als Militärpflichtiger irgendwo hineinbefohlen worden als Mitmacher in ein Massaker oder ein KZ: *dann* war er der Justiz unseres – wie er sich selber pausenlos nennt – «freiheitlich-demokratischen Rechtsstaates» gerade gut genug als Beweismittel gegenüber dem Ausland, daß hierzulande Gerechtigkeit gespielt werde. Zu den *Militär*-Richtern jedoch, deren einer Filbinger war: ist kein unbescholtener Justizkollege wie Drenkmann nach dem Krieg hingegangen, um ihnen nahezulegen, sich pensionieren zu lassen – obgleich die Hitlersche Militärjustiz die entsetzlichste war, von der die Weltgeschichte weiß: das soll sich einprägen, wer ermessen will, welchen niederträchtigen Zynismus das Filbingersche Staatsministerium heute zur Schau trägt in seinem Kommentar vom 10. Mai!

Filbingers Ministeriums-Gutachter lassen sich noch heute diesem Matrosen, der übrigens auch ein Deutscher war wie die ungefähr sechzehntausend anderen Soldaten, die deutsche Militärrichter totgemacht haben in Hitlers Armee; ich erinnere daran, weil mir jetzt oft vorgehalten wird, ich würde auf den «guten Deutschen» Filbinger den Schmutz werfen, den er in Norwegen zum Beispiel auf Gröger warf, als er zwei Stunden vor der Hinrichtung dem 22jährigen noch einmal umständlich vorlaß, er sei «auf Lebenszeit» ehrlos geworden – noch heute läßt Filbingers Ministerium die mildernden Umstände nicht gelten bei seiner Beurteilung dieses «Falls», die einst die Richtlinien Hitlers vom August 1940 und deren Auslegung sogar durch den berühmt mitleidlosen Oberbefehlshaber der Kriegsmarine noch vom 1. September 1943 – einem Richter zur Verfügung stellten! Wer die «Auslegung» der Filbinger-Tat durch sein heutiges Staatsministerium liest – der sucht darin vergebens nach jener Humanität, jenem Verständnis, die sich – vergleichsweise – in den Definitionen Hitlers vom August 1940 und deren Kommentierung durch Dönitz nach 1943 finden: «Ob die Todesstrafe in allen Einzelfällen angebracht ist, darüber muß zunächst der Richter entscheiden. Die Richtlinien des Führers lassen dieser Entscheidung einen so weiten Spielraum, daß es jedem Richter der Kriegsmarine möglich ist, in seinem Urteil die Erfahrungen zu berücksichtigen, die zu dem Erlaß des Oberfehlshaber der Kriegsmarine (vom 27. April 1943) geführt haben.» Doch Filbinger machte – im Gegensatz zu dem anständigen Neumann und dem sehr humanen Pflichtverteidiger Dr. Schön – keinen Gebrauch von diesen Möglichkeiten, obgleich er schriftlich hatte, daß der ehemalige Kommandant der «Tirpitz», Wolf Junge, der vor seiner Kommandierung auf das Schlachtschiff und nach seiner Abkommandierung von dort im Führerhauptquartier als 1. Marinestabsoffizier jahrelang Dienst machte, sicherlich also keinen «Gesinnungsverfall» an den Tag legte, das Urteil von acht Jahren für Gröger als richtig erkannt hatte! Hätte Filbinger sich also berufen auf diesen – neben Admiral von Puttkammer – intimsten Mitarbeiter Hitlers in der Marine, er würde sich allenfalls einen unerquicklichen Disput mit Schniewind zugezogen haben, als dieser Scharfmacher, der vorsichtshalber kurz vor seinem Tode seine Akten noch verbrannt hat, von ihm verlangte, den zu acht Jahren Verurteilten totzumachen. Was immer dieser Disput «erbracht» hätte: Zeitgewinn zweifellos – und Zeitgewinn war damals die Rettung! Doch Filbinger kann Rettung nicht eine Minute gewollt haben. Hat er ja noch – in einem anderen Fall – am 19. Juli 1945, als Hitler schon fast drei Monate verbrannt war, schriftlich gegeben, ein Matrose, der sich nach Hitlers Tod in die Büsche geschlagen, aber dann das Pech hatte, von den Briten eingefangen und damit – auch eingefangenen – deutschen Marinerichtern ausgeliefert worden zu sein, die ja groteskerweise noch in britischer Gefangenschaft alle Sorten von Urteilen, sogar Todesurteile gegen deutsche Mitgefangene aussprechen und in Einzelfällen auch vollstrecken konnten, wozu die Briten ihnen dann die Gewehre aushändigten – Filbinger befand, dieser Mitgefangene sei «an sich . . . mit einer hohen Zuchthaus-, wenn nicht mit der Todesstrafe bedroht»! Beachten Sie das Präsenz, Herr Kohl – lange war es ja auch noch nicht her, daß Filbinger einen nur zu acht Jahren Verurteilten noch einmal vor Gericht geholt und dann die Todesstrafe gegen ihn durchgesetzt hatte . . .

«An sich» – schrieb er nun, resignierend. Denn das konnte am 19. Juli 1945 nur heißen: wenn nicht durch die Kapitulation am 8. Mai und durch die britische Besatzungsmacht jene deutsche «Gerechtigkeit», die Filbinger jahrelang mitgeübt hatte, jetzt dermaßen defätistisch verwässert und demokratisch entmannt worden wäre, daß nunmehr – wie furchtbar! – sogar schon solche Matrosen mit dem Leben davon -, ja: nicht einmal ins Zuchthaus kämen, die nach Hitlers Tod abgehauen waren, obgleich doch Dönitz erst acht Tage später kapituliert hatte!

Als dann dieser Matrose – heute ein Amtmann in der Bundesrepublik, der nicht genannt werden will, was in unserem Staate leider so verständlich ist, am 20. August 1945 «aus dem Wehrmachtsgefängnis Vaagardsmoen, wo er sich jetzt befindet, einen Ausbruch gemacht» hat, jedoch von den Briten wieder eingeliefert worden war, so daß er abermals an seinen Büttel Filbinger geriet, schloß dieser Marinestabsrichter einen Amtsbrief über diesen bei ihm Inhaftierten, der eine ablehnende Stellungnahme eines vorgetragenen Gnadengesuchs begleitete, mit den fürchterlichen Sätzen: «Die Tat des Verurteilten (unerlaubte Entfernung) wäre normalerweise als Fahnenflucht mit dem Tode oder mit hoher Zuchthausstrafe geahndet worden. Sechs Monate sind als ungewöhnlich milde Strafe zu betrachten.»

Das schrieb der unbarmherzige Scherge Filbinger, lesen Sie noch einmal das Datum, Herr Kohl: am 6. September 1945, also im fünften Monat nach Hitlers Tod, lange nachdem auch die Dönitz-Regierung schon zum Kriegsverbrecher-Prozeß abgeführt worden war! «Normalerweise mit dem Tode geahndet»: und er verschweigt in seinem Begleitbrief, daß dieser zum Matrosen Degradierte – auch das verschweigt er, daß der Mann neben den sechs Monaten Haftstrafe auch noch degradiert worden war – sich überhaupt erst entfernt hatte von seiner Truppe und zu seiner norwegischen Frau gegangen war, als Hitler bereits tot war.

Was sollte dafür sprechen, daß Grögers Tötung einem solchen furchtbaren Marinestabsrichter problematisch war? Und wenn: warum hätte er dann, wozu er durchaus nach Nazi-«Recht» befugt war, darauf verzichtet, das nach Berlin zur Begutachtung und Bestätigung eingesandte Todesurteil mit einer Befürwortung des Gnadengesuchs zu begleiten? Filbinger hat aber nicht darauf verzichtet – sondern hinzugesetzt: «Binnen einer Woche!» um die Entscheidung zu beschleunigen, so daß seine Auslassungen heute, in der *Zeit* vom 2. Juni 1978, er habe damals die Vollstreckung vom 27. Februar 1945 auf den 16. März verschoben, sehr unglaubhaft sind: ist doch aus dem am 15. März bei ihm eingegangenen Schreiben, das in Berlin am 25. Februar abgegangen und das die Bestätigung des Telegramms vom 23. Februar über die Ablehnung des Gnadengesuchs war, deutlich abzulesen, daß im Berliner Oberkommando nicht das Fernschreiben vom 23. Februar, sondern erst dieser Brief mit den Akten vom 25. Februar die Vollstreckung anordnete! Warum sonst hätte der Oberbefehlshaber darin geschrieben: «Ich ordne die Vollstreckung des Urteils an»? Warum hat Filbinger nichts getan, dem Oberkommando das rührende – wenn auch ihn nicht rührende – Leumundszeugnis des Hauptmanns Balzereit, des letzten Vorgesetzten des dann zum Tode Verurteilten, zur Kenntnis zu bringen? Oder sich – wie gesagt – auf den Marine-Verbindungsoffizier Junge in Hitlers Hauptquartier und dessen Bestätigung des ersten, des acht Jahre Hafturteils für Gröger – wenn vielleicht vergebens, doch zeitgewinnend –, zu stützen? Auch müssen Filbingers aktuelle und für ihn heute politisch überlebensnotwendigen Beteuerungen, seelisch zu leiden unter dem, was er mit Gröger anstellte, in ihrem Wahrheitswert bemessen werden an der Tatsache, daß Filbinger sich nicht einmal mehr *erinnern* konnte an Gröger, als ihm der Jurist der *Zeit*-Redaktion, Herr Dr. Schüler, und die drei Reporter des *Spiegel* fairerweise vor der Veröffentlichung mitteilten, ich hätte ihren Redaktionen zu meiner Verteidigung die Gröger-Akte gegeben. Einer meiner Anwälte, Herr Dr. Senfft, sagte denn auch im Gerichtssaal, *er* könne sich durchaus noch an den ersten Toten erinnern, den er in seinem Leben vor Jahrzehnten gesehen habe – «obwohl der da in Berlin auf der Straße lag und nicht *ich* seine Tötung gefordert und bewerkstelligt hatte». Filbinger hat sich Grögers nicht einmal erinnert! Egon Bahr fragte neulich: Wie viele Todesurteile muß ein Mensch unterschrieben haben, damit er eines vergessen kann?

Filbingers tiefgefrorene Gemütlichkeit entspricht Zeile für Zeile das Gutachten des Filbingerschen Staatsministeriums, wenn es ungerührt Wendungen benutzt, wie: «Nach damaligen wie nach heute geltendem Recht macht sich derjenige strafbar, der die Vollstreckung eines Strafurteils . . . schuldhaft verzögert. Das Delikt der sogenannten Begünstigung im Amte war und ist ein Verbrechen» – dergleichen steht auf Seite 6 derselben *FAZ*-Ausgabe, die auf Seite 8 über Szenen im Majdanek-Prozeß berichtet: wie käme da im Gericht wohl ein SS-Killer weg, der wahrheitsgemäß behauptete, ebenso wie Filbinger seine Befehle gehabt zu haben? Aber das ist nicht das ekelhafteste, sondern dies: daß heute das Stuttgarter Staatsministerium, wenn es absolut bedenkenlos «Nach damaligen wie nach heute geltendem Recht» schreibt, offenbar nicht eine Minute angekränkelt ist von der Frage, ob denn überhaupt Recht sein konnte, was der Verbrecherstaat Hitlers durch seine Filbingers hinrichten ließ: sechzehntausend deutsche Soldaten, die sicherlich ebenso vielen noch gar nicht mitgerechneten, die Hinrichtungsaufschub bekamen, indem sie «begnadigt» wurden zur Strafkompanie; auch nicht eingerechnet die ungefähr zehntausend sogenannten «Selbst»-Mörder. Zum Vergleich, denn man kann das nicht genug betonen, weil wir Deutschen, das Land mit der größten Buchproduktion der Welt, bis heute kein einziges Buch über diese Tragödien unserer Mitbrüder besitzen: die kaiserliche Armee ist in vier Weltkriegsjahren mit 48 Hinrichtungen «ausgekommen»; die amerikanische hat von zehn Millionen Soldaten im Zweiten Weltkrieg einen (1) wegen Fahnenflucht hingerichtet! Die Ruchlosigkeit – übrigens auch gegenüber den Angehörigen –, mit der Filbingers Staatsministerium angesichts solcher Vergleiche noch heute «für rechtens» erklärt, was da geschah; die bedenkenfreien Wendungen dieser Stuttgarter Behörde, die belegen, daß ihre Denkweise bis zur Ununterscheidbarkeit die gleiche geblieben ist wie zu den Zeiten, als Deutschland sechzehn deutsche Bataillone selber umbrachte – können einen nur mit Trauer und Resignation schlagen.

Da nun dieses Staatsministerium es gewesen ist, das zuerst loszeterte gegen den Südwestfunk-Reporter, weil der mich nicht rügte, als ich die pflichttreue, fürsorgliche, hitlerfromme, patriotische Dienstleistung seines Landesvaters, an der dann Matrose Gröger «verstorben» ist –: «umbrachte» genannt habe, so will ich vorsichtshalber *Ihnen*, lieber Herr Kohl, diesen Mann anempfehlen! Bitte, legen *Sie* doch ein Wort ein bei Ihrem ehemaligen Assistenten Hilf, dem heutigen Intendanten zu Baden-Baden, für den jungen Reporter, der zur Zeit seiner Untat nicht älter war als der momentan noch regierende Filbinger zu der Zeit gewesen ist, als er in rüdestem Nazi-Rotwelsch schriftlich und öffentlich forderte, «Schädlinge am Volksganzen . . . unschädlich» zu machen; und triumphiert hat: «Erst der Nationalsozialismus schuf die geistigen Voraussetzungen für einen wirksamen Neubau des deutschen Rechts.»

Nun ließ ja Dr. Filbinger, zwei Tage nachdem bekannt geworden ist, daß er selber als Student ein Radikaler war, der 1935 vehement «eine radikale Änderung des bisher geltenden» Reichsstrafgesetzbuches der liberalen und humanen Bismarck-Ära zugunsten eines nationalsozialistischen gefordert hat, in Stuttgart ein Toleranz-Edikt ausrufen gegenüber den «Jugendsünden und Jugendeseleien» von Bewerbern für den öffentlichen Dienst. Also könnte ich meine Eingabe, den jugendlichen Südwestfunk-Reporter nicht meinetwegen aus dem Dienst zu jagen, auch an Filbinger richten. Doch werden Sie verstehen, Herr Dr. Kohl, daß ich sicherheitshalber dieses Gnadengesuch an Sie sende, weil man erstens weiß, wie Filbinger Gnadengesuche behandelt, sogar wenn es um Leben oder Tod geht; und weil zweitens die gar zu termingerecht nun selbst in Stuttgart ausgebrochene Toleranz wiederum schon ihre strikte Grenze dort findet, wo ein Reporter im Studentenalter «Gesinnungsverfall» gegenüber seinem Ministerpräsidenten zwar nicht selber bekundet; das hat ja der junge Mann mit keiner Silbe getan, sondern wo er ihn einem Prozeßgegner seines Landesvaters vor der Kamera ungerügt «durchgehen» läßt ... Wäre dem nicht so, der Reporter müßte nicht fürchten, unter dem Vorwand, er sei ja ohnehin kein Beamter oder fest Angestellter, jetzt um seinen Job gebracht zu werden ...

Doch hatte ich sowieso vor, Ihnen zu antworten auf Ihre namens der ganzen CDU veröffentlichte «Ehrenerklärung» für Filbinger, weil sie Fragen aufrührt, die weit über das Persönlich-Gerichtliche hinausgehen.

Zunächst darf ich Ihnen versichern, daß Ihre Unterstellung, beim Streit um den Stuttgarter handle es sich um eine mit den Herren Brandt und Bahr «von langer Hand vorbereitete ... Gesamtstrategie» eine freie, doch nicht faire Erfindung ist: bevor ich fünf Tage vor der Veröffentlichung dem *Spiegel* meine Darstellung der Hinrichtung Grögers nach Hamburg sandte, hatte ich mit keinem Menschen in der SPD, der FDP oder einer Redaktion ein Wort gewechselt über meine «Strategie», Filbingers Drohung abzuwehren. Ich hätte diese Matrosen-Tragödie gern aufgehoben für mein Juristendrama, anstatt sie durch Zeitungen zerschwätzen zu lassen, bevor ich sie auf die Bühne bringen konnte. Doch hat Filbingers (natürlich gescheiterter) Versuch, mir durch Schweizer

Polizisten seine Drohung zustellen zu lassen, ich solle ihm «Ordnungsgeld bis zu 500000 DM zahlen», ersatzweise Haft; und sollte unterschreiben, niemals darüber zu sprechen – mich leider doch gezwungen, Grögers Tragödie zu meiner Verteidigung in einem *Spiegel*-Aufsatz zu vernutzen. Zwar haben die Schweizer Behörden mir Filbingers Brief gar nicht zugestellt – die sind ja überhaupt sehr leichtfertig: niemals suchen sie meinen Namen im Fahndungsbuch, wenn ich in die Schweiz reise, ja möglicherweise haben sie im D-Zug gar keines dabei; während unsere deutschen Zöllner fast *nie* versäumen, wenn ich ihnen meinen Paß zeige, im Fahndungsbuch nachzuschlagen; sie haben den Namen irgendwo gehört, können sich aber, da sie nie ein anderes Buch lesen, nur vorstellen, ihn aus dem Fahndungsbuch zu kennen – ich habe also diese Gröger-Geschichte weder mit den «Roten» (ich bin keiner: was Sie auch nicht für möglich halten werden) abgesprochen noch sonst mit wem. Mit wem dagegen Filbinger seine «Strategie» absprach, das weiß ich nicht. Ich würde jedenfalls, hätte ich einen Toten in der Wohnung, von dem niemand weiß und an dessen Sterben ich nicht ganz unbeteiligt war, *nicht* auf den Balkon treten und mit Blumentöpfen auf einen Passanten werfen, der ein wenig zu scharf zu mir heraufgeschaut hat. Daß Filbinger demnächst den Zylinder nehmen muß, und der wird ihm gut stehen und eine soziale Härte ist das ja auch nicht, erhält doch in unserer famosen Republik zum Beispiel der Präsident sogar nur des Bayerischen Landtages schon monatlich 23670 DM Pension, nachdem er 100000 DM «Übergangsgeld» in diese Pension kassierte, während Grögers Mutter wegen ihres erschossenen Sohnes «natürlich» keinen Groschen erhält – wenn also nach einer Anstandsfrist, um sein lächelndes Gesicht nicht zu verlieren, Filbinger demnächst auszieht aus Villa Reitzenstein, so verdankt er das allein dieser seiner Drohung, «Ordnungsgeld bis zu 500000 DM» bei mir eintreiben zu wollen. Die zwang mich zu kämpfen! Sonst hätte Matrose Gröger, der ja dank des heutigen Landesvaters schon seit 33 Jahren den Mund hält – ihn auch durch mich jetzt nicht aufgemacht. Vielleicht nie aufgemacht: werden doch literarische Pläne viel seltener realisiert als sie die Phantasie beschäftigen ...

Also, Herr Kohl, ob Sie das nun glauben oder nicht: da ist keine Verschwörung, keine Gesamtstrategie «von langer Hand»! Da ist bei mir nur Erstaunen, wie leichtfertig Sie erstens im Namen der halben Nation – der CDU-Wähler – Ehrenerklärungen abgeben für einen Menschen, der in seiner Eigenschaft als CDU-Mann doch weder mein Gegner ist noch den Prozeß-«Gegenstand» lieferte, um den allein es geht; schließlich ist ja nicht nur die Mutter des Erschossenen eine treue CDU-Wählerin, vermutlich wollen doch auch viele Baden-Württemberger nicht ungefragt eingeschworen werden von Ihnen auf diese Filbinger-Tat – wollen aber trotzdem CDU-Leute bleiben. Und tragen Sie keine Bedenken, die nie genannten Sechzehntausend – wahrlich eine «Dunkelziffer» unserer Geschichte – für die jetzt Gröger aufstand gegen seinen Staatsanwalt von damals: diese Verurteilten abermals zu verurteilen, wenn Sie, obgleich Jurist, ohne einen Blick in Grögers Akte zu tun, «befinden», Filbinger habe ihm Recht gesprochen? Und schließlich, was auch mich betrifft, der ich als Hesse aufgewachsen bin: was, vermuten Sie, sollte mir bis heute die Illusion gelassen haben, nachdem nun fast dreißig Jahre die SPD in meinen Heimatländchen die Alleinherrschaft hat, es komme noch so sehr darauf an, welche der zwei Parteien dort regiere? Längst sind wir doch fast alle schon der Meinung, daß nur mehr der *Wechsel* entscheidend ist, nur mehr die Tatsache, daß nicht *einer* von ihnen, sei es Herr Schmidt, seien es Sie, sei es Börner, sei es Dregger, zu lange «dran» ist, sondern keiner länger als fünf oder sieben Jahre! Woher nehmen Sie überhaupt Ihre feindselige Ansicht, jeder Schreiber sei – weil er schreibt – ein so miserabler Demokrat, daß er den Willen der Hälfte seiner Landsleute, also der CDU-Wähler, mißachte? Eine Projektion von Ihnen: Warum sollte unsereiner so feindselig wie Sie den Autoren einer Partei gegenüberstehen, die zwar er selber nie gewählt hat, die aber doch von manchem seiner Freunde, von vielen seiner Verwandten gewählt wird und die so respektable Persönlichkeiten wie Leisler Kiep, wie Weizsäcker, Höcherl, Köppler zur Wahl stellt? Erstaunt war ich, wie kenntnislos Sie einen abschieben in eine extremestische Schublade, in die keine einzige seiner Schriften je gepaßt hat – im Gegensatz zu der Nazi-Schrift Filbingers aus dem Jahre 1935! Hat doch schon mein Aufsatz ‹*Der Klassenkampf ist nicht zu Ende*›, der 1965 den Kanzler Erhard veranlaßte, mehrfach von meiner «Idiotie» zu sprechen, klar abgegrenzt, daß ich ein linker Liberaler war und bin – einer, der begründete, warum es für das Lohntüten-Individuum schnuppe ist, ob das «Volks»-Vermögen zweihundert Familien gehört oder zweihundert Mitgliedern des ZK – also dem

Staat. Daß ich dagegen Freiheit für jedermann nur im Miteigentum sehe, in der Streuung des Besitzes an alle, also ein eindeutig liberales, antimarxistisches Konzept, wie es ja der linke Flügel der CDU schon seit vielen Jahren wesentlich überzeugender vertritt als die SPD in ihrer Angst vor den Gewerkschaften, die Gegner des Mit*eigentums* sind, weil sie fürchten, daß dann für ihre Funktionäre kein Raum mehr für Mit*bestimmung* bleibt! Doch, wie schon Wedekind schrieb, ich machte es in meinem Taschenbuch ‹*Krieg und Klassenkrieg*› zum Motto: «Ein Schriftsteller, was er politisch auch schreibt, in Deutschland ein Schuft unter Schurken bleibt.»

Dieses Vorurteil zu erhärten war und ist der wesentliche Beitrag der CDU zum liberalen Geistesleben in der BRD – ob nun Ihr zweiter Außenminister sich feierlich im Deutschen Bundestag beim Vatikan entschuldigt, daß ich ein Deutscher bin oder ob Filbinger zwei Dorfschnulzen zu der «Zivilcourage» beglückwünscht, der linienfromm katholischen Biographien der Therese Konnersreuth und großen Erzählerin Luise Rinser Auftrittsverbot erteilt zu haben! Ich schrieb voriges Jahr im Nachwort zu Flakes ‹*Freiheitsbaum und Guillotine*›: «Als er starb, dieser Dichter des badischen Landes, am 10. 11. 1963, da war nicht einmal ein Vertreter der Regierung des Ministerpräsidenten Kiesinger zu erblicken auf dem Friedhof; sie schickte ihren Kranz per Fleurop, diese mit Storz geistverbundene Regierung des ach so literaturfreundlichen Herrn Kiesinger, der später als Kanzler wehklagte, er wisse nicht, welche deutschen Literaten er dem Präsident Nixon (Nixon hatte darum gebeten, sonst wäre in Bonn keiner auf die Idee gekommen) vorstellen solle, denn von der Gruppe 47 abgesehen und deren ‹rechtem Flügelmann Grass› gäbe es ja hierzulande fast nur ultra-linke Autoren! Damals – Kiesinger klagte das am 10. 3. 1969 – lebte noch Altmeister Erich Kästner, die Kaschnitz lebte und Eich und Nossack und Koeppen, in Zürich Mehring, Golo Mann, Kesten: nur hatte Bonn ihre Namen noch in keinem Computer; Literaten werden vermutlich nur «gespeichert», wenn ihre Telefone dem Abhördienst als interessant denunziert worden sind. Aber wenn auch Kiesinger die Genannten nicht kannte und in frommer Übereinstimmung mit dem Vorurteil, Dichter seien «links», nie Franz Werfels Erfahrungen machte: «Dichter sind altmodische Menschen», die meisten sind keineswegs links – so wußte doch immerhin Kiesinger, daß die ebenso bedeutenden wie konservativen Gebrüder Jünger in dem Land lebten, das er lange regiert hatte. Aber Ernst Jünger vorzuzeigen, dazu war er offenbar zu feige: dafür hätte er etwa in der *Frankfurter Rundschau* angepöbelt werden können! Dabei schätzte er Jünger: was es um so aufschlußreicher macht, daß er ihn nicht nannte in seiner Klage, die nur belegt, daß Bonn keine Einstellung zu seinen Devisenbringern des Geistes findet. Man darf vermuten, daß er auch den Namen des *einen* Epikers des Badischen Landes, Flake, nie zur Kenntnis nahm ... Höcherl war der einzige deutsche Politiker, der Flakes Tochter kondoliert hat: jedes Jahr entfernt die Bundesrepublik sich um weitere 365 Tage von der Aufklärung ...»

Es geht also hierzulande den Klassikern nicht anders als den noch lebenden Pinschern Erhards. Brentano verglich im Bundestag Brecht mit Horst Wessel. Thomas Mann schrieb vier Tage nach seinem achtzigsten Geburtstag im letzten Brief an Hesse: «Aber gesagt will sein, daß auch ein gemessenes Telegramm von dem deutschen Minister des Innern, Schröder, kam. Er muß die Erlaubnis dazu Adenauern in einer ernsten Unterredung abgerungen haben.» Als ich den 84jährigen Jaspers fragte, wieso er eine solche Genugtuung empfinde, noch Basler Bürger geworden zu sein, sagte er: «Weil ich als Bürger s-terben will – nicht: als S-taatsfeind. In Deutschland galt ich sechzig Jahre lang als S-taatsfeind.»

Warum ist das so, Herr Kohl? Warum verträgt die CDU sich sogar mit der SPD, wenn es darum geht, den Geist der Aufklärung zu schmähen? In Düsseldorf nicht den Namen Heine, in Oldenburg nicht den Namen Ossietzky für die Universitäten zu «genehmigen», was für uns Deutsche eine Schande, für Ausländer ein Gelächter ist! Bis zu seinem Tode konnte die Lübecker CDU dem Autor der ‹*Buddenbrooks*› nicht verzeihen, daß er Lübeck in die Weltliteratur eingeführt hat, und verweigerte dem Senatorensohn die (dann wenige Wochen vor seinem Tode von SPD und FDP erzwungene) Ehrenbürgerschaft! Warum darf das Gymnasium zu Oldenburg, in dem Karl Jaspers sein Abitur machte, nicht nach ihm benannt werden, der sich noch mit 83 Jahren für uns alle abmühte, indem er sein radikalstes Buch schrieb: ‹*Wohin treibt die Bundesrepublik?*› Jaspers erzählte mir, daß de Gaulle, den er wegen dessen Anglophobie leise verachtete, auf die drängenden Ratschläge, seinen innenpolitischen Hauptgegner Sartre zu verhaften, die Antwort gegeben hätte: «Auch Sartre ist Frankreich!»

Und Jaspers fragte mich: «Können Sie sich einen einzigen deutschen Politiker vorstellen, der eine solche Formulierung fände?»

Können Sie das, Herr Kohl? Deutschland hat keinen Sartre, sowenig es einen de Gaulle besitzt: und doch, vergleichen Sie de Gaulles Vokabular mit dem von Dr. h. c. Strauß, der demnächst Ministerpräsident jenes Landes ist, das bis 1914 neben London das wegweisende Zentrum des europäischen Geistes war! Goebbels nannte 1941 im «Reich» die Juden «Flöhe» – Strauß nennt 1978 in der *Frankenpost/Selber Tagblatt* Redakteuere und Schriftsteller «Ratten und Schmeißfliegen». Ist das, was diese beiden Politiker unterscheidet, die Tatsache, daß der Erstgenannte auch noch hinzuzusetzen damals schon «ermächtigt» war, gegen die sogenannten Flöhe gäbe es nur *ein* Mittel; und daß Strauß momentan dieses «Mittel» noch nicht hat gegen Ratten und Schmeißfliegen? Seit Strauß mit dieser Formulierung sich so maskenfrei darbot wie noch nie zuvor, wissen die Redakteure der *Zeit*, die gegründet wurde vom einst führenden CDU-Mann Hamburgs, was sie sind in den Augen eines der drei machtvollsten Politiker unseres armen Vaterlandes, in dem man sich darüber zu wundern pflegt, daß es noch heute im Ausland auch so angesehen wird, wie Strauß aussieht . . . Und woher nimmt die CDU eigentlich die ihr eingefleischte Meinung, jeder, der schreibe, sei ein Mitläufer der SPD – oder gar linker Leute?

In den fünfzehn Jahren, in denen ich veröffentliche, hat meines Wissens niemals eine SPD-Zeitung wie *Vorwärts* (existiert die noch?) oder *Frankfurter Rundschau* oder *Welt der Arbeit* mich eingeladen, zehn Mark bei ihr zu verdienen. Warum sollten Autoren Sympathie haben für eine Partei, die zwar vollautomatisch auf den Springer-Konzern schimpft, selber aber, trotz vielleicht ja möglicher Hilfe durch die Milliardenvermögen der Gewerkschaften, total unfähig ist, eine lesbare Zeitung zu machen? Die SPD hat doch nie merken lassen, daß sie die Abneigung der Bebel-Mehring-Generation gegen jene, die sogar auch «linke» Kunst machen wie damals Hauptmann, überwunden hat! Wenn der SPD-Kanzler ein einziges Mal im Jahr vor dem ganzen Volk die Literatur erwähnt – so nur, um sie zu denunzieren: «. . . in einer ganz realistischen Weise, denn ich halte in der Politik überhaupt nichts von Poesie oder gar von Lyrik», tönte Schmidt in seiner Silvesterrede, womit er zwar nicht das von Wedekind formulierte Vorurteil, Autoren seien Schurken, vor fünfzig Millionen Gukkern erhärtet hat – aber jenes andere, ebenso verbreitete: Autoren seien politisch unmündige, realitätsferne Idioten! (Daß er das unabsichtlich getan hat, macht es natürlich schlimmer.) Der CDU-Botschafter verbot im New Yorker Amerika-Haus einen Hochhuth-Empfang, der SPD-Gaus in Ost-Berlin belästigt zwar in der Festwoche das Brecht-Theater mit Freikartenwünschen für seine Botschaft zu einer Hochhuth-Premiere – geht dann aber demonstrativ in der Pause weg, damit er ja nichts falsch macht: er ist zwar dagewesen, kann aber auch beweisen, wenn das gerügt wird, daß er vorzeitig fortging! (Käme er privat, würde mich amüsieren, wenn er faule Eier schmisse – doch als Repräsentant meines Landes?) So war ich noch froh, daß wenigstens die SED-Prominenz es über sich brachte, mein in Salzburg uraufgeführtes, im ganzen 95 Minuten dauerndes Stück zu Ende anzusehen! «Interpretiert» ein Ministerpräsident den ‹*Stellvertreter*›, so sagt er: H. habe in dem Stück «den Papst eine Art Judenmörder genannt». (Filbinger im *Schwarzwälder Bote.*) Bittet ein englischer Bühnenmann die Londoner Deutsche Botschaft um Subventionen zur Inszenierung und Tournee eines deutschsprachigen Dramas: kriegt er sein Geld – vorausgesetzt, das Stück ist nicht von mir! Dies alles «paßt» zu allen anderen Resultaten der Abwesenheit eines Kulturministers in unserer «Haupt»-Stadt, die seit bald dreißig Jahren die reichste Metropole ist, die je auf deutschem Boden war, die dennoch in diesen drei Jahrzehnten nicht *einmal* eine Inszenierung, eine Kunstausstellung, eine Denkmalsenthüllung gesehen hat, von der Deutsche oder gar Ausländer auch nur einen Tag redeten! Oder einen Film. (Ist doch die BRD der einzige Staat Westeuropas, der sich nicht schämt, schlechtere Filme zu machen als die Nazis.) Offenbar haben die Grundgesetz-Schneider Kultur deshalb aus Bonn ausgewiesen in (andere) Provinzen, damit – aus den Augen, aus dem Sinn – nicht noch mehr Persönlichkeiten wie einst der CDU-Böhm, der FDP-Heuss, der SPD-Carlo Schmid dort daran erinnern, daß es immerhin und lästigerweise *den* Bereich des Lebens, den sie verkörpern, auch gibt . . .

Nun weiß ich natürlich, daß Schreiber, Maler, Schauspieler, Bildhauer als Wählerpotential weniger sind als unerheblich – «nicht mal ignorieren» wäre demnach die richtige Haltung, Enthaltung der Politiker gegenüber solchen unnützen Existenzen. Einverstanden. Nur, lieber Herr Dr. Kohl: wenn dann ein Autor in Rechtshändel verstrickt wird, die mit der CDU so wenig zu tun haben wie Grögers Erschießung mit der CDU zu tun hat: warum muß dann der CDU-Boss, dem immerhin fünfzig Prozent der Nation als Wähler folgen und hundert Prozent in der *Tagesschau* zuhören – er spricht da ja nicht so lange –, ein Machtwort zugunsten des Gegners dieses Autors reden, obgleich dieser CDU-Chef als Jurist doch wissen sollte, daß er eigentlich nichts über ein Verfahren sagen kann, ohne *einmal* einen Blick in die Akten getan zu haben? Mein Richter Kiesl in Stuttgart ist bestimmt nicht der Mann, sich von Ihrer Ehrenerklärung beeinflussen zu lassen – dennoch war, was Sie redeten, als Eingriff in ein schwebendes Verfahren doch mindestens deshalb fragwürdig, weil sie einseitig die Partei meines Gegners nahmen, ohne erstens zu wissen, was der angestellt hat in Norwegen; und ohne zweitens der «journalistischen Sorgfaltspflicht», auf die doch sonst Politiker so heftig pochen, zu genügen und einmal bei Historikern oder auch nur bei mir anzufragen, ob da nicht vielleicht Vorfälle bekannt sind, die es nicht ratsam erscheinen lassen, fünfzig Prozent der bundesdeutschen Wähler, die nicht *darüber* abgestimmt haben, auf Marinerichter Filbinger einzuschwören!

Und, sehr geehrter Herr Kohl, «wie die Alten sungen» – glauben Sie im Ernst, ohne Ihren Vorgriff auf die Gerichtsentscheidung durch die Ehrenerklärung würde jetzt in Baden-Baden der Reporter bedroht? Oder würde in Stade ein Richter – was für Richter haben wir! –, als er Kommunisten wegen Beleidigung Filbingers verurteilte, gleich auch noch einmal den toten Gröger mitverurteilt – nämlich behauptet haben, nachweislich ohne einen Blick in Grögers Akte getan haben zu *können*, dieser Matrose sei zu Recht von Filbinger erschossen worden? Was haben die Opfer der Hitlerschen Militärjustiz diesem Richter getan, daß er solche Feststellungen trifft – die es dann schließlich verständlich machen, daß niemand in der BRD jemals dieses Thema: die sechzehn von Deutschen hingerichteten deutschen Bataillone anging, denn wenn Richter heute noch reden wie dieser in Stade, dann müssen ja die Angehörigen dieser Umgebrachten noch jetzt beschämt herumschleichen oder Gespräche über ihre Männer, Söhne, Väter, Brüder, Vettern vermeiden! Und doch waren diese Opfer der Militärrichter – im Gegensatz zu diesen – sogar im Nazi-Sinne meist «gute Deutsche», nämlich Frontkämpfer, bis sie endlich von Hitlers Militärjustiz-Maschinerie erfaßt wurden!

Glauben Sie, ohne Ihre Ehrenerklärung wäre es dazu gekommen, daß mir bis heute nicht eine einzige deutsche Tageszeitung, nicht eine einzige überregionale Fernsehstation in der BRD eine Zeile oder eine Minute zu einer Entgegnung eingeräumt hätten? Der Rowohlt Verlag bemühte sich, auch in meiner Heimat, dem angeblich «roten Hessen» zu erbitten, mich im Fernsehen einmal zu Wort kommen zu lassen – unmöglich! Wer nicht wie Filbinger ein Staatsministerium oder ein Parteipräsidium für sich sprechen lassen kann – den lassen auch unsere hochdotierten Feiglinge in den angeblich ach so kritischen Fernsehredaktionen von *Panorama* bis *Report*, von *TTT* bis *Aspekte* nicht zu Wort kommen! Und kann man ihnen verdenken, daß sie für ihre Posten fürchten, wenn sie hören, was dem völlig schuldlosen Reporter in Baden-Baden droht?

Ich käme auch nicht auf die Idee, mich – wie Filbinger unterm Schutzdach «seines» Staatsministeriums – hinterm PEN-Club zu verkriechen, dessen Mitglied ich bin. In der *Frankfurter Allgemeinen Zeitung* schrieb ein Anwalt einen Leserbrief: «Steht das gleiche Staatsministerium auch jedem sonstigen Bürger Baden-Württembergs in dieser Weise zur Seite, wenn er in einen ähnlichen Verdacht gerät? . . . Zahlt Filbinger auch für die Expertisen seines Staatsministeriums, da es doch wohl nur um seinen privaten Fall geht?»

Der Mann hat Illusionen. Und verwunderlich ist es auch, daß Sie, Herr Dr. Kohl, nicht sehen, daß hierzulande doch das Amt den Mann macht, nicht umgekehrt! Sonst wäre ja gar nicht denkbar, daß Filbinger «seinen» Staat, inklusive Sie, inklusive sogar die *Tagesschau* für sich reden und reden und reden lassen kann, ohne daß seinem Gegner, da der zufällig nur ein sogenannter freier – praktisch heißt das aber: ein vogelfreier – Schriftsteller ist, eine dieser Institutionen die Wortmeldung gestattet. Sie, Herr Dr. Kohl, Sie sollten darauf verzichten, von einer «Gesamtstrategie» und von «Linksextremismus» zu faseln, wo nichts ist als ein Schriftsteller, der ‹*Eine Liebe in Deutschland*› erzählen wollte und dabei, da diese Novelle in Hitlers Krieg spielt, Entdeckungen machte, die ihn ebenso entsetzt haben wie Sie, und die es ihm verwehren, das niederträchtige Schweigen, das um sechzehntausend von deutschen Richtern umgebrachte deutsche Soldaten ist, seinerseits noch komplicenhaft zu vertiefen, indem auch er darüber schweigt.

Mit freundlichen Grüßen, Herr Kohl,
Ihr Ihnen sehr ergebener Rolf Hochhuth

PS: Erst nachträglich wird mir bekannt, daß Sie neulich bei der Filbinger-Debatte im Bonner Bundestag die so von Ihnen genannte «historische Mistkäferei» verurteilt haben, womit Sie offenbar meine Beschäftigung in jenen Archiven meinten, in denen die Todesurteile und Hinrichtungsprotokolle der Wehrmacht Hitlers liegen. Dieser «Mist», Herr Kohl, ist gebildet aus den verwesten Leibern von nicht mehr genau zu zählenden deutschen Soldaten – sicher waren das nicht weniger als sechzehntausend, also sechzehn Bataillone –, die von deutschen Richtern im Dienste Hitlers erschossen, erhängt, enthauptet – ja, zuweilen zuletzt: mit dem Handbeil geköpft – wurden! Nie hat bisher nach Auskunft des Direktors jenes Instituts, in dem allein aus Hitlers Kriegsmarine über siebzigtausend Gerichtsakten aufbewahrt werden (etwa zwei Drittel der einst vorhandenen), ein deutscher Autor oder Historiker auch nur hingeschaut zu diesen letzten Spuren deutscher Opfer deutscher Richter. Vielleicht denken Sie doch einmal darüber nach, ob «Mist» das passende Wort war, als der Vorsitzende der Partei, die 50 Prozent der Wähler in der Bundesrepublik repräsentiert, zum erstenmal öffentlich eine Bemerkung erübrigte für diese verschollenen Deutschen, die getötet wurden von solchen Landsleuten, denen unsere Gesetze – Gesetze sind bei uns oft Texte, die das Recht parodieren – gestatten, Ministerpräsidenten zu werden, auch Justizminister und zum Beispiel den Radikalenerlaß zu praktizieren.

«Mist»: Wie viele deutsche Familien, die zum Teil auch Sie wählen, haben nie erfahren, daß dieser «Mist» gebildet wurde aus den Körpern auch *ihres* Vaters oder Bruders, auch *ihres* Sohnes oder Mannes! Daß niemand bisher diese «Mistkäferei» begonnen hat, führte nämlich unter anderem dazu, daß in dem Archiv, aus dem ich die Akte über den von Filbinger hingerichteten Matrosen Gröger holte, auch noch Original-Abschiedsbriefe von zum Tode Verurteilten liegen, die bis heute nicht zugestellt wurden . . .

Iring Fetscher

Antifaschismus sollte die Grundlage unserer Demokratie sein

Lieber Norbert Blüm,

ich schreibe Ihnen, weil Sie in den letzten Wochen in Ihrer Partei der einzige waren, der im Streit um Ministerpräsident Filbinger falsche Töne vermieden hat und weil Sie – zu meinem größten Entsetzen, gerade deshalb aus den Reihen Ihrer eignen Partei heftig angegriffen wurden. Inzwischen geht ja die Affäre Filbinger offenbar ihrem Ende entgegen. Was mich im Augenblick beunruhigt, sind aber die Akzente, die von einigen CDU-Sprechern im Zusammenhang mit der Verteidigung Filbingers gesetzt wurden. Sollten sie einer verbreiteten Auffassung in dieser Partei entsprechen, dann wäre in der Tat der antifaschistische Konsens deutscher Demokraten aufgegeben. Ich drücke mich absichtlich zurückhaltend aus, obgleich ich mehr als einen Anlaß zu dieser Annahme habe.

Unter den verschiedenen Abwehrmanövern hat mich am meisten der Vorschlag schockiert, man möge doch die «Verstrickungen» des Marinestabsrichters F. mit denen der Emigranten Willy Brandt und Herbert Wehner verrechnen. Hinter diesem Vorschlag steckt ein Geschichtsbild, das mich betroffen macht. Wenn ich Ihren *Spiegel*-Aufsatz richtig verstanden habe, dürfte es Ihnen nicht anders gehen. Gewiß, niemand kann den Millionen deutscher Soldaten einen Vorwurf daraus machen, daß sie – von Kriegsgericht bedroht und von Feldgendarmerie überwacht, aber auch durch ununterbrochene Propaganda zu der Annahme überredet, die Naziführung verteidige die Interessen aller Deutschen – ihren Vorgesetzten fast bis zuletzt folgten. Das ändert aber doch wohl nichts an der Tatsache, daß in Wirklichkeit die deutschen Interessen von 1933 an sehr viel überzeugender und realer von denen verteidigt wurden, die Widerstand gegen die Nazimacht leisteten, die verfolgt und die in die Emigration getrieben wurden. In dieser Gemeinschaft von Antinazis gab es natürlich auch Kommunisten. Wie immer man zu dem Regime stehen mag, das in der Sowjetunion errichtet wurde, als Gefährten im Kampf gegen die Nazis wurden Kommunisten damals von Sozialisten wie Christen willkommen geheißen.

Wenn Herbert Wehner also damals damit beschäftigt war, den Widerstand gegen die Nazis – oft unter Gefahr für sein Leben – zu organisieren, dann ist es einfach infam, ihn mit dem jungen Filbinger auf eine Stufe zu stellen, der als SA-Mann die Nazi-Justiz als historischen Fortschritt gefeiert und gepriesen hat. Der eine kämpfte – unter Einsatz seines Lebens – gegen den Faschismus, der andere paßte sich ihm (zumindest verbal und durch sein Verhalten) weitmöglichst an. Der eine gab seine Heimat auf und führte ein unstetes Emigrantenleben, der andere beklagte lediglich, daß er keine bessere Karriere machen konnte. Dem einen ging es um Deutschland, dem anderen um sein Vorwärtskommen. Der eine – Herbert Wehner – geriet in einen wirklich tragischen Konflikt, weil er, sobald er gewisse Machenschaften der sowjetischen Führung erkannt hatte, sich gegen sie wenden, zugleich aber an der Notwendigkeit der Stärkung der Alliierten gegen die Nazis als der Voraussetzung für die Befreiung des deutschen Volkes von der Naziherrschaft festhalten mußte. Wer den Zusammenhang zwischen dem Sieg der Alliierten und der Befreiung vom Nazismus noch heute leugnet, trauert vermutlich insgeheim (vielleicht ohne sich dessen ganz bewußt zu sein) dem entgangenen Nazi-Sieg nach, den er mit dem «deutschen Sieg» verwechselt. Jeder Sieg der Nazi-Heere (und der Nazi-Luftwaffe, aber auch der Nazi-Marine!) war eine Niederlage des deutschen Volkes. Diese Einsicht scheint vielen CDU-Politikern einfach noch nicht aufgegangen zu sein. Aus diesem Grunde ist es auch verkehrt, die Härte von Kriegsgerichtsurteilen als «notwendiges Mittel zur Aufrechterhaltung der Disziplin» in der letzten Phase des Krieges zu rechtfertigen. Es sei denn, man stünde auf dem Standpunkt, es sei richtig und notwendig gewesen, die Niederlage möglichst weit hinauszuschieben.

Vor einigen Jahren habe ich – aus Anlaß des Jahrestages der Niederlage der Nazi-Wehrmacht und der Befreiung des deutschen Volkes vom Faschismus – auf die Widersprüchlichkeit dieser Situation hingewiesen. Im Alltagsbewußtsein vieler Bundesbürger ist dieser Widerspruch verdrängt und durch euphemistische Bezeichnungen für die «Stunde 0» ersetzt worden. So spricht man vom «Zusammenbruch», obwohl es eine totale militärische Niederlage war. Gern wird auch die Tatsache unterschlagen, daß es in erster Linie das Bündnis der westlichen Demokratien mit der kommunistischen Sowjetunion war, das diese Niederlage und Befreiung möglich machte. Der Streit zwischen den Alliierten, der bald nach Kriegsende ausbrach, hat die Verdrängung dieser Tatsache erheblich erleichtert. Der Kalte Krieg und der offizielle Antikommunismus hat es vielen Nazis leichtgemacht, die eigene Vergangenheit in einem verklärten Lichte zu sehen, etwa im Sinne der rhetorischen Fragen «haben wir nicht schon immer gesagt: der Bolschewismus ist der Weltfeind Nummer eins?» Hier – in der bequemen Verbindung des neuen Bündnisses mit der eigenen (verklärten) Vergangenheit – lag wohl auch der Hauptgrund für den erbitterten Widerstand, den manche Kreise in der CDU/CSU lange Zeit gegen die Ostverträge geleistet haben.

All das kam in den letzten Wochen erschreckend deutlich wieder zum Vorschein. Erinnerungen an die Flüsterkampagne gegen Willy Brandt wurden erneut lebendig. Eine Kampagne, die ganz eindeutig auf ehemalige und neue Nazis abzielte und deren Ressentiments für Wahlzwecke einer demokratischen Partei zu mobilisieren suchte. Dabei kann kaum ein Politiker so überzeugend als Vorbild für antifaschistischen Patriotismus angesehen werden, wie der ins Exil getriebene Linkssozialist Willy Brandt, der dann in Skandinavien die Prinzipien eines demokratischen Sozialismus in sich aufnahm und in der Nachkriegs-SPD zur Geltung brachte. Wer ihm die Tatsache zum Vorwurf machen will, daß er eine andere Nationalität annahm, der vergißt, daß es die Nazis waren, die aufrechte Anti-Nazis aus Deutschland vertrieben haben. Sollte sich Willy Brandt der Verhaftung durch die Gestapo stellen? Sollte er sich – nach dem Vorbild anderer – anpassen und versuchen, so gut wie möglich in Nazi-Deutschland Karriere zu machen? Wäre es besser gewesen, er hätte die Uniform eines Marinestabsrichters (oder eines Matrosen) getragen? Sollte er zum Nazismus konvertieren? Was immer hinter dem Vorwurf stecken könnte, es läßt erschrecken. Wenn es sich um bewußte Hintergedanken handeln sollte, vor der Infamie, falls es sich um Unbewußtes handelt (was ich annehmen möchte) vor der unbewältigten und undurchdachten Vergangenheit.

So hart es auch für das Selbstbewußtsein mancher sein mag, es kann einfach nicht geleugnet werden, daß die Befreiung vom Nazismus und der Aufbau einer Demokratie in Deutschland nur durch den Sieg der Alliierten ermöglicht wurde. Die Alliierten aber bildeten eine Art weltweiter «Volksfront» von Demokraten und Kommunisten. Vielleicht ist auch aus diesem (unterschwelligen, unbewußten?) Grunde das Wort «Volksfront» zu einem Schimpf- und Schreckwort im innerdeutschen Parteienkampf geworden. Die Volksfront in Frankreich und die internationale Volksfront war eine Antwort auf die Herausforderung durch den aggressiven deutschen Faschismus.

Wenn es eine gemeinsame politische Basis für das Nachkriegs-Deutschland gab, so war das doch wohl die gemeinsame Ablehnung des Nazismus. Ich kann mich noch gut daran erinnern, daß die parteipolitischen Gruppen an den Universitäten unmittelbar nach dem Krieg in einer Minderheits- und Außenseiterposition gegen die Mehrheit der apolitischen und Halb-Nazis standen. Über alle Gegensätze politischer Zielsetzungen hinweg war man sich damals einig, daß die Wiederholung des deutschen Faschismus verhindert und ein friedliebendes, demokratisches und sozial gerechtes Deutschland aufgebaut werden sollte. Wer heute – dreiunddreißig Jahre nach dem Ende des Zweiten Weltkriegs – den autoritätsgläubigen Mitläufer der Nazis auf eine Stufe mit dem mutigen Widerstandskämpfer und Emigranten stellt, der kündigt offenbar diesen Konsens auf.

In einem polemischen Artikel des *Bayernkurier* (vom 22. Dezember 1977) wurde mir vorgeworfen, ich hätte schon «gleich nach dem Kriege mir den Antifaschismus eingeübt». Offenbar sollte damit etwas Negatives ausgedrückt werden. Ganz abgesehen davon, daß es mir durch meine Familie persönlich leichtgemacht wurde, Antifaschist zu werden, konnte ich in einer solchen Haltung nichts Schlechtes erblicken. Die gleichen Kreise, die den Antifaschismus diffamieren, wehren sich gegen Gedenktafeln für die Opfer des Faschismus (an der Wevelsburg zum Beispiel) und verdrängen die für sie peinliche Tatsache, daß unter den Widerstandskämpfern nicht wenige Kommunisten waren. Was immer Kommunisten in der Sowjetunion (und deutsche Kommunisten in ihrer Politik vor 1933) an Verbrechen (und Fehlern) begangen haben, ihre Beteiligung am Kampf gegen die Nazis darf nicht vergessen werden. Gewiß, es ist etwas schwieriger, in einer Welt zu leben, wo es keine Kontinuität zwischen dem Antibolschewismus der Nazis und dem Antikommunismus der Nachkriegszeit gibt, es lebt sich leichter in einer vereinfachten Welt, wo die «guten Deutschen» auch unter der Maske der Nazis verborgen, im Grunde immer schon das Rechte gewollt haben. Aber diese Welt ist eine Lügenwelt, und ihre Behauptung wird zu nichts Gutem führen.

Gerade konservative Politiker beklagen immer wieder den Rückgang der moralischen Glaubwürdigkeit der großen Parteien. Wenn etwas zu diesem Verlust an Glaubwürdigkeit beiträgt, dann ist es die schiefe und verzerrte Einstellung gegenüber der eigenen Vergangenheit und der Versuch, eine «Nacht zu erzeugen, in der alle Kühe grau sind», in der «verstrickte Marinestabsrichter» sich nicht mehr von exilierten Nazigegnern und Widerstandskämpfern unterscheiden lassen, weil alle arme, irrende Menschen sind. So erbaulich solche Reden auch klingen, ihre Wirkung ist alles andere als erbaulich. Ich hoffe, daß Sie sich am Kampf gegen solche Verschleierungs- und Verdunklungsmanöver beteiligen, und ich wünsche Ihnen hierzu Kraft und Mut.

Mit herzlichem Gruß
Ihr Iring Fetscher

Thaddäus Troll

«Was in meinem Heimatland möglich ist»

Liebe Luise Rinser,

um Verzeihung möchte ich Sie bitten für alles, was Ihnen in den letzten Monaten aus meinem Heimatland an Beleidigungen, Hohn, Verleumdung und Infamie widerfahren ist. Ich schäme mich, wenn ich daran denke, welche Schlüsse auf meine Landsleute Sie ziehen müssen nach all dem Provinzialismus, Tartuffismus, Denunziantentum, der Intoleranz, Geistfeindlichkeit, Inferiorität und Unbarmherzigkeit, die Ihnen von der Politbürokratie dieses Landes entgegengebracht worden sind.

Wenn ich die Namen Frischlin, Ratgeb, Kepler, Schiller, Hegel, Hölderlin, Schubart, Mörike, Herwegh, Hesse und Brecht nenne, so ist dies keine stammesstolze Addition, kein Hinweis auf den schwäbischen Humus, auf dem der schöpferische Geist gedeiht, der zum Radikalismus in der schönsten Bedeutung des Wortes neigt, nämlich dem strebenden Bemühen und der aufreibenden Fähigkeit, den Dingen auf den Grund, an die Wurzel zu gehen. Mit diesen Namen ist eine Addition von Schandtaten verbunden, denen diese meine Landsleute in ihrer Heimat ausgesetzt waren: Mißachtung, Hunger, Verfolgung, Haft, Vertreibung und Tod. Denn selten lebten in diesem Land die regierende Macht und der schöpferische Geist in Harmonie miteinander. Meist war der Geist in einen Zweifrontenkrieg verwickelt, einerseits gegen die Mediokrität der Herrschenden, andererseits gegen den erstickenden Mief, das Banausentum und die Xenophobie einer selbsternannten Ehrbarkeit, die als Lakaien, Hofschranzen und Schleppenträger der Macht ihre Vetterlespfründe zu sichern wußten. Beide Fronten, in ständiger Heuchelei den toten Geist preisend – «unser Schiller» – «unser Hölderlin» –, sahen im lebendigen Geist eine Gefahr für Zucht und Ordnung, Volksempfinden und Ahnenerbe,

Willkür und Selbstgerechtigkeit. Sie versetzten den Bürger ständig in Angst vor dem Verlust des Besitzes im Diesseits und vor dem Verlust der Seligkeit im Jenseits, während sie selbst in der Furcht lebten, daß der kritische Geist, wie er sich heute in Ihnen, in Martin Walser oder Walter Jens manifestiert, sie entlarve, bei Namen nenne und einer kritischen öffentlichen Meinung preisgebe. Kein Wunder, daß die wahrhafte Versammlung schwäbischer Rechtschaffenheit, Freiheitsliebe und Zivilcourage auf dem schwäbischen Olymp namens Hohenasperg stattfand, der ein Gefängnis war und ist.

Sie, liebe Luise Rinser, die Sie als eine Geistesverwandte von Reinhold Schneider Friedlichkeit, Brüderlichkeit und Humanität verkörpern, Sie, die Sie nicht nur die Symptome unserer politischen Krankheit konstatieren, wozu auch der Terrorismus gehört, sondern nach den Ursachen forschen, Sie, die Sie eine wahrhaft Mitleidende (vom griechischen *sympathein*) sind, müssen diesen Maßgebenden, Mittelmaß Gebenden ein Greuel sein. Sie mußten sich – und Sie waren dabei nicht in schlechter Gesellschaft – mit der Bezeichnung SYMPATHISANTIN brandmarken lassen. Sie, welcher der Terroristenstaat den Mann erschoß, Berufsverbot auferlegte, die er ins Gefängnis steckte und zum Tode verurteilte, Sie, die Sie gerettet wurden, weil Sie einen gnädigen Richter fanden, sind eine Provokation, ein Appell an das Gewissen regierender Juristen, die man laut Gerichtsbeschluß ungestraft als *furchtbar* bezeichnen darf.

Es mag ein schwacher Trost für Sie sein, wenn ich Ihnen nur einen Ausschnitt von dem gebe, was in meinem Heimatland möglich ist. Unter der Begründung, er sei «kein Vorbild für die Jugend», weigerte sich nach dem Krieg der Gemeinderat der Stadt Calw mit den Stimmen der Sozialdemokraten und des einzigen Kommunisten, eine Schule nach Hermann Hesse zu benennen. Gemeinderäte verhinderten die Erhaltung und den würdigen Ausbau des Geburtshauses Christian Wagners. Ein Gemeinderat nannte das renommierte Freiburger Theater «zum Pornotheater verkommen» und forderte die Zensur gemeinderätlicher Normen. Gemeinderäte verhinderten, daß ein Literaturpreis dem Namen des Dichters und Demokraten Georg Herwegh erhält, der ein Vorkämpfer unserer republikanischen Verfassung war. Gemeinderäte setzten sich dafür ein, daß eine Schule nach dem Nazibarden Hermann Burte benannt wurde, dessen Dichterei Tucholsky

«Löschpapier en gros» genannt hat, «mit dem man Babys füttern sollte, wenn sie aus Versehen Tinte getrunken hätten». Gemeinderäte verhinderten, daß eine Schule an Heinrich Heine und ein Platz an Ernst Bloch erinnert, weil sich dieser «einer solchen Ehrung unwürdig gezeigt habe». Wegen eines Werkes geringfügiger Barmherzigkeit versuchte die Politbürokratie Claus Peymann, der als Leiter des Stuttgarter Staatsschauspiels dieses an die Spitze der deutschen Bühnen geführt hat, fristlos zu kündigen. Einmütig stimmte die Regierungspartei der Kündigung zu, worauf das Stuttgarter Ensemble solidarisch den Exodus in musenfreundlichere deutsche Landschaften beschloß. Friedrich Wolf, der in Stuttgart als Arzt, Dichter und Freund der Armen und Hilflosen gelebt hat, wird totgeschwiegen, weil er Kommunist war. Von der Brutalität der regierenden Politbürokratie könnten Ihnen mundtot gemachte, resignierende Studenten und der tückisch in den Ruhestand getreten wordene Kultusminister, können Ihnen eingeschüchterte Lehrer und zur Anpassung gezwungene Schüler, könnten Ihnen hoffnungslose Demonstranten und auf den Mann dressierte Polizeischüler erzählen – wenn sie sich getrauten.

Sie, die Sie den riskanten Beruf einer Schriftstellerin ausüben, die Wahrheit nicht nur ausspricht, sondern festschreibt, die Sie Ihr Leben nach den Forderungen der Bergpredigt ausrichten, die Sie als Mitwisserin und Mitleiderin der Terrortaten des Faschismus an das soziale Gewissen appellieren, sind in einem Lande unerwünscht, in dem die Lüge *Freiheit* STATT *Sozialismus* erfunden worden ist, die mit der flinken Gleichung Brüderlichkeit = Sozialismus = Kommunismus = Terrorismus erfolgreich die Angst und das Sicherheitsbedürfnis der Bürger nährt.

Herostrat hat den Tempel von Ephesus gekannt, bevor er ihn angezündet hat. Ich wage zu behaupten, daß die zwei im Gemeinderat einer schwäbischen Stadt tätigen Bürger sich weder durch Einsicht in Ihre Bücher noch in den Brockhaus, Kürschner, ins PEN-Verzeichnis oder in *Who is Who* informiert haben, wer eigentlich Luise Rinser ist. Sie schöpften ihr Wissen über Sie aus einem Schand- und Schundblatt. Sie wurden, wieder einmal, beim Justizministerium denunziert, das Material stammte aus der kläglichen Zitatensammlung eifernder Kulturfunktionäre. Das Justizministerium wies die Anzeige zurück, die meisten Parteiangehörigen distanzierten sich von dem Kehricht, der gegen Ihresgleichen, darunter Literatur- und Friedensnobelpreisträger, angehäuft worden ist. Aber die unser Land absolut beherrschende Behörde entblödete sich nicht, die beiden vor der literarischen Welt blamierten geistigen Gartenzwerge auch noch zu belobigen. Mieses Denunziantentum wurde in «Zivilcourage» umgemünzt, dem «klaren und begründeten Standpunkt» der Analphabeten wurde applaudiert, während Ihre Deutungen zu dem damals noch gar nicht voraussehbaren Problem des Terrorismus als «mehr als bedenklich» zensiert wurden.

Ich schäme mich für diese meine Landsleute. Ich kann mir denken, was Sie empfinden, wenn Sie jetzt deren Äußerungen in der Nazi-Zeit lesen und von deren Kriegstaten erfahren, die jetzt erst ans Licht kamen. Ich frage mich, wo die Wurzeln des Terrorismus zu suchen sind. Bei den Schriftstellern, die danach suchen, oder bei den Heuchlern, die mit zweierlei Zungen reden und über deren Leben das Wort *Unbarmherzigkeit* wie das Menetekel im Saal Belsazars erscheint. Und ich habe den Verdacht, daß aus der daraus entstehenden Staatsverdrossenheit der Jugend ein Nährboden entsteht, aus dessen Nachwuchs neue Terroristen rekrutiert werden könnten. Ich beklage zutiefst, daß sich in unserer Republik keine vom Volk gebildete öffentliche Meinung durchsetzt, die sich aus der Erkenntnis solcher Tatsachen bildet und sich dem Terrorismus ebenso wie der regierenden Heuchelei widersetzt.

Der Glaubensrebell David Friedrich Strauß schrieb 1864 an den Vorgänger von Walter Jens, Friedrich Theodor Vischer: «Es schickt sich nicht, daß meine Knochen einmal in Württemberg liegen. Land und Volk ist doch gegen uns beide ein Rabenvaterland gewesen. Nirgends haben wir mehr Verneinung und Verkleinerung und Verleumdung, nirgends weniger Verständnis und Wohlwollen erfahren. In fünfzig Jahren werden die Kerle dann groß damit tun, daß wir ihre Landsleute gewesen seien.»

So war es, so ist es und so wird es wohl bleiben. Wenn man sich Ihrer erinnert, verehrte Luise Rinser, wenn Ihre Worte noch lebendig sind, werden die Namen Ihrer Verleumder vergessen sein. Aber die Ruinen, die ihre Taten hinterlassen, werden noch zum Himmel schreien.

Das alles sind Symptome. Die Krankheit sind wir, die Bürger, die sich der Verfolgung des mahnenden Gewissens, wie es sich in Ihnen äußert, nicht widersetzen.

Wenn ich Sie um Verzeihung bitte, dann füge ich hinzu: Wie die Brandmarkung als SYMPATHISANT eine Fülle von Sympathie von seiten der Redlichen, der Friedfertigen, der Vernünftigen ausgelöst hat, so auch die Verhöhnung, die Denunziation, die Beleidigung Ihrer Person. Bitte, identifizieren sie die gnadenlose politische Bürokratie in unserem Land nicht mit den Bürgern der Gemeinden, den Bürgermeistern, Ihren Hörern und Lesern. Auch ein Mann vom Format Manfred Rommels ist ein Schwabe. Und lassen Sie sich nicht den Mut nehmen, Ihre Stimme weiterhin zur Verteidigung der Freiheit, der Menschlichkeit und der Christlichkeit zu erheben. Freilich, liebe Luise Rinser, wir werden als Wachhunde der Freiheit keinen behaglichen Lebensabend genießen. Wir müssen verhindern, daß die, die mit solchen politischen Umgangsformen den fauligen Wind säen, nicht den Sturm ernten, der sie und uns und die Freiheit hinwegfegt.

Mit sympathisierenden und herzlichen Grüßen
Ihr
Thaddäus Troll

Luise Rinser

Ein deutscher Sommernachtstraum

Wie meine Mutter und meine Großmutter habe ich oft Wahrträume. In der vergangenen Nacht träumte ich von einem Mann, der, wie eine Fledermaus, kopfunter an einer geborstenen Säule mit einem Staatswappen hing. Die Säule wankte. Sie war unterhöhlt. Der Mann schrie: «Aber ich kann mich nicht erinnern, ich weiß von gar nichts mehr!» Es war aber, außer mir, niemand da, der ihn hätte hören können oder wollen.

Plötzlich wurde es dunkel auf Erden. Am Himmel erschien ein Licht, das immer heller wurde. Ich erkannte IHN gleich, noch ehe die Posaunen geblasen wurden. Schon kamen von überall her Menschen. Die Erde wimmelte von Menschen. Ich wunderte mich, daß ich nur Deutsch reden hörte. Die Leute ordneten sich sofort, ohne daß es Ihnen jemand befohlen hätte, in Viererreihen und marschierten vorwärts. Neben mir ging der Mann von der Staatssäule. Er sagte unwillig: «Ja, was soll denn das jetzt sein? Eine Demonstration? Ist die denn genehmigt? Von mir nicht, nein, von mir nicht. Massenansammlungen sind bei mir grundsätzlich zur Zeit verboten. Wo ist denn die Polizei? Also bei mir in Württemberg wäre so was nicht möglich. Ein schöner Saustall ist das!»

Ich sagte: «Ja, verstehen Sie denn nicht, daß jetzt das Gericht beginnt?»

«Gericht? Was für ein Gericht? Und man sagt nicht, ein Gericht beginnt, sondern es tagt, nur eine Verhandlung beginnt. Worum geht's denn? Wieder einmal um Terroristen natürlich! Also, ich in meinem Land hab mit denen aufgeräumt. Aber der Mann da oben, wer ist denn der?»

Ich sagte: «Begreifen Sie wieder einmal gar nichts? Der Mann ist der oberste Richter, alleroberste Instanz. ER.»

«Wenn der ein Richter ist, müßt ich ihn doch kennen. Ich kenn ihn nicht.»

«Ja», sagte ich, «den sollten Sie kennen. Seinen Namen haben sie oft gebraucht, vielmehr mißbraucht, Sie und Ihre Freunde.»

Mittlerweile waren wir schon ein gutes Stück vorwärts gekommen. Der Richter arbeitete sehr schnell. Mein Nachbar sah es mit Genugtuung: «Na, jedenfalls macht der kein umständliches, überflüssiges Verfahren. Rübe ab, dann ist Ruhe.»

Jetzt waren wir schon ganz weit vorne. Ich zitterte, denn obwohl ich den Richter seit meinen Kindertagen kannte und vertraut war mit ihm, fühlte ich mich jetzt doch recht sehr als arme Sünderin. Der Mann neben mir zitterte nicht. Er trat forsch auf und interessierte sich sehr für die Art der Einteilung, die der Richter vornahm.

«Aha», sagte mein Nachbar, «ich versteh schon: das ist wie bei uns in Württemberg: rechts die Rechten, links die Linken, will sagen: rechts die Guten, links die Bösen, rechts die Christdemokraten, links die Linken von den Sozialdemokraten bis zu den Linksradikalen. Da sieht man, daß wir uns ganz richtig verhalten haben in Stuttgart. Das wird hier sanktioniert. Mit der Einteilung in Rechte und Linke schafft man eine klare, simple Ordnung, die auch der Dümmste versteht. Aber» (nun verfiel er vor Aufregung ins Schwäbische) «schauet Sie, do isch ja der, wie heißtr bloß, der mit die Hängebäckle und die Schweinsäugle? Und nebe ihm der, den mr so guat brauche könne zum Intellektuelle jage und hetze und verleumde, der vom Sudetegau, wisset Se? Ja und der mim Cäsareköpfle, der isch au do, was tragt er denn, a paar Ziegelstein von der Berliner Mauer, ja, dia laßt er net aus, an dia hatr sich so gwohnt. Ja, aber luaget se, der dort, der mit der Fliag unter der Nas, ja der kommt au nach rechts, ja des hätt i jetzt net denkt, aber i hab's doch immer gsait, so schlecht war der nicht. Aber . . . aber . . . der damit sein kaukasische Hängeschnauz, ja den tuat ma au na Rechts, aber das isch doch a Linker, an exemplarischer Linker. Irrtum, Herr Vorsitzender, Irrtum!!!»

Mein Nachbar versucht aus der Reihe und nach vorn zu laufen, denn er will offenbar den irrenden Richter belehren oder ersetzen. Jedoch wird er von unsichtbaren Händen energisch zurückgezogen. Er wollte schon zu schimpfen beginnen, da wurde seine Aufmerksamkeit von neuem beansprucht.

«Ja, was isch denn jetz des?» murmelte er und dabei sträubten sich ihm die Haare. «Ja, wer kommt denn da? Das isch doch der M . . . M . . . wie heißt er bloß?»

«Marx, Karl», sage ich.

«Das isch recht», sagt mein Nachbar, «der kommt nach links, ja, da ghört er hin, zu seim ganze linke Gsindle. Des werd a schöne Höllefahrt gebe.» Er hatte nun doch wohl begonnen zu begreifen, welche Art Gericht sich da ereignete, und ich erwartete, daß er nun zu zittern begönne. Aber er trat als aufrechter rechter Mann vor den Richter, lächelte ihm komplicenhaft zu, salutierte militärisch und stand stramm, in Erwartung des Großen Deutschen Bundesverdienstkreuzes mit Schwertern und Eichenlaub und Brillanten aus dem württembergischen Haus Romanoff (von Peter dem Großen stammend). Aber es kam anders: ehe er sich's versah, war er von einem starken Sog unwiderstehlich weggezogen, nach rechts. Vom Zuschauerraum aus gesehen: nach rechts.

Aber was war das: Was mußte unser Württemberger sehen? Er stand ja gar nicht rechts vom Richter, sondern LINKS! Und das ihm, dem braven Rechten! Und all seine guten Freunde waren nicht rechts gelandet, sondern links! Was für ein Irrtum, Justizirrtum! Bewußte Irreführung! Er schreit: «Was vorher rechts und recht war, das kann doch nicht auf einmal links und also böse sein? Ich gehöre nach rechts, war immer rechts, habe immer Recht getan, nie links, habe immer zur Leibstandarte der Christlich-Rechten gehört, habe immer die Fahne hoch gehalten und schon als Kind immer den rechten Arm zum Gruß erhoben, nie die Linke geballt, ich habe die Linken, die Bösen, die Gottlosen immer verfolgt im Namen . . . im Namen . . . in Drei Teufels Namen!»

Aber niemand hörte auf sein Geschrei.

Denn nun sprach der Richter. Er sprach leise und sanft. «Ihr zu meiner Rechten, Freunde, Brüder, Schwestern, Arme, Verfolgte, Ausgebeutete, Gefangene, Gefolterte, Getötete, ihr alle, die ihr gedürstet habt nach Gerechtigkeit: Ihr habt mir zu essen gegeben, als ich hungerte in der Dritten Welt, und ihr wolltet mich damit nicht versklaven und ausbeuten. Ihr habt mich verteidigt, als ich vor Gericht stand, wo man meine wahren Motive zur Verzweiflungstat nicht begriff. Ihr habt mich im Gefängnis besucht und aufgerichtet. Ihr habt mich nicht denunziert, wie es euch angeraten war. Ihr habt mich bekleidet mit dem Mantel der Barmherzigkeit, als ich fror in der Eiseskälte der Herzen.»

Dann wandte er sich an die auf seiner linken Seite: «Was habt ihr mir angetan? Ihr habt mich belogen in euern politischen Parteien. Ihr habt gelechzt nach dem Mord an jenen, die euch unbequem ins Gewissen redeten. Ihr habt alle Freiheit für euch allein in Anspruch genommen und sie Andersdenkenden versagt. Ihr habt Festgelage abgehalten jedesmal, wenn man einen eurer politischen Gegner erledigt hatte. Ihr habt mich mit Tränengas vergiftet, mit Stiefeln in den Bauch getreten, mit Gummiknüppeln geschlagen, auf mich scharf geschossen, als ich versuchte, euch beim Bau von Atomkraftwerken zu hindern, an denen eure Kinder und Enkel zugrunde gehen werden, weil ihr nur an euern kurzlebigen Profit denkt. Ihr habt von Frieden gesprochen und Waffen fabriziert und verkauft, damit andere Völker sich gegenseitig ausrotten sollen. Ihr habt im Tempel meines Vaters eure Schachergeschäfte getrieben und behauptet, ihr tut's in MEINEM Namen.«

Er schwieg und verhüllte sein Antlitz. Ein allgemeines großes Schweigen folgte. Plötzlich aber rief unser Württemberger: «Also ich möcht bloß wissen, wann ich dich verurteilt hab und gar zu unrecht, ich bin dir wirklich nie begegnet. Wer dich verurteilt und umgebracht hat, das waren die perfiden Juden, jawohl, das muß wieder einmal . . .» Da ließ ihn ein scharfer Blick des Herrn mit dem Cäsarenkopf und den Mauersteinen verstummen. Der war der einzige, vor dem er auch früher Respekt hatte. Im übrigen hatte sonst niemand Notiz genommen von seinem Zwischenruf. Es wurde wieder still.

Da sagte einer höflich (er stand auf der rechten Seite des Richters): «Aber wir sind dir wirklich nie begegnet. Und ehrlich gesagt: ich habe nie an dich geglaubt. Es fiel mir allzu schwer angesichts der Leiden meiner Mitmenschen.»

Der Richter schaute ihn liebevoll an: «In jedem Menschen bist du mir begegnet. Du hast an deinen Mitmenschen gehandelt, als wäre es für mich. Du hast wahrhaft gehungert und gedürstet nach Gerechtigkeit für alle.»

Da murrten die auf der linken Seite, und unser Württemberger rief: «Das geht zu weit, wirklich! Der Mann da ist doch der M . . . M . . . M . . .»

«Marx», soufflierte ich.

«Der war doch Marxist, und alle Marxisten sind Atheisten. Und jetzt sollen die auch noch belohnt werden? Und wir, die Aufrecht-Rechten, die Christdemokraten, die wackeren Kirchensteuerzahler, wir sollen gestraft werden? Und das soll Gerechtigkeit sein? Ich danke. Da kann ich mir nur das Leben nehmen.»

Es war ihm schon genommen, er bemerkte es nur nicht.

Ich beobachtete, daß die auf der linken Seite immer unruhiger wurden. Der Dicke mit den Hängebacken suchte aufgeregt etwas in seinen Hosentaschen. Endlich hatte er's: es war ein alter Rosenkranz, in Altötting geweiht. Aber offensichtlich fielen ihm die Gebetsworte nimmer ein. Da verlegte er sich aufs Fluchen, das ging noch. Aber mitten im schönsten «Himmisakrakreizteifikruzitürken» ging ihm der Atem aus. Die andern schauten ihn bestürzt an, es war das erste Mal, daß ihm der Schnaufer ausging, obwohl er schon seit geraumer Zeit kurzatmig war. Da sagte einer von der linken Seite, es war der immer vorlaute drahtige Bursche aus Böhmen: «Und was nun? Ab in die Hölle, oder was?»

Da begannen alle zu zittern. Aber sie faßten sich bald. «Hölle», sagten sie. «Als ob's die gäbe! Und für uns schon gar nicht. Mut, Mut, die Sache wird sich schon aufklären lassen, wir haben ja auch sonst immer alles zu unsern Gunsten hingekriegt.»

Aber der Richter sagte: «Geht mir aus den Augen. Für die Hölle seid ihr viel zu unbedeutend. Was tu ich bloß mit solchen Leuten wie ihr's seid?»

Heinrich der Gute, auch Böll genannt, sagte: «Schick sie doch auf die Erde zurück, damit sie Buße tun und sich bessern. Laß mich mitgehen mit ihnen und gib mir tausend Jahre Zeit. In dieser Zeit will ich's schaffen.»

Der Richter sagte: «Ich hab mir zweitausend Jahre Zeit gegeben und fast nichts erreicht. Aber geh und versuch's du. An Mißverständnissen, Verfolgungen und Sisyphosarbeit bist du ja gewöhnt.» Da konnte ich nicht mehr an mich halten, ich rief: «Aber Heinrich, bei denen kommst du mit deinen Methoden nicht durch. Die sind brutaler als du, und gesünder!»

Da erst erkannte mich der Württemberger. «Was?!» schrie er. «Diese Person ist auch da, und auf der rechten Seite! Ist es mir wirklich nicht gelungen, sie ins Gefängnis zu bringen? Und ich hab mir doch solche Mühe gegeben. Und jetzt . . . Ich verstehe die Welt nicht mehr.» Niemand erklärte sie ihm, dazu war's zu spät. Ich fuhr fort, mit dem Richter zu reden (so leicht bin ich nämlich nicht zum Schweigen zu bringen): «Herr», sagte ich, «nun warst du selber 33 Jahre auf Erden und kennst deine Menschen immer noch nicht. Läßt du sie wieder auf die Erde, so machen sie alles noch mal. Sie finden einen Württemberger, und der findet eine Staatssäule, und es finden sich sofort Leute, die ihm ihre Hände hinhalten als Steigbügel, und schon ist er wieder obenauf. Herr, nimm endlich ein bißchen menschliche Vernunft an. Du mit deiner Utopie Mensch! Du bist göttlich eigensinnig!»

Da mußte der Richter lachen, und dann lachten alle mit, zuerst die auf der rechten Seite, dann die auf der linken, es gab ein Riesengelächter, ein Weltgelächter, und davon wachte ich auf.

Die Bücher kosten nur noch ein Fünftel ihres früheren Preises . . .

Ulrich Klug

Die Verurteilung zum Tode war rechtswidrig

Herrn
Ministerpräsidenten a.D.
Dr. phil. Helmut Kohl, MdB
Bonn

Köln und Hamburg im Juli 1978

Sehr geehrter Herr Dr. Kohl,

alsbald nach dem Beginn der öffentlichen Diskussion, die um die Marinestabsrichtertätigkeit von Dr. Filbinger entbrannte, haben Sie sich vor Ihren Parteifreund gestellt. Als Ausdruck politischer Solidarität war das gewiß legitim. Gleichwohl wende ich mich an Sie, weil Sie dabei der Öffentlichkeit den Eindruck vermittelten, Sie wären mit Dr. Filbinger darin einer Meinung, daß die Beantragung der Todesstrafe gegen den Matrosen Walter Gröger und die von Dr. Filbinger kommandierte Erschießung dieses jungen Menschen wenige Wochen vor dem erkennbaren Ende des Hitler-Krieges rechtens gewesen sei. Sie haben während Ihres Studiums in Frankfurt und Heidelberg auch rechtswissenschaftliche Vorlesungen gehört. Ich kann es mir deshalb nur schwer vorstellen, daß Sie eine solche Rechtsauffassung ohne ernste Bedenken, die Sie dann wohl der Parteiräson opfern mußten, zum Ausdruck bringen konnten.

Damit zusammenhängt ein zweiter Grund, der mich veranlaßt, Ihnen zu schreiben. Die kontroverse Erörterung des Für und Wider hinsichtlich der heute zu ziehenden Folgerungen aus der Verstrickung eines amtierenden Ministerpräsidenten in die nationalsozialistische Kriegsgerichtsbarkeit hat sich in eigentümlicher und – ich zögere nicht, es zu schreiben – bedrückender Weise verlagert: Die ernsten Fragen nach Recht und Unrecht, nach Menschlichkeit und Mitleidsmangel traten in den Hintergrund, um der vordergründigen Auseinandersetzung über eine mehr oder weniger große Geschicklichkeit beim Taktieren gegenüber der Öffentlichkeit und ihren Repräsentanten in Presse und Rundfunk Platz zu machen.

Dabei darf es nicht bleiben, denn das, was sich in unseren Tagen dreiunddreißig Jahre nach den abscheulichen norwegischen Ereignissen abspielt, hat historische Bedeutung. Die Bundesrepublik und ihre Bürger werden vor kritischen in- und ausländischen Beobachtern in Gegenwart und Zukunft nur bestehen können, wenn nicht lediglich die kurzatmigen Themen der politischen Zweckmäßigkeit, sondern vor allem die hier akut gewordenen, zentralen Fragen nach der Rechtslage ausdiskutiert werden.

Um zu versuchen, diesem Ziel einen Schritt näher zu kommen, sei hier die These, an deren Richtigkeit der Schreiber dieser Zeilen nicht zweifelt, vertreten: Das, was Marinestabsrichter Dr. Filbinger im Falle des erschossenen Gröger und zugleich im Falle des nach der Befreiung von Hitler zu sechs Monaten Gefängnis verurteilten Petzold mitzuverantworten hat, war Unrecht – und dies aus heutiger wie aus damaliger Sicht. Ich appelliere an den Parteivorsitzenden und Oppositionsführer, diese Rechtsauffassung zu bedenken und bei den politischen Entscheidungen, die mit der angesprochenen Verstrickung von Dr. Filbinger zusammenhängen, im Interesse des Ansehens unserer Republik zugrunde zu legen.

Ich begnüge mich nicht damit, das Rechtsgefühl und den Geist abendländischer Humanität zu apostrophieren, obwohl das sicherlich nicht unerlaubt wäre. Ich begründe juristisch, und diese Begründung sieht so aus:

Zunächst mag unterstellt werden, daß die Annahme des Feldkriegsgerichts, Walter Gröger habe Fahnenflucht nach § 69 des Militärstrafgesetzbuches vom 10. Oktober 1940 (M.Dv.Nr. 124, Heft 2) begangen, zutreffend war. Es gibt zwar Anhaltspunkte dafür, daß Gröger seine Absicht, von seiner Truppe fernzubleiben, um sich dem Dienst bis zum Ende des Krieges zu entziehen, vielleicht noch gar nicht endgültig gefaßt und in die Tat umgesetzt hatte, so daß er nur den Tatbestand der unerlaubten Entfernung gemäß § 64 MStGB verwirklichte. Indessen könnte das wohl nur durch Zeugenvernehmungen, wenn sie noch möglich wären, geprüft werden. Die Rechtswidrigkeit des Todesurteils ergibt sich aber auch dann, wenn man davon ausgeht, daß Fahnenflucht vorlag.

Das damals gültige Gesetz schrieb nämlich keineswegs für jede Art von Fahnenflucht die Todesstrafe vor. Im Gegenteil! Freiheitsstrafe war nicht etwa nur für im Gesetz genannte Fälle mit mildernden Umständen vorgesehen. Es hieß seinerzeit einfach im Gesetz: «Die Strafe für Fahnenflucht ist Gefängnis nicht unter sechs Monaten.» Nur ausnahmsweise sollte eine schwerere Strafe verhängt werden. Im Gesetz war hierzu bestimmt, daß eine schärfere Bestrafung dann erfolgen sollte, wenn die Fahnenflucht im Felde begangen wurde oder ein sonstiger besonders schwerer Fall vorlag.

Aber auch unter diesen besonderen Voraussetzungen war die Verhängung der Todesstrafe durchaus nicht zwingend vorgeschrieben. Das Gesetz erlaubte selbst bei Begehung im Felde, wie etwa in Norwegen, daß nur eine Freiheitsstrafe – zeitiges oder lebenslanges Zuchthaus – verhängt wurde. Sogar Hitler, der kriminelle Verursacher des Krieges, durch den Gröger in seine unglückliche Lage geriet, hatte in seinen Richtlinien für die Strafzumessung bei Fahnenflucht vom 14. April 1940, die formal keine Gesetzeskraft hatten, aber dennoch damals von den Kriegsgerichten wie Gesetze angewandt wurden, die Möglichkeit eingeräumt, mildernde Umstände, wie jugendliche Unüberlegtheit und falsche dienstliche Behandlung oder andere nicht unehrenhafte Beweggründe, anzuerkennen und dann nur die Zuchthausstrafe zu verhängen.

Im übrigen hieß es in den Richtlinien, die Todesstrafe sei bei Fahnenflucht geboten, wenn der Täter aus Furcht vor persönlicher Gefahr gehandelt habe oder wenn die Todesstrafe nach der besonderen Lage des Einzelfalls unerläßlich sei, um die Manneszucht aufrechtzuerhalten. Im allgemeinen angebracht sei sie bei wiederholter oder gemeinschaftlicher Fahnenflucht und bei Flucht oder versuchter Flucht ins Ausland. Das gleiche gelte, wenn der Täter erheblich vorbestraft sei oder sich während der Fahnenflucht verbrecherisch betätigt habe (M.Dv.Nr. 124, Heft 2, S. 15).

Sowohl im ersten milderen Urteil, in dem Gröger nur zur Zuchthausstrafe von acht Jahren verurteilt wurde, als auch im zweiten auf Todesstrafe lautenden Urteil war angenommen worden, daß keine der genannten Voraussetzungen für das Geboten- oder Angebrachtsein der Todesstrafe gegeben sei. Allein bei der Frage, ob der Angeklagte die Flucht ins Ausland – nach Schweden – versucht habe, kommen die beiden Gerichte zu einem unterschiedlichen Ergebnis. Das erste erklärte in korrekter Anwendung des strafrechtlichen Versuchsbegriffs, daß nur eine Vorbereitungshandlung, nicht aber ein Anfang der Ausführung, also kein Versuch vorgelegen habe. Im Todesurteil heißt es dagegen mit makabrer Begründung, der Versuchsbegriff in den Führerrichtlinien, die für die Frage, ob auf Todes- oder auf Zuchthausstrafe erkannt werden müsse, «maßgebend» wären, sei nicht im Sinne des Strafgesetzbuches zu verstehen, «weil es sich bei den erwähnten Richtlinien des Führers nicht um ein Gesetz, sondern lediglich um Anhaltspunkte handelt, nach denen die Fahnenflüchtigen entsprechend ihrer Strafwürdigkeit klassifiziert werden sollen». Das dies nach den damaligen wie nach den heutigen gesetzlichen Bestimmungen objektiv Beugung des Rechts zum Nachteil des Matrosen Gröger gewesen ist, geht schon daraus hervor, daß § 2 MStGB vom 10. Oktober 1940 die Anwendung der Bestimmungen des Allgemeinen Teils des – zivilen – Strafgesetzbuches, also auch des § 43 StGB in der damals geltenden Fassung mit seiner Versuchsdefinition, auf militärische Verbrechen und Vergehen zwingend vorschrieb.

Hinzukommt, daß die objektiven Tatbestandsmerkmale der Rechtsbeugung – nach den damaligen ebenso wie nach den heutigen Gesetzen – durch die Verhängung der Todesstrafe noch unter einem weiteren Gesichtspunkt verwirklicht worden sind. Wie dargelegt wurde, stand den Feldkriegsgerichten ein weiterer Strafzumessungsspielraum offen. Die Auswahl der Strafart – Todesstrafe oder lebenslanges Zuchthaus oder zeitiges Zuchthaus – war in ihr pflichtgemäßes Ermessen gestellt. Daran änderte auch die Auffassung des zuständigen Admirals nichts. Er konnte weder den Richtern noch dem Ankläger bindende Weisungen für die Bestrafung oder den Strafantrag geben. Äußerstenfalls war er berechtigt, die Bestätigung des Urteils zu verweigern und dadurch eine neue Gerichtsverhandlung zu erzwingen, wie dies bereits in dem ersten Verfahren gegen Gröger geschehen ist. Aber selbst unter dem nationalsozialistischen Unrechtsregime reichte die Macht des Admirals nicht so weit, eine erneute Verurteilung zu einer Freiheits-, statt zu einer Todesstrafe zu verhindern. Der Ermessensspielraum, den das Gesetz eingeräumt hatte, blieb immer bestehen. Und von diesem Ermessenspielraum durfte kein leichtfertiger oder gar willkürlicher Gebrauch gemacht werden. Ein Mißbrauch des Ermessens war, genauso wie das auch heute der Fall ist, eine Verletzung des Rechts. Die Verhängung der Todesstrafe gegen Gröger kann daher nach Lage der Dinge so kurz vor dem für niemanden zweifelhaften Kriegsende nur als eine unmenschlich harte Strafzumessung und deshalb als schwerer Ermessensmißbrauch, also als rechtswidrig bewertet werden. Dies gilt um so mehr, als es sich geradezu aufdrängen mußte, daß in Norwegen – weitab von den dramatischen Ereignissen an den östlichen und westlichen Kampffronten – unter den dortigen Verhältnissen, die einer Etappe glichen, die Voraussetzungen für die Verhängung der schwersten Strafe, sogar nach dem nationalsozialistischen Kriegsstrafrecht, nicht erfüllt gewesen sind.

Das eiskalte Todesurteil war daher nicht nur unmoralisch, sondern zugleich eine objektiv tatbestandsmäßige Rechtsbeugung. Beteiligt daran waren neben den Richtern auch der Anklagevertreter, der die Todesstrafe beantragt hatte. Das Todesurteil war exzessiv.

Natürlich werden sich die Richter und ebenso der Ankläger Dr. Filbinger darauf berufen, daß zumindest die subjektiven Voraussetzungen hinsichtlich der Rechtsbeugung fehlten, daß sie, mit anderen Worten, den Rechtsbeugungsvorsatz nicht hatten. Es gibt kein Seelenmikroskop. Niemand kann wissen, wie es damals im Inneren der Beteiligten aussah. Vielleicht muß man wirklich sagen: Sie wußten nicht, was sie taten. Möglicherweise waren sie damals unter dem verhängnisvollen Einfluß ihrer Umwelt rechtsblind.

So unglaubhaft wäre das nicht. Die Juristen aus der damaligen Zeit bieten leider manches Beispiel, das anders nicht erklärbar wäre. Beispielsweise gibt es einen noch heute tätigen hohen Richter in der Bundesrepublik, der während des letzten Krieges an Strafurteilen gegen jüdische und nichtjüdische Mitbürger wegen sogenannter Rassenschande beteiligt war. Er will bis heute nicht erkennen, daß diese Verurteilungen den Tatbestand der Rechtsbeugung erfüllten.

Aber hätte unser für den Fortgang des Verfahrens zuständiger Marinestabsrichter nicht wenigstens aus Gründen der Menschlichkeit alles nur Erdenkbare versuchen müssen, um das Leben des Matrosen zu retten?

Für den, der dies ernsthaft gewollt hätte, gab es manche Maßnahme, die einen Zeitgewinn erbracht hätte:

Schon bei der Weisung des Admirals, auf jeden Fall die Todesstrafe zu beantragen, hätte man ansetzen können. Ein Gespräch mit dem Gerichtsherrn über die Bedenklichkeit seiner Weisung hätte einen ersten Zeitgewinn, vielleicht sogar einen Sinneswandel bringen können – selbst wenn die Weisung bindend gewesen wäre. Vorstellig hätte der Angewiesene immer werden können. Ihm stand jederzeit ein solches Remonstrationsrecht zur Seite. Im

Hinblick auf die besondere Härte der Weisung des Admirals für die vom Anklagevertreter zu fordernde Strafzumessung und ihre sich dadurch ergebende Gesetzeswidrigkeit bestand für den Marinestabsrichter genaugenommen sogar eine Rechtspflicht zum Vorstelligwerden – eine Pflicht, von der man meinen sollte, sie hätte sich jemandem, der, wie er heute zum Ausdruck bringt, dem Unrechtsregime Hitlers und seinem Unrechtskrieg ablehnend gegenüberstand, aufgezwungen.

Daß die Weisung, die Todesstrafe zu beantragen, den Anklagevertreter jedenfalls in der Gerichtsverhandlung selbst keinesfalls binden konnte, galt unbestrittenermaßen auch nach dem damaligen Recht, denn in der Gerichtsverhandlung war der Ankläger wie der Richter nur dem Gesetz unterworfen. Es hätten sich ja durch die Verhandlung Gesichtspunkte ergeben können, die eine andere rechtliche Wertung notwendig machten, zumal der Ankläger verpflichtet war, nicht nur die belastenden, sondern auch die zur Entlastung dienenden Umstände zu beachten. Als dann das Krieggericht das Todesurteil gefällt hatte, ergab sich eine neue Möglichkeit, sich für Gröger einzusetzen. Aufgabe des Marinestabsrichters war es, den Admiral bei seiner Tätigkeit zu beraten. Dabei hätte man, selbst wenn sich der Admiral von der Bestätigung des Todesurteils nicht hätte abbringen lassen, versuchen können, ihn dazu zu bewegen, die Vollstreckung zur Bewährung an der kämpfanden Front auszusetzen. Das war eine durchaus wirklichkeitsnahe Chance, weil Truppenführer, wie aus vielfacher Erfahrung bekannt ist, in Fällen dieser Art schon aus militärischen Gründen im Interesse der Kampfkraft nicht selten zu einer solchen Maßnahme neigten.

Aber selbst wenn das alles nichts gefruchtet hätte, konnte demjenigen, der die Vollstreckung des unmenschlichen Urteils ernstlich verhindern wollte, noch manches einfallen, um die rettende Verzögerung wenigstens zu versuchen. Das, was bei kämpfenden und in Bewegung befindlichen Einheiten in solchen Situationen mit technisch-organisatorischer Verzögerungstaktik bis hin zur Einschaltung gutwilliger Ärzte erreicht werden konnte, ohne daß die Risiken der Beteiligten unerträglich gewesen wären – denn niemand darf Märtyrertum vom anderen verlangen. Das hätte sich im etappengleichen Osloer Raum ebenso verwirklichen lassen. Zumindest aber hätte es versucht werden müssen. Indessen davon hat man nichts gehört.

Die Kriegsgerichtsakte läßt im Gegenteil Schlimmes erkennen. Als die Bestätigung des Todesurteils und die Ablehnung des vom Verteidiger Grögers beantragten Gnadenerweises durch den Oberbefehlshaber der Kriegsmarine am 15. März 1945 beim Gericht des Kommandanten der Seeverteidigung Oslofjord eingetroffen war, hat Marinestabsrichter Dr. Filbinger *noch am gleichen Tage* die Erschießung des Matrosen Walter Gröger für den folgenden Tag, den 16. März, angeordnet.

Das war eine hektische Eile, die nicht einmal die nationalsozialistischen Kriegsstrafverfahrensbestimmungen vorschrieben, denn – wie das Stuttgarter Landgericht zutreffend bemerkt hat – in den damals geltenden «Erläuterungen zur Verordnung über das militärische Strafverfahren im Kriege und bei besonderem Einsatz» vom 17. August 1938 hieß es im Abschnitt X lediglich: «Ein Todesurteil *kann* sogleich nach Bestätigung vollstreckt werden . . .» (M.Dv.Nr. 132, S. 78). Statt nach juristischen, muß man also wohl nach psychologischen Gründen Ausschau halten. Und da drängt sich eine Motivationsverbindung zu dem schon kurz erwähnten, erst nach Kriegsende ergangenen Petzold-Urteil auf. Es ist der Geist nationalsozialistischer Kriegsgerichtsbarkeit, der in der gleichen Weise aus dem Antrag auf Todesstrafe für Gröger und der eiligen Erschießung spricht, wie aus der Verhängung der sechsmonatigen Gefängnisstrafe für den aufmüpfigen Petzold, bei dem sich nach Meinung des Marinestabsrichters ein «hohes Maß von Gesinnungsverfall» unter anderem durch das Abreißen des Hakenkreuz-Abzeichens von seiner Uniform erkennen ließ. Diese kriegsrichterlichen Aktivitäten zeugen von der gleichen, alles andere als vorbildlichen inneren Einstellung. Eindrucksvoller wäre es gewesen, wenn man gehört hätte, daß die Offiziere, wie dies anderen Ortes zu beobachten war, die ersten gewesen wären, die sich von den Symbolen eines verbrecherischen Regimes befreit hätten – zu einem Zeitpunkt, wo dies doch ohne Märtyrertum hätte geschehen können.

Lassen Sie mich doch das Folgende anfügen: Es geht mir nicht um ein politisches Anliegen, sondern um den Versuch, Menschlichkeit und Gerechtigkeit in eine ungefärbte und klare Beziehung zum unverdienten Schicksal von Gröger zu setzen.

Dabei darf keine Selbstgerechtigkeit ins Spiel kommen, denn in Schuld sind alle verstrickt, die, wie auch der Schreiber dieses Briefes, Soldaten in Hitlers Armee und nicht Kämpfer im Widerstand waren. Gleichwohl muß es ausgesprochen werden, daß zwar eine Reaktion auf das Verhalten des Matrosen, so verständlich es gewesen ist, in jeder Marine der Welt erfolgt wäre. Das Todesurteil aber, in seiner inhumanen Rücksichtslosigkeit, das war in dieser Situation ein Unrecht.

Das ist die eine Seite. Die andere betrifft den Ministerpräsidenten von Baden-Württemberg. Ihm müssen Fragen gestellt werden – nicht aus politischen Gründen, sondern um der Idee des Rechts willen. Es sind in der Öffentlichkeit schon viele dieser Fragen zur Sprache gebracht worden. Dabei war neben anderem mit Recht von seiner harten Gesinnungsprüfungspraxis gegenüber den sogenannten Radikalen im öffentlichen Dienst die Rede und davon, wie sich das bei jemandem ausmacht, der für seine Person besondere Toleranz gegenüber seiner eigenen Vergangenheit beansprucht. Es fällt nicht schwer, sich auszumalen, mit welchen Gefühlen der aus dem Dienst gejagte «radikale» Lehrer Güde, der vor Jahren vorübergehend einer kommunistischen Gruppe angehörte, von den Verstrickungen seines obersten Dienstherren erfuhr.

Über dies und vieles andere ist schon öffentlich nachgedacht worden. Ein bisher wohl noch nicht beachteter Gesichtspunkt sollte indessen noch zusätzlich berücksichtigt werden, weil er beweist, wie wichtig es war, daß der Schriftsteller Hochhuth das tragische Schicksal von Gröger ins Gedächtnis der Zeitgenossen zurückrief: Das mitleidlose Verfahren in Norwegen, in dem der Marinestabsrichter Dr. Filbinger nach allem, was er bisher dazu erklärte, offenbar überhaupt nicht daran gedacht hat, dem Admiral eine Begnadigung vorzuschlagen, und die heutige unbelehrbare Einstellung des Genannten dazu, die von der Behauptung geprägt ist, das, was damals mit der Erschießung des jungen Matrosen endete, sei Recht gewesen, fordern die Frage heraus, was denn wohl davon zu halten sei, daß dieser Ministerpräsident kraft seines Amtes heute der Inhaber des Gnadenrechts in Baden-Württemberg ist.

Hält man ihm zugute, daß er vielleicht nach dreißigjähriger Lebenserfahrung im Rechtsstaat Bundesrepublik Deutschland eine grundsätzliche Wandlung durchgemacht hat, muß man gleichwohl weiterfragen, ob nicht dennoch in jenem seinerzeitigen Verhalten ein Grund gelegen ist, der Mißtrauen hinsichtlich der Geeignetheit dieses Trägers der Gnadenhoheit des Staates rechtfertigt. Dabei kommt es ähnlich wie bei der Befangenheit von Richtern gar nicht darauf an, daß die Befangenheit wirklich besteht. Entscheidend ist ausschließlich, ob man bei vernünftiger Würdigung aller Umstände Anlaß hat, an der Unvoreingenommenheit und objektiven Einstellung zu zweifeln.

Diese Fragestellung kann und muß erweitert werden. Das, was für die Zuständigkeit im Gnadenwesen gilt, hat entsprechende Bedeutung für nahezu alle Aufgaben eines Ministerpräsidenten. Stets wird bei seinen Entscheidungen Unvoreingenommenheit vorausgesetzt. Berechtigte Zweifel an seiner objektiven Einstellung entziehen seiner Amtstätigkeit die Grundlage. Hieraus sollte er die sachlich gebotene Folgerung ziehen. Sein Rücktritt wäre eine moralische und rechtliche Geste.

Mit verbindlichen Empfehlungen
Ulrich Klug

V. Sommer 1978: Zwei Warnungen

Carl Amery

Brief zur Verteidigung des Freistaates

Appell an den Vorsitzenden Franz J. Strauß

Verehrter Herr Vorsitzender!

Entschuldigen Sie zunächst, daß ich, der ich nicht der CSU angehöre, Sie in plump-vertraulicher Form anspreche; aber der Intellektuelle, der seinen Namen zu verdienen wünscht, hat Fakten anzuerkennen, und dazu gehört das Faktum, daß Sie, wenigstens in diesem Geschichtsabschnitt, Vorsitzender aller Bayern sind. Schon lange beschäftigt mich die Frage, welche praktisch-politischen Schlüsse daraus zu ziehen wären: unter anderem plädiere ich bei wohlmeinenden und freundlichen Mitgliedern der CSU für die Einführung der *primaries*, also der öffentlichen Vorwahlen zwecks Kandidatenaufstellung. Sie würde es uns erlauben, im universalen Schoß dieser Allmutter, die nach Ihrer eigenen Definition liberal-progressiv-konservativ-sozial ist, jene demokratische Politik wiederzubeleben, welche der anachronistische Rahmen des Dreiparteiensystems in Bayern nicht mehr erlaubt. Dann könnte ich mich etwa in letzter Zeit bemerkenswert aufmüpfige Ideen entwickeln, im Stimmkreis Ebersberg-Süd zur Vorwahl nominieren lassen, deren Bedeutung die der formalen Hauptwahlen restlos ersetzen würden, und wir könnten unseren notgedrungenen Brüdern nördlich der Mainlinie demonstrieren, daß die alte bayerische Gemeinfreiheit auf jeden Fall überleben wird . . .

Aber genug der persönlichen Entschuldigungen, die in unserem Zusammenhang vielleicht notwendig, aber dennoch peinlich sind. Ich appelliere an Sie, Herr Vorsitzender, die ungeheure Gefahr zu erkennen und zu bannen, die eben in diesen Wochen und Monaten dem Freistaat erwächst, unter dessen Farben wir beide, wenn auch unter verschiedenen Vorzeichen, um die Freiheit ringen.

Die Gefahr, von der ich spreche, hat die CSU selbst heraufbeschworen; es tut mir leid, dies sagen zu müssen. Es handelt sich um die Verleihung der Doppel-Staatsbürgerschaft an Otto von Habsburg und seinen Einsatz im permanenten Wahlkampf unserer Universalpartei – mit dem vorläufigen Ziel seiner Wahl ins Europa-Parlament.

Natürlich scheint zunächst einiges, wenn nicht alles für solchen Einsatz zu sprechen. Der Prätendent hat sich in jahrzehntelangem Engagement zwischen Abendland und Großindustrie, jenem Feld also, auf dem auch Sie, Herr Vorsitzender, sich so gewandt tummeln, einen Namen gemacht. Das hindert nicht, daß der Glanz der Jahrhunderte, der Widerschein der Reichskleinodien in der Wiener Hofburg, die nie erstorbene Nostalgie des Süd-Staates (Schatten von 1945!) mehr oder weniger voll zum Tragen kommen, wenn es um die Wurst, nämlich um Wählerstimmen geht. Dazu kommen die Weissagungen des Matthias Stormberger, genannt Mühl-Hiasl, und andere Weistümer der Ahnen, bis zurück auf Nostradamus. Auf gewisse Weise könnte man auch auf die Zurücknahme eines uralten Irrtums spekulieren: die Teilung Bayerns von 1156/1180, welche die Geschicke Österreichs und der Südostmark bis hinab zur Krain und nach Istrien von denen Bayerns abgetrennt hat. Wenn das gegenwärtige, widerlich babenbergerisierte Österreich (unter der vorläufig kaum zu beseitigenden Herrschaft eines sozialistischen Sonnenkönigs) dieses historische Erbe nicht honoriert, dann ist es wohl Pflicht der Bayern, nicht nur die letzten Preußen, sondern auch die letzten k. k. Österreicher zu sein.

Dazu kommt der selbstlose Einsatz des Erzherzogs für Sie, verehrter Herr Vorsitzender, persönlich. Unmißverständlich hat er es ja ausgesprochen, daß in Augenblicken höchster nationaler Not (etwa beim Stopp des Kernenergieprogramms) ein neunmonatiger Diktator einzusetzen sei, der die Nation auf Vordermann bringt. Und ich kann mir für dieses Amt eigentlich nur einen Kandidaten vorstellen – an den sicher auch Kaiserliche Hoheit gedacht haben.

Dennoch, und abgesehen von allen Einzelheiten, die uns trennen mögen, appelliere ich an Sie, verehrter Herr Vorsitzender, appelliere in aller Aufrichtigkeit und als Patriot des Freistaates: stoppen Sie *ihn*, er ist mindestens so gefährlich wie das Kernenergieprogramm!

Gehen wir von einem Punkt aus, der zugegebenermaßen unwesentlich ist: es ist ungerecht, vom Prätendenten zu erwarten, daß er jene Anhänglichkeit an demokratische Prinzipien entwickelt hat, welche etwa zur Einstellung in den öffentlichen Dienst Bayerns erforderlich wäre. Wird er, wenn es zum Schwur kommt, an der nichtmonarchistischen Verfassung des Freistaates festhalten? Wird er den Eid auf etwas zu leisten vermögen, was schließlich der Sozialdemokrat Högner 1945/46 unter sattsam bekannten Voraussetzungen ausgekocht hat? Auch nur die Frage zu stellen ist für den Chef eines Hauses, das jahrhundertelang unter gänzlich anderen Voraussetzungen Europa betreut hat, eine Zumutung. Und solange das Wort *Freistaat*, wie mir Kenner versichern, nichts anderes ist als die deutsche Übersetzung des Wortes *Republik* – so lange ist eine diesbezügliche klare Anfrage an einen Europa-Kandidaten aus Bayern leider nicht zu umgehen.

Aber, so werden Sie mir antworten, was sollen solche Nebensächlichkeiten? Neben den 1944 verfaßten wirtschaftswissenschaftlichen Schriften von Professor Hajek, die Sie, Herr Vorsitzender, zum «Buch des Jahrhunderts» erklärt haben, dürfte Ihr Lieblingsautor jener enttäuschte Florentiner sein, der unter dem Titel ‹*Il Principe*› immer noch geltender Vorschriften für eine pragmatische Politik verfaßt hat. Wenn nicht alles täuscht, so halten Sie sich für den letzten Bannerträger jenes Politikprinzips, für das ‹*Il Principe*› steht, in deutschen Landen: jenes Prinzips, unter dessen unbarmherzigem Licht jede moralisch orientierte Politik eo ipso als unmoralisch erscheint. (Wäre es anders, so hätte ich Ihre zweifellose aufrichtigen und existentiell verstärkten Angriffe auf alle «Wolkenschieber und Weltverbesserer» völlig mißverstanden.)

Hat Machiavelli zwischen Republiken und Monarchien unterschieden? Das hat er im Grunde nirgends. Und so werden Sie mir antworten: spielt es eine Rolle, auf welchen Wegen das Notwendige, nämlich die Zusammenschweißung von möglichst viel Europa unter dem sacro egoismo des Status quo, zustande kommt?

Verehrter Herr Vorsitzender! Sollte dies die Ratio hinter der Inthonisierung des Erzherzogs als CSU-Europa-Kandidat sein, dann stoßen wir auch schon auf den wesentlichen, den inneren Grund meiner Warnung. Er läßt sich in einem Wort zusammenfassen: Otto ist *Habsburger*.

Mit anderen Worten: wir haben es nicht mit einem Individuum zu tun, mit einem charmanten und nicht besonders originellen

Publizisten. Wir haben es mit einem *Haus* zu tun – noch dazu mit dem *Erzhaus.*

Sie und ich, verehrter Herr Vorsitzender, stammen aus dem bayerischen Kleinbürgertum. Wir sind damit notgedrungen einer Individualpsychologie verpflichtet, die sich nicht vorstellen kann, was das bedeutet: ein *Erzhaus.* Niemals wird sich das Erzhaus um etwas anderes kümmern, nie wird es ein anderes Gesetz über sich anerkennen als eben seine eigene Mehrung. Für das *Erzhaus* gibt es keine *Staaten* im modernen Sinne. Jede Konstellation, aber auch jede muß unter dem Aspekt der innewohnenden, absolut biologischen Freßgier eines solchen Hauses – und seines kollektiven, elefantenhaften *Gedächtnisses* geprüft werden.

Sobald Sie dies berücksichtigen, ist die Gefahr für den Freistaat evident. Mit dieser doppelten Staatsbürgerschaft wird mit zweihundertjähriger Verspätung jener Prozeß der Vollendung näher gebracht, den das *Erzhaus* nie, nie, nie aus den Augen verloren hat: die Einverleibung Bayerns. Wie Sie als gelernter (und oft selbstzitierter) Historiker zweifellos wissen, ist dieser Coup, dem unser Kurfürst Karl Theodor bereits zugestimmt hatte, in letzter Minute durch das Eingreifen Preußens verhindert. Es war aber nicht der einzige Plan dieser Art. 1705, 1805, der Vorstoß auf Reichenhall und Berchtesgaden anno 1945: der rote oder vielmehr schwarze Faden dieses Komplotts zieht sich durch mehrere Jahrhunderte der Geschichte. Können Sie es wirklich verantworten, Herr Vorsitzender, nach hundertjähriger Wacht an Inn und Salzach dem bayerischen Löwen diese Selbstentleibung zuzumuten?

Ich gehe einen Schritt weiter. Selbst wenn diese Selbstentleibung aus höheren Gründen, etwa aus antikommunistischen, notwendig erschiene: für die Räson des *Erzhauses* besagt nicht einmal dies etwas. Erinnern wir uns: 1809 hat ein Vorfahr der Kaiserlichen Hoheit jenem korsischen Bandenchef, der Europa durcheinanderbrachte, ohne Wimperzucken seine liebreizende Tochter Marie Luise ins Ehebett gelegt. Jener Bonaparte war mindestens so weit von den Prinzipien des damaligen Europa entfernt wie heute, sagen wir, Bokassa der Erste, Ceauçescu oder, meinetwegen, Leonid Breschnjew. Die individuellen Präferenzen des Erzherzogs, aber auch die Ihren, verehrter Herr Vorsitzender, spielen dabei überhaupt keine Rolle.

Aber nun lachen Sie vielleicht in Ihrer charmanten Art, klopfen mir auf die besorgte Schulter und meinen unter Augenzwinkern: denken Sie, lieber Landsmann und Ko-Maximilianer, da nicht unnötig weit? Gehen Sie doch lieber auf ein Stichwort zurück, das schon gefallen ist: die Neun-Monate-Diktatur! Vielleicht hat Kaiserliche Hoheit, weltgeschichtlich gesprochen, keine andere Funktion als eben die Einleitung derselben – und über die Verlängerung dieser ohnehin zu knappen Frist wird man zu gegebener Zeit reden können. Notstand herrscht schließlich immer, wenn es darum geht, Macht wieder abzugeben . . .

Verehrter Herr Vorsitzender: sollte dies nicht mehr die ratio, sondern die ultima ratio Ihres Bündnisses mit dem *Erzhaus* sein, so schulde ich Ihnen noch mehr Mitleid, als ich ursprünglich dachte. Ich nenne hier einen einzigen Namen: Mussolini. Sie und ich, fast gleichartig, sind sozusagen in seine Epoche hineingeboren, haben seine glanzvolle Rolle als Arbeiter Europas, als Gründer des neuen Römischen Reiches in Äthiopien und anderswo erlebt. Hätte ich, hätten Sie etwa anno 1936 dem kleinen Vittorio Emmanuele noch die geringste Chance gegeben, neben dem Duce eine wie immer geartete politische Rolle zu spielen? Aber wie ist es dem Duce ergangen? 1943, mitten im nationalsten Notstand, konnte er über Nacht, fast routiniert, gestürzt werden, weil die reine Anwesenheit eines höchst durchschnittlichen Monarchen genügte, solche Routine zu ermöglichen. Sat. Sapienti sat.

Nein, verehrter Herr Vorsitzender, unter jedem Aspekt betrachtet ist die Heranziehung des *Erzhauses* zur Förderung bayerischer Ziele, jede Beschwörung dieser Tradition, die fast halb so lang dauert wie die Geschichte der Christenheit und durch die kleine Unterbrechung seit 1866 kaum tangiert worden ist, eine unmittelbare Gefahr für Bayern. Bitte, wenn Sie schon nicht gern an Joseph den Zweiten denken: denken Sie an die Aktivitäten des Vaters unserer Kaiserlichen Hoheit (oder war es die Mutter?) anno 1920! Karl (oder war es Zita?) hat einen royalistischen Putsch in Ungarn ermutigt, in jenem Ungarn, das nach dem einmütigen Urteil aller Historiker der eigentliche Ruin der Doppel-Monarchie war. Und der Preis für diesen Putsch wäre die Rückgabe des – Burgenlandes an Ungarn gewesen! Glauben Sie ernsthaft, daß Kaiserliche Hoheit im Ernstfall schonender mit bayerischem Land, mit bayerischen Menschen verfahren würde?

Herr Vorsitzender! Verlassen Sie nicht das Prinzip Ihrer herzoglich-bayerischen, kurfürstlich-bayerischen, königlich-bayerischen Ahnen – vergessen Sie nicht die argwöhnische Wacht gegen das *Erzhaus*! Beseitigen Sie dieses Kuckucksei, das Sie dem bayerischen Löwen ins weiß-blaue Nest legten, und aus dem nichts anderes hervorkriechen kann als der kaltäugige, herrscherliche Doppeladler!

Mit dieser letzten Eruption bayerischer Politmataphern grüßt Sie Ihr tiefbesorgter –

C. A.

Joachim Steffen

«Keiner wußte genau, wie man eine Vergangenheit bewältigt»

Brief an Wolfgang Roth

Lieber Wolfang,

als ich diesen Brief an Dich konzipierte, schien er endlos lang zu werden. Aber wir beide brauchen uns nicht darüber zum x-tenmal verständigen, warum die soziale und politische Entwicklung in der Bundesrepublik so gelaufen ist, wie sie eigentlich nicht laufen durfte. Wir haben heute die Wirklichkeit, die wir fürchteten und nicht wollten. Nachkarten ist zwar nützlich, aber jetzt gibt es Aufgaben, deren Bewältigung dringlicher ist.

Es geht darum, die Bürgerrechte und den Raum der Freiheit, ohne den sie nicht zu nutzen sind, zu verteidigen.

Der Druck der Krise beschleunigt und verstärkt eine neue soziale Bewegung. Sie ist sich selbst noch unklar, in sich widersprüchlich. Aber sie ist fähig zu Agitation, Aktion und Organisation.

Die Antwort der demokratischen Institutionen und ihrer Bürokratien schwankt bisher zwischen Repression und Hysterie. Die Massenmedien insgesamt stimulieren diese (falsche) Antwort. Bleibt es bei ihr, werden wir die Verfassung zu Papier machen und ihren lebendigen Inhalt – Demokratie als Lebensform – töten.

Es soll deshalb auch nicht über «Die verlorene Ehre des Heinrich Böll» meditiert werden. Diesem wahren und klugen Menschen können weder Walden noch der positivistische politische Verstand deutscher Richter das Wasser reichen oder an der Ehre schnippeln. Daß der Versuch dazu gerichtlich sanktioniert wird, kennzeichnet jedoch unsere soziale Wirklichkeit. In dieser Wirklichkeit gibt es viele, viele Menschen, die ähnlich denunziert, verdächtigt und um die Ecke herum elend traktiert und geschurigelt werden. Sie sind keine Nobelpreisträger, haben keine Öffentlichkeit, keine Nachbarn und Völker, die sie mit offenen Armen aufnehmen würden. Sie sind Nobody. Aber Menschen, Personen in ihrer Unverwechselbarkeit, mit ihrer humanen Würde. Sie werden in dieser Wirklichkeit in den Boden gestampft und zertrampelt. Dem Heinrich Böll kann keiner. Dem könnten sie – und da dürfen alle drauflosgehen. Diese Gesellschaft hat seit Jahrzehnten ihren moralischen Offenbarungseid und seine Folgen wacker getragen. Das Urteil gegen Böll ist, daran gemessen, ein Fleckchen mehr auf der nationalen Weste. Es geht darum, daß nicht noch viele Flecken unregistriert dazu kommen. Es geht darum, daß alle, die das nicht wollen, das Maul auftun. Ihnen wenigstens die Chance bleibt, es aufmachen zu können, wenn sie es wollen.

Es geht kaum noch darum, ob ein Minister nach Abhörskandalen, Zeitschriftenlisten und ähnlichen, kaum verfassungskonformen Errungenschaften zurücktritt. Oder zurückgetreten wird. Er wird einer Gottheit geopfert, an die keiner mehr glaubt. Rituelle Schlachtungen verändern keine politische, soziale Wirklichkeit. Häufig genug wird dabei der Sack geschlagen, und der Esel trabt munter weiter in die falsche Richtung. Es geht längst darum, daß «das Volk» – hier: einzelne und Minderheiten – in vielen Fällen vergeblich nach einem Vertreter suchen. Gebraucht werden Volksvertreter, die an ihrer Seite stehen, politisch für sie fechten. Und zwar offen in der Öffentlichkeit. Oder die Macht-Meinungs-Mechanismen zermahlen den Kern der Demokratie zu Staub. Der Kern der Demokratie heißt: Bürgerrechte und die Freiheit, sie praktisch benutzen zu können. Der Glaube an Demokratie ist an die Möglichkeit ihrer Praktizierung durch die Bürger gebunden. Es gibt keinen Glauben von Stellvertretern, der die Vertretenen bindet. Das Volk verliert seine Rechte, wenn es sie delegiert. Nimm ihm die Chance, sie zu nutzen, wenn es unter Druck steht und du fabrizierst Wahloligarchien!

Einer der Gründe, weshalb ich Dir schreibe, liegt in Deiner Beteiligung an der «Studentenrevolte». Wir waren uns immer einig in dem Urteil: Sie wird «sozialisiert» werden. Sich in der ganzen Gesellschaft auswirken, Selbstbewußtsein wecken, viel Versuche zur Selbsttätigkeit, Emanzipationsstreben auslösen. So wird sie weiterwirken, wenn sie selbst in Dogmatismus, Sektiererei und Zirkelkämpfen, in der Verwechslung von Seminar mit sozialer Wirklichkeit längst gestorben ist. Du hast den langen Marsch durch die Wüste der Institutionen angetreten. Die heute schlimm Betroffenen – das ist –, wenn auch keinesfalls allein –, die jüngere Hälfte unserer Gesellschaft. Vor allem jene, die irgendwie sich auf dem Weg über Revolte in die Subkultur zum wachsenden politischen Protestpotential befinden. Es sind die Schlechtesten nicht.

Skizzieren wir hier kurz, worum es geht:

Unter den gegebenen Bedingungen bilden sich soziale und politische Gruppierungen, die jeden Demokraten nötigen, «Partei» zu nehmen!

a) Es bildet sich sehr schnell ein neues Unterproletariat. Vorwiegend stammt es aus dem «Milieu» der 20 Prozent der Haushalte unterhalb einer «milden Armutsgrenze». Generell sind die Hauptbetroffenen der Strukturkrise: Junge, Alte, angelernte und ungelernte Arbeiter, Frauen und Gastarbeiter. Sie werden arbeitslos, weil die Produktivität schneller wächst als die Produktion. Sie werden verdrängt, wenn Technologiestöße einfache Arbeit überflüssig machen und qualifizierte Arbeit zu angelernter Tätigkeit verändern. Es sind die Menschen, die hinter den Zahlen von vier Millionen fehlenden Arbeitsplätzen, von einem beschleunigten Strukturwandel (in zehn Jahren werden 40 bis 60 Prozent der Arbeitsplätze, statt bisher 25 Prozent umstrukturiert) dem «Verdrängungswettbewerb auf dem Arbeitsmarkt» stehen. Die Perspektive von 2,5 Millionen Arbeitslosen in 1985 haben solche «Ideologien» wie Professor Pestel mit errechnet.

b) Es bildet und vergrößert sich sehr schnell eine Gruppierung von «moralischen Outcasts». Menschen, die materiell meist gar nicht schlecht, *in dieser Gesellschaft* leben, aber *nicht von dieser Gesellschaft* sein wollen. Sie haben moralisch eine Exodus vollzogen. Sie wollen, daß wirklich sei, was sie gelernt haben: Edel sei der Mensch, hilfreich und gut. Und daß nicht sei, was sie erfahren: Jeder ist sich selbst der Nächste; nimm, was du kriegen kannst! Sie wollen eine Gesellschaft, die in der Praxis jene Normen prämiert, an die sie glauben und jene bestraft, die gegen sie verstoßen. Die Gesetze der Konkurrenz, Leistung und Erfolg als materieller Maßstab, lehren sie: Heute ist es genau umgekehrt. Das Falsche heißt heute richtig. Hinter unserem behaupteten «Wertpluralismus» wittern sie potenzierte Wertunsicherheit.

Ihre Wertvorstellungen und ihre Hoffnungen von Praxis stehen der offiziellen Praxis (deren Wachstums-«Werte» in derselben stecken) antagonistisch gegenüber. Am deutlichsten zeigt sich das bei den Ökologisten. Für sie ist «Natur», deren Regenerationsfähigkeit und «Gesundheit» das oberste Ziel. Danach müssen Wirtschaft, Gesellschaft und das mitmenschliche Zusammenleben organisiert werden. (Unsere Praxis ist «ökonomistisch». Erst wirtschaftliches Wachstum. Daraus entstehende Schäden werden aus seinem Nutzen [mehr Geld] bezahlt.) Unsere Praxis ist für sie selbstmörderisch. Der angebliche Nutzen wird durch die Beschädigungen von Mensch und Natur (Kosten) weit übertroffen. Diese Menschen gehören meist zum unteren bis gehobenen «Einkommensmittelstand», haben gute Ausbildungen und berufliche Qualifikationen. Häufiger als man glaubt, sind sie gegen das, was sie beruflich tun. Sind real «gespaltene Persönlichkeiten».

Aus diesen heterogenen, sozialen Gruppierungen speist sich heute «soziale Bewegung». Sie wirken zusammen auf die Verunsicherung der Macht «oben». Sie komplizieren die Problemlösung «unten». Sie haben zwar gemeinsame Probleme. Aber für die einen ist abstrakt, was den anderen als konkret erscheint. Offensichtlich ist für beide, daß die Repression von oben, die Inkompetenz für ihre Probleme unten signalisiert. Wo gemeinsame Sprache fehlt, wirkt gemeinsame Erfahrung. Die sogenannte «moralische Krise» der Gesellschaft hat soziale Schubkraft, weil sie eine Krise mitmenschlicher Praxis ist.

Für soziale Bewegung gilt, was auch für andere Phänomene oder ehrwürdige Institutionen und Orden gilt: Es ist manches Blech, was glänzt. Diese soziale Bewegung erfordert Demokratie, soll sie human wirken. Unter weiter wachsendem Druck muß diese Bewegung nicht mehr Demokratie und Menschlichkeit bewirken. Sie ist in ihren Möglichkeiten ambivalent. Was aus ihr wird, hängt entscheidend von der Politik «oben» ab. Da die Macher in dieser Hinsicht nicht sehr lernfähig scheinen, hängt um so mehr von den Volksvertretern ab. Wie sie konkret erfahrbar, öffentlich sich zur sozialen Bewegung verhalten.

Gegen diese beiden Gruppierungen stehen als Gegner:

1. Ein politischer Typus – ich nenne ihn Typus F – in Staat, Organisationen, Institutionen und deren disponierenden Bürokratien, der ein rein positivistisches, das heißt äußerliches Verhältnis zu den immanenten Werten von Demokratie, Verfassung, Rechtsstaat und Menschlichkeit hat. Er ist der zum Apparat gewordene Mensch. Seine Rekrutierungsbasis hat sich in einer Gesellschaft, in der die klassischen Schichten von Besitz und Bildung, den Besitz restauriert, aber sich vom totalen, moralischen Offen-

barungseid nur teilweise erholt haben, enorm verbreitert. Sein Gegentypus (unter b) hat auf die gleiche Erfahrung diametral anders reagiert. Ist der Typus unter b der Protestierer, so steht der Typus F für den Funktionier. Ihm steht, erstklassig ausgebildet, wie er ist, argumentativ alles zur Verfügung. Er handhabt alle Werte und hat keinen, dem er glaubt. Denken und Handeln hat einen zentralen Bezugspunkt: Wo er sitzt, muß «oben» sein. Rückblickend kann man sagen: Der Typus F ist ein Ergebnis der «zu früh» und «zu schnell» einsetzenden materiellen Erholung. Auf das: Treue ist das Mark der Ehre! folgte zu schnell: Die treue D-Mark ist Ehre! Zu frühes großes Geld braucht nicht nur Fußballprofis zu schaden. Zu frühes und zu vieles Geld kann die Charakterentwicklung stören. Bei Fußballprofis noch am wenigsten.

2. Eine veröffentlichte Meinung, die zu einem erheblichen Teil handfeste materielle Interessen, die entstandene Macht- und Privilegienstruktur verteidigt. Ihre politischen und sozialen Organisationen gewinnen zunehmend Einfluß auf die öffentlich-rechtlich organisierten, bisher leidlich «pluralistischen» Medien. Sie haben bereits deren Schwächung erreicht. Sie bereiten ihre teilweise Überführung unter den – sagen wir – Taktstock des Springer-Konzerns vor.

Diese Machtgruppe als konservativ zu bezeichnen ist schlicht falsch. Sie zerstören soziale Strukturen, auf denen konservatives Denken und Verhalten sich bildet. Technokratische Gebietsreformen setzen sie mit Polizeigewalt gegen die Betroffenen durch. Sie zerstören Natur, Städte und Landschaften. Ihre Werte sind: Profit, Macht, Privilegien. Um dieser Werte willen zerstören sie alle tatsächlichen Grundlagen konservativer Werte. Alle konservativen Normen werden verteidigt. Für sie selbst gelten sie nicht. Die Ehe soll sakrosankt bleiben. Läßt sich ein CSU-Abgeordneter scheiden, murren ein paar Pfarrer. Und kriegen eins drauf. Alle Norm ist absolut, wenn für Macht und Privilegien gut.

Sie haben und verfügen teilweise über monopolartige Informationssammlung, ihre Auswertung, ihre Auswahl. Sie haben großflächige Absatzmonopole. Sie wirken zusammen mit Organisationen und politischen Machtgruppen in den Parteien. Da sie alle zusammen große Macht und großes Geld vertreten, haben sie beides und können – wenn es sein muß – unter einer repressiven Demokratie sehr gut leben. Sie garantieren weniger die politische

Freiheit als mehr die Freiheit von Konsum und Genuß. Politische Macht – in welchem System auch immer – haben sie ohnehin. Und die andere Freiheit ist gut für die Geschäfte und gibt dem kleinen Mann handfeste, soziale Ziele.

Sie bestimmen hauptsächlich «das Klima» in einer Gesellschaft unter überproportional wachsendem Problemdruck. Sie haben Techniken der Desinformation. Sie sagen weniger, was ist, als suggerieren, was man davon zu halten hat. Zimmern Freund-Feind-Schablonen nach dem Muster der Propagandisten des Totalitarismus. Sie veröffentlichen ständig eine politische Philosophie, die freiheitsgefährdend und der lebendigen Demokratie feindlich ist. Der Typus F ist ihr begehrter Arbeiter.

Zu den sehr grobgezeichneten Gegnergruppen bin ich einige Erläuterungen schuldig. Beginnen wir mit dem Typus F.

Bekanntlich endete der totale Krieg mit der totalen Niederlage und dem moralischen Offenbarungseid unserer sozialen Führungsgruppen. Wo sozial «unten» ist, entwickelte sich sehr schnell eine praktische Moral der wechselseitigen Hilfe. Gemeinsam das eigene Fell retten, nachdem die Führer ihr eigenes (zunächst) verloren hatten.

Es sollte die Vergangenheit bewältigt werden. Keiner wußte genau, wie man eine Vergangenheit bewältigt. Eines wußte man ziemlich sicher: Wollte man eine sozial und moralisch andere, möglichst bessere Zukunft, so waren Umwälzungen der sozialen Strukturen erforderlich. Ganz schnell wurde uns zu Wissen getan: Sie waren nicht erwünscht. Alle entsprechenden Reformansätze versickerten deshalb schnell, wurden auf Null gedreht. Die so bewältigte Vergangenheit holte die Gegenwart blitzschnell ein, vermengt sich mit dem neu Werdenden.

Sehr schnell zeigte sich, daß die neuen Führungsgruppen die alten waren. Minus Toten, langfristig Inhaftierten und wegen schwerster Verbrechen Verurteilten. Plus den Neukommern aus den alten, schnell wiedererstandenen Organisationen, aus Verbannung und Emigration Zurückgekehrten. Alsbald wurde auch klar, daß die neue wirtschaftliche Macht die alte war. In meiner Heimat, wo ich «Politik» lernte, war das genauso, wie überall der späteren Bundesrepublik. Vielleicht war bei uns nur anders, daß keiner versteckte, woher er kam und was er gewesen war. Bei dem, was man getan hatte, gab es gewisse Hemmungen. Aber kannte man sich einmal persönlich, fielen auch die sehr schnell. Die Menschen kümmerten sich recht wenig um Politik. Sie wollten ihr Haus bestellen. Und da war sehr viel zu tun. Sie waren aus Trümmern herausgekrochen. Sie hatten als Flüchtende alles stehen- und liegenlassen. Sie wählten den Boom. Die politischen Führungsgruppen die Verwaltung, die Regierungen lebten relativ isoliert. Konnten sich tolle Sachen erlauben, traten nicht zurück und wurden prompt wiedergewählt.

Der BHE – Entstehen und Wirken – war da sehr typisch. Er stützt sich auf die Masse der Ärmsten, Chancenlosesten. Das war eine latente soziale Bewegung. Sie wurde genutzt, um die Nachzügler der Entnazifizierung und die alten sozialen Führungsschichten Ostdeutschlands in die hiesige Führungsschicht einzuschleusen. Der Lastenausgleich wurde sozial entschärft und die Geldmasse nach früherem Besitz und Privilegien verteilt. Selten haben Privilegierte ihr Geschäft so glänzend mit den Stimmen der Armen besorgt.

Meine Kollegen waren frühere Bauernterroristen der Schwarzen Fahne, alte Kämpfer, «Märzgefallene», ein Blutordensträger als Minister; SA- und SS-Führer. Ein General der Waffen-SS wurde schwerster Verbrechen gegen die Menschlichkeit beschuldigt, aber: Ne bis in idem . . . er war bereits (leicht) verurteilt und (schnell) amnestiert worden. Ein früherer politischer KZ-Häftling (Vorbereitung zum Hochverrat), Zuchthaus Bautzen, KZ Oranienburg, SS-Gruppe Dirlewanger, sechs Jahre russische Gefangenschaft durfte dem General die Aktentasche zum Platz tragen. Oben in der Polizeiverwaltung saß wieder einer, der schon oben saß, als sie unten im Verhörkeller dem jetzigen SPD-Landtagsabgeordneten das Gesicht mit Metallaschenbechern zerschlugen.

Und in der Verwaltung saßen oben sehr, sehr viele, weil die, die sie aus ihrer früheren Tätigkeit kannten, darüber schwiegen. Und sie wußten warum. Sie selbst saßen auch wieder oben. Dieses ganze Geflecht kann man nachlesen in den Protokollen des Untersuchungsausschusses Heyde–Sawade. Den untergetauchten «Irrentöter» des Dritten Reiches kannten viele. Sie aber schwiegen.

Es wurden die alten Feindschaften gepflegt, die alten Gegensätze weiter ausgefochten. Unter Schmunzeln wurde erzählt, was der ehemalige Gauleiter, damals, von dem jetzigen Amts- oder Würdenträger gehalten hatte und heute über ihn sagte. Die meisten schweren Intrigen, wenn «belastendes Material» aufgetaucht war oder sein sollte, hatten in alten Rivalitäten ihren Ursprung.

Hier soll keine Satire geschrieben werden. So war es. Ich habe viele Unterhaltungen gehabt. Und enorm viel gelernt. Denn man ging – unter wenigen Augenpaaren – sehr offen und sehr ehrlich miteinander um.

Was man Filbinger heute vorhält, waren in jener Zeit fast Bagatellfälle. Aber, was ihm damals unter den eigenen Leuten das Genick gebrochen hätte, war der Weg über Drohung, Verdächtigung, Ausflüchte bis zum Bekenntnis zur Wahrheit. Solche Leute nannten alte Nationalsozialisten tief verächtlich, «Nazis». Sie selbst waren viel weniger unbelehrbar, uneinsichtig oder verstockt, als offiziell getan wurde. Sie wußten, was Böses, was schlimme Verbrechen waren. Und jene, die weder damals noch später eine menschliche Regung zeigten oder dem Unmenschlichen noch grinsend die Geste des Unmenschlichen genußvoll hinzufügten, die nannten sie «totale Schweine». Sie konnten sehr deutlich an der jetzigen Praxis zeigen, wer ein «totales Schwein» gewesen und geblieben war. Diese Leute, die Charakter hatten, hielten keine demokratischen Erweckungsandachten, stellten keine humanen Moralkataloge für andere auf. Sie sagten, was sie von der konkreten Sache hielten und warum. Wenn «totale Schweine» offiziell anderen moralisch oder demokratisch kamen, dann nahmen sie sich diese «Nazis» selbst vor.

Dort konnte man erleben, wie sich in den Köpfen Altes und Neues mischten. Wie Neues aus Altem erklärt wurde. «Europa» war die Wiederholung des gescheiterten militärischen Versuchs, diesmal auf demokratischen Sohlen. Das war «oben» nicht anders als «unten» am Stammtisch. Die Leute des 20. Juli waren erst Verräter. Bis sie zu Galionsfiguren eines besseren Deutschland wurden, agitierte man viele Jahre. Als Herr von Hassel die Aversion gegen «die Emigration» bundeswahlwirksam vermarktete, wußte er, in welches Horn er stieß. Die alten Nationalsozialisten sagten, das sei eine «Nazi-Tour». Bei uns dämpften sie diese Welle.

Diese Leute hatten etwas gegen moralische Arroganz. Mit der neuerworbenen Moral traten die «Nazis» auf. Und sie wußten, die hatten keine gehabt, würden nie eine haben. Sie erlebten, daß viele von denen die Nase vorn hatten, dort saßen, wo «oben» war. Den sozialdemokratischen Emigranten-Kollegen baten, beim ersten Besuch des ausländischen Staatsmannes den Eisbrecher zu spielen. Der Besucher und er kannten sich aus dem Untergrund, während der neudeutsche Staatsmann in seinem engsten Gefolge Leute hatte, die im Okkupationsapparat . . . was der Gast, natürlich, wußte. Erste Rede. «. . . und wissen wir doch alle genau, welche Opfer gerade Ihr Volk für die Freiheit . . .» Dann kam für mich der Rippenstoß, und der Kollege von der anderen Fakultät zischelte dir ins Ohr: «Nazi!»

Du weißt nun, lieber Wolfgang, wie ich den Typus F sehen und erkennen lernte.

Du kannst ihn überall erkennen. Und wenn Du Ziesels böswillige Zitatensammlung aus tausend Jahren liest. Oder, wenn Professoren oder Richter, Dich oder Ärzte sich wechselseitig bedienen. Aus eigenen alten Werken. Und immer gab es solche, die anders waren oder wurden und . . . den Typus F.

Über Filbingers Theorie von der Totalschuld und den Unschuldigen des 20. Juli hätten die Leute schmetternd gelacht. Ich meine gelernt zu haben, daß Entscheiden und Handeln immer die Möglichkeit der Schuld hat. Worauf es ankommt, ist Verantwortung. Das heißt, vorher die eigenen Maßstäbe prüfen und die Folgen versuchen, abzuschätzen. Und es gibt Maßstäbe dafür, was der Mensch darf, erwägen kann und was er niemals tun darf.

Da gibt es Religionen, Philosophen, eigentlich weiß es jeder, Typus F hat das nie gewußt. Zwar wußte er alles. Aber er hat kein Gewissen und keine Scham. Er kennt keine Liebe und kein Verstehen. Ihm fehlen einfach Dimensionen des Menschlichen.

Wo Leistung und Erfolg in materiellen Größen gemessen werden; wo man über die Form und Funktion der Verfassung ihren Sinn und ihren sozialen Gehalt für das anzustrebende Soll vergißt; wo die Bedürfnisse der Bürokratie höher rangieren, als die Bedürfnisse der Menschen; wo die Natur, von der der Mensch ein Stück ist, behandelt wird, wie Knetmasse, da ist der Nährboden des Erfolgs des Typus F. Was man mich damals als «Nazi» erkennen lehrte, der hat Kinder. Sie rebellieren oder treten in die Fußstapfen. Einen dritten Weg gibt es hier nicht. Weil es keinen Kompromiß zwischen Humanität und der Herrschaft des Absurden gibt. Das alles mag sehr dramatisch klingen, trotzdem: Hütet Euch vor der Herrschaft des Typus F.

Was von der Desinformationsmaschinerie zur Verteidigung der Macht- und Privilegienstruktur getan wird, beruht auf der Verkehrung des Sinnes der alten liberalen Freiheit, daß jedermann seine Meinung in Wort, Schrift ... man mag es schon nicht mehr sagen. Jedermann! Jeder Mann? Eben nicht. Er darf, aber er kann nicht. Längst sind die Instrumente zur wirksamen Nutzung der Meinungsfreiheit, zu riesigen, teuren Wirtschaftsapparaten geworden. Sie sind in der Hand des Eigners. Auch die veröffentliche Meinung ist seine. Er hat die Richtlinienkompetenz.

Wenn Meinungsfreiheit einst als Waffe des Bürgers gegen Staat und Bürokratie galt, so ist sie heute im Besitz von interessenverquickten Riesenapparaten eine gefährliche Waffe gegenüber dem mißliebigen einzelnen und Minderheiten. Sie können damit Menschen erschlagen wie mit einer Axt. Sie können die Freiheit der Vernichtung ausnutzen, fast ohne zur Verantwortung gezogen werden zu können. Prozesse sind ebenso teuer wie zermürbend. Eine ebenso wirksame Gegenöffentlichkeit gibt es tatsächlich nicht. Theoretisch könnte das die öffentlich-rechtlich verfaßten Medien sein. Sie aber werden bereits von außen durch das politische Meinungsmachtkartell dominiert und von innen unterwandert. Die beabsichtigte Veränderung des NDR-Staatsvertrags wird die Schere im Gehirn der Journalisten von außen betätigen. Der öffentlich-rechtliche Charakter wird dem privatem Machtkartell geöffnet. Dessen Macht über Meinungsveröffentlichung wird damit totaler.

Ein sehr typisches Beispiel ist der Rufmord an Fakultäten bestimmter Universitäten. Jahrelang wird kolportiert – von Politikern aufgenommen und verbreitet –, daß dort nichts gelernt, kaum gearbeitet, aber die ideologische Systemüberwindung geprobt werde. Nach einiger Zeit macht man dann eine Meinungsumfrage bei Managern, wie sie die Qualität dieser Universitäten einschätzten. Ergebnis: Diese wackeren Männer sagen genau das, was sie gelesen und gehört haben.

Hinterfragt man diese Meinung, so erfährt man zunächst, daß diese Universität, ihre Absolventen nichts taugten. Ob man sie kenne? Nein, natürlich nicht. Wie sollte man auch, man sei schließlich viel beschäftigt. Ja, einen oder zwei Absolventen dieser Universität kenne man. Also, die seien sehr ordentlich. Und? Ja, das seien wohl die Ausnahmen, die die Regel bestätigen. Das ist meine Erfahrung aus etwa zwei Dutzend «Befragungen» von Managern. Sie ist, natürlich, nicht repräsentativ. Ich halte ihr Ergebnis für typisch. Das ist schlichter, erfolgreicher Rufmord.

Die Möglichkeit, die modernen Techniken zu Informations-

und Kommunikationsinstrumenten der Menschen selbst zu machen, werden kaum genutzt. Auch dort nicht, wo es eigentlich gehen könnte, ohne vorherige Enteignung. So hat der Intendant des WDR zwar verkündet, Rundfunk und Fernsehen seien Eigentum der Bürger – bravo! –, aber wenige Tage später wird in dieser Bürger-Anstalt sogar die Diskussion über die Absetzung «bürgereigener» Sendungen – lassen wir dahingestellt, ob sie gut oder schlecht waren – abgesetzt. Ja, warum soll man öffentlich-rechtlichen Status dieser Anstalten eigentlich verteidigen? Damit Bonzen, Organisations- und Interessenknechte sie gängeln? Damit Sesselverteidiger und Auswieger bis zur Inhaltslosigkeit dort für den Idiotisierungsproporz sorgen? Damit vom ausgewogenen *Bayern-Kurier* des Dr. Stephan bis zur gescheiten Bonhomie des Dr. Kronzucker alle Universalgenies alle Tagesthemen moderieren können? Damit die Nachrichtensendungen zu Kurzfassungen politischer Glaubensbekenntnisse verkommen? Damit Hochhuth und Böll vielleicht noch zum Verteidigungswort kommen, nachdem sie zuvor durch alle Schmutzwasserkanäle gehievt wurden, und sonst, bei den anderen, ist Sense? Wer soll sich über Stoltenbergs unverhohlenen Unterwerfungsversuch mit späteren Privatisierungsabsichten eigentlich noch aufregen, wenn die Anstalten selbst schon anfangen, sich so zensiert, gegängelt und proporzisiert aufzuführen, wie sie es erst später von Rechts und Vertrags wegen müßten?

Anlage 1: *Süddeutsche Zeitung*, 24./25. Mai 1978

Filbinger wünscht viel Erfolg im Kampf gegen Luise Rinser

Der Streit um die Einladung und erzwungene Ausladung der Schriftstellerin Luise Rinser durch die Volkshochschule in Gerlingen offenbart über seine lokalen und grundsätzlichen Dimensionen hinaus mit einiger Verspätung die trostlose Schirmherrschaft, die der baden-württembergische Regierungschef Filbinger über bösartige Intoleranz zu übernehmen bereit ist. Auf das Drängen der SPD-Opposition hin veröffentlichte seine Kanzlei zunächst einen Brief, in dem Ministerialdirigent Kilian namens des Ministerpräsidenten sehr wohlwollende Worte an die Gerlinger Opposition gegen Frau Rinser richtete. (Siehe Süddeutsche Zeitung *vom 19. Mai.) Erst nach weiteren Angriffen auf die Parteinahme des Staatsministeriums im Fall Gerlingen veröffentlichte dieses nun den weiteren Briefwechsel.*

1
In ihrem Schreiben an den Ministerpräsidenten beklagen sich die Stadträte der Freien Wählervereinigung, Maisch und Höschele, darüber, daß das Justizministerium des Landes ein von ihnen gefordertes strafrechtliches Eingreifen gegen die geplante Dichterlesung im Herbst 1977 unter Hinweis auf die Zuständigkeiten ablehnte. Wörtlich heißt es in dem Brief: Wenn die interministerielle «Geschäftsverteilung» so gehandhabt wird, wie sie aus dem zweiten Absatz des beiliegenden Schreibens aus dem Justizministerium spricht, braucht man sich nicht mehr zu wundern, daß zum Beispiel Croissant – zuständkeitshalber – die Chance wahrgenommen hat, sein Stellwerk zu verlagern.

Wir sind auf Grund mehrerer Erfahrungen vor Ort der Auffassung, daß die Bedeutung des Flankenschutzes durch Literaten vom Schlag Rinser etc. für die räumlich und zeitlich nicht mehr kalkulierbare bewegliche Kampfführung der Anarchisten immer noch weiter unterschätzt wird, und zwar unseres Erachtens gerade dort, wo die Erkenntnis «zuständigkeitshalber» am ehesten vorhanden und genutzt werden sollte.

Sehr geehrter Herr Ministerpräsident, für die zwangsläufig kommenden parlamentarischen Auseinandersetzungen zur Bewältigung der Terroristenszene wünschen wir Ihnen Kraft und Stehvermögen.

Mit freundlichen Grüßen Alwin Maisch, Gerhard Höschele

2
Das Antwortschreiben des Staatsministeriums vom 27. Februar 1978 hat folgenden Wortlaut:

Sehr geehrter Herr Maisch,
sehr geehrter Herr Höschele,

für Ihren Brief vom 22. Oktober 1977 und die beiliegende Dokumentation möchte ich Ihnen namens des Herrn Ministerpräsidenten recht herzlich danken.

Sie haben im Fall Rinser einen klaren und begründeten Standpunkt bezogen. Es ist durchaus das Recht jedes Bürgers, elitäre linke Gruppen zu kritisieren und sich in der Volkshochschule für seine eigenen politischen Vorstellungen einzusetzen.

Bei der derzeitigen Rechtslage ist es sehr schwierig, die Sympathisantenszene strafrechtlich zu erfassen. Auch im vorliegenden Fall erscheint es nach unseren Informationen nicht möglich, strafrechtlich vorzugehen.

Der Grundgedanke Ihres Vorgehens liegt auch uns am Herzen: Wir müssen gemeinsam die Wurzeln des Terrorismus erkennen und mit aller Entschiedenheit bekämpfen. Deshalb sind die geistige Erneuerung in Familie und Schule in einem Jahr landespolitische Schwerpunkte. Nur wenn es uns gelingt, uns auf unsere gemeinsamen Grundwerte zu besinnen und diese unserer Jugend zu vermitteln, werden wir langfristig dem Terrorismus keine Chance geben.

Über die von Ihnen bewiesene Zivilcourage hat sich der Herr Ministerpräsident gefreut und wünscht Ihnen für Ihr politisches Wirken weiterhin viel Erfolg.

Mit freundlichen Grüßen Dr. Kilian
Ministerialdirigent

Die dies machen, fördern und dulden – darin sind sich auch alle todfeindlichen Politkonkurrenten einig –, merken die eigentlich gar nicht, daß sie eine zentrale These des Machtkartells zur Verteidigung der Privilegienstruktur stützen? Sie lautet:

Da mag ja vieles nicht gut sein, an dem System, das für uns gut ist. Aber wenn ihr es uns nehmt, dann kriegen es die Bonzen. Und die kümmern sich einen Dreck um eure Wünsche. Das tun wir, wenigstens teilweise. Politische Freiheit – na ja, die ist ohnehin leicht dubios, da selten die Richtigen regieren, Verstand ist stets bei wenigen gewesen – ist schon nicht doll, vielleicht auch nicht besser möglich. Aber die, die nehmen euch die letzte Freiheit. Die Freiheit zum Konsum und zum Spaß nach eurem Gusto.

Wagt einer zu sagen: Völlig und erweislich falsch? Aber, wenn der Verdacht besteht, dies könnte das Ergebnis von mehr Demokratie sein, daß die Bürokratien öffentliche Institutionen als einen Selbstbedienungsladen verstehen, dann wirkt das wohl tödlich für Demokratisierung. Es geht immer um den öffentlichen und erfahrbaren Versuch von Volksvertretern, das zu ändern. Wo bleibt eigentlich die öffentliche Diskussion, um Luise Rinser? (Briefwechsel Staatskanzlei Filbinger mit Systempathisantenbekämpfern als Dokument 1 anbei). Ist es übrigens wahr, daß sie aus Schulbüchern und ähnliches getilgt wird? Darf ich die Diskussion im ORF 2. Programm zur «Studentenrevolte» nicht hören und sehen, weil das ein Problem Österreichs ist? Bis jetzt lebt die noch vorhandene Bereitschaft das Öffentlich-Rechtliche zu verteidigen davon, daß die private Meinungsmacht und das Privilegienkartell so lebensgefährlich illiberal agieren. So wie die sozial-liberale Koalition von der Angst lebt, Strauß oder Dregger könnten auch so handeln, wie sie reden. Wie die *Süddeutsche* floriert, weil *Welt*, *Bild* und *Frankfurter Allgemeine Zeitung* (minus Feuilleton) wirklich mörderlich agieren.

Da ist neben der schon skizzierten, offensichtlichen Doppelmoral zu nennen: Man jagt einzelne oder Minderheiten, erzeugt so abschreckende Wirkung. Bevorzugt werden rein politische Gruppen. Der politische Aspekt der sozialen Veränderungen in den Betrieben ist fast ganz tabu. So weiß man ziemlich genau, wann und wo zwanzig Jusos die Weltrevolution beschlossen haben. Über die Veränderungen des Bewußtseins und des Verhaltens der Arbeitenden weiß man fast nichts. Ausnahmen bilden spektakuläre Vorgänge, wie der Technologiestoß in der Branche Druck und Papier.

Es werden zwei Freiheiten vorgeführt. Die politische Freiheit und die Freiheit des Konsums und des Genusses. Die erstere ist weniger wichtig als die zweite. Weil dies eine sehr typische Technik ist, auch in ihrer tatsächlichen Wertung ein Beispiel aus der *Wams* (18. Juni 1978) Tele-Tremper preist die Verbotsarmut Argentiniens und die lebensgefährliche Nonchalance beim Autofahren und Fliegen. «Diese Militärdiktatur weckt heimliche Sehnsüchte in jedem Europäer.» Grausame Diktatur? Nichts zu sehen! «Über die grausame Diktatur hier redet bestimmt kein Mensch mehr in Deutschland, es sei denn, das Fernsehen würde mehr sehen als wir Journalisten.» Diktaturen scheinen danach auf offener Straße, vor ausländischen Journalisten, durch Foltern und Töten ihre Grausamkeit unter Beweis stellen zu müssen.

Es wird suggeriert, alle sozio-ökonomischen Probleme der Gesellschaft seien durch Politik und Staat ohne «Systemveränderung» durch «Wachstum» lösbar. Staat und Politik soll als omnipotenter Löwenbändiger gegenüber den Menschen auftreten. Da scheint alles machbar. In der Wirtschaft hingegen sind die Manager und das Kapital omnipotent, Staat und Politik haben höchstens Starthilfen und Subventionen zu zahlen. Hier ist nicht alles machbar. Alle sozialen Probleme sind letztlich durch Wachstum lösbar. Umkehrschluß: Wer sich gegen das praktizierte Wachstum und die soziale, politische Macht der Manager wendet, der versündigt sich an den Ärmsten der Armen.

Ähnlich wird die soziale Wirklichkeit in zwei Ebenen zerlegt. Es gibt eine wirtschaftlich-gesellschaftliche Ebene. Sie ist an sich intakt und kerngesund. Es gibt eine geistige Ebene. Aus ihr fließt heute das Böse. Es kommt aus einer unglückseligen Vergangenheit, einer abgrundtiefen Zerstörungslust und Beschmutzungssucht. Ihre Vertreter sind – je nachdem – Umerzieher, Emigranten, linke Ideologen, Kommunisten. Sie sitzen in höchsten Staatsämtern, an den Universitäten, in Buch- und Filmverlagen. Staat und Politik haben auf der geistigen Ebene für Zucht und Ordnung zu sorgen. Das ist ein rein totalitäres, manichäisches Gesellschaftsbild. Stalin sah das Böse in «Verrätern, Saboteuren, Spionen und Diversanten.» Goebbels erkannte den Todfeind in «wurzellosem Intellektualismus, Kritikastertum, jüdisch-bolschewistisch verseuchten Untermenschentum». Dregger gelingt die Darstellung dieses Schemas heute am besten. Ich fürchte, demokratisch ist es nicht. Alle diese Indoktrinationen wirken nicht förderlich für Demokratie.

Der Zynismus, der hierin steckt, ist offensichtlich: Wir tun mit Wirtschaft und Gesellschaft, was für unsere Interessen, unsere Macht und unsere Privilegien gut ist. Wir stützen den Staat und seine Macht über die Menschen, damit er sie zum Glauben an die Werte der Verfassung erzieht. Moral ist in unserem Geschäft nicht möglich. Aber dem Volk muß die Moral erhalten bleiben. Die Freiheit zur Gestaltung des Ganzen für uns. Die Freiheit zu verbrauchen, was wir produzieren, für die anderen. Je mehr Parteien und Organisationen auf diese Indoktrinationslinie einschwenken, um so unerträglicher werden sie für eine schnell anwachsende Minderheit. Unsere Moral ist nun einmal geprägt von dem Glauben an die zentrale Bedeutung des Menschen und der Menschen. Hier werden die Menschen offensichtlich als Manipulationsmasse in den Händen anderer zur Erreichung von deren Zielen und Interessen mißbraucht.

Worum geht es heute? Es geht einfach darum – nachdem die Demokratisierung der Meinungsmacht faktisch nicht versucht wurde –, den Machtapparat zur Verteidigung der Privilegienstruktur nicht auch noch jene Apparate, die Gegenmeinung darstellen könnten, zu überantworten. Man kann doch wohl nicht zulassen, daß Minderheiten – wie zum Beispiel die Kriegsdienstverweigerer – erst aus der Gleichwertigkeit «atmosphärisch» an den Rand der Gesellschaft gedrängt werden. Und danach tatsächlich, per Gesetz, noch mehr Dienstmonate aufgeknackt bekommen.

Von der Schaffung der Möglichkeit weiterer juristischer Schritte halte ich wenig bis gar nichts. Sie sind zwar besser als gar nichts, aber bestimmt kein Ersatz für öffentliche Diskussion. Das ist doch wohl auch das demokratische Mittel, oder? Wenn ihr Ergebnis «oben» gefürchtet werden sollte, so nützt sie wenigstens denen «unten».

Staat, Organisationen, Institutionen mitsamt ihren Bürokratien verwalten den Krisendruck. So weit, so schlecht. Aber weil der Krisendruck soziale Privilegien bedroht, eine soziale Bewegung mit teilweise antagonistischen Wertskalen gegenüber der offiziellen Praxis sich bildet, die «Ordnungsfaktoren» unseres Systems an Macht verlieren, kann man doch nicht daraus die Konsequenzen ziehen, den Raum, von Bürgerrechten und Bürgerfreiheiten kürzer und kleiner zu trampeln. Hier: Das Bürgerrecht Meinungsfreiheit in sein Gegenteil zu verkehren.

Es geht also darum, welche Art von Demokratie wir unter dem langandauernden Krisendruck entwickeln wollen.

So wie unsere Wirklichkeit heute aussieht – das sage ich ohne jede Bitterkeit –, ist mein Platz auf der Zeitschriftenliste genau richtig. Ich habe mir meine Nachbarschaft dort nicht ausgesucht. Aber der Platz dort bestätigt: Diese soziale Wirklichkeit will ich nicht! Worum ich Dich und viele andere bitte, ist: Entscheidet Euch, wo Eurer Platz ist!

Bei unserer sozialen Wirklichkeit geht es ursächlich nicht um «politisches Klima», das Husten des Zeitgeistes, Pendelschläge von Stimmungen, Partei- oder Staatsverdruß, wie die eilfertigen Sprüche alle heißen mögen, und die mal schnell mit einer Umschichtung der Steuern auf andere Zahler oder eine andere Zahlungsweise (wenn das auch nicht unwichtig ist) – und was es noch alles an Schnellschüssen und Hauruckverfahren aus der politischen Trickkiste gibt – zu beheben wäre. Ursächlich ist die Strukturkrise. Sie wird lange andauern. Sie wird die Arbeit der Menschen, die Schichtung der Gesellschaft, die Natur in ihrer Regenerationsfähigkeit und die Menschen selbst – ihre Ziele, ihre Wertvorstellungen und deren Skala, ihre mitmenschlichen Beziehungen – sehr tiefgreifend und sehr schnell verändern. Da sind wir schon mittendrin. Wenn auch erst am Anfang. Der Prozeß der Krise, er ist die Ursache. Er bringt uns teilweise völlig neue Herausforderungen.

Es geht jetzt darum, in einigen Punkten festzuhalten, wie auf die neuen Herausforderungen geantwortet – oder, wie ich meine – nicht geantwortet wurde. Es soll gezeigt werden, daß hier – ursächlich – eine Tendenz deutlich wird, die den Kern der Demokratie zermahlen muß, läßt man die Tendenz weiter wirken.

Auf die neuen Herausforderungen wurde mit der alten Wachstumsstrategie geantwortet. Die Ursachen der Krankheit werden als Medizin angeboten. Das hat soziale Folgen. Denn das soziale System – von Alterssicherung bis Umweltschutz – soll es funktionieren, setzt *zumindest* ein reales Wachstum von 6 bis 8 Prozent im Schnitt der Jahre voraus. Es wird kein neues Prinzip zur Lösung der Probleme eingeführt. Auch das gilt von der Alterssicherung bis Umweltschutz. Deshalb wird das Zuwenig auf die Betroffenen umverteilt. Kurz: Der neuen Herausforderung entspricht keine adäquate Strategie. Das bringt Friktionen. Sie sind unvermeidlich. Es gibt mittelfristig keine Perspektive der Lösung. Das wäre vermeidbar. Aber es wird nicht vermieden. Es gibt deshalb verschärfte Konflikte nach dem Muster: Die Katze beißt sich in den Schwanz.

Die Konflikte zwischen den Parteïen verschärfen sich. Sie gehen moralisch auf antagonistische Positionen, ohne in der Sache eine qualitativ andere Strategie anbieten zu können. Wenn Strauß und Matthöfer sich auf das Ziel einigen: Ausreichendes Wachstum, das sich selbst weiter stimuliert! schrumpfen ihre Gegensätze praktisch auf Null. Es bleibt höchstens offen, wo 20 Milliarden Steuerausfall verkraftet werden sollen. Aber auch das ist klar. Er ginge zu Lasten der 20 Prozent der privaten Haushalte, die unterhalb einer «milden Armutsgrenze» leben. Sie bekommen heute etwa 5 Prozent des Einkommens aller privaten Haushalte. Sie erhalten so viel, weil «der Staat» Steuereinnahmen an sie auszahlt. Nehme ich «dem Staat» dieses Geld, erhielten diese Haushalte etwa 0,5 Prozent des Einkommens aller Haushalte. So bekäme man sehr schnell eine harte Armut.

Je mehr Parteien und Organisationen sozialer Interessen sich auf das Gebiet einer verbalen Moral werfen – Papier über Werte, ihre Rangordnung und das gültige Menschenbild bringen noch lange keine entsprechende Praxis –, weil es an sachlicher Aussage gebricht, je mehr die soziale Kehrseite edelsten Wollens verschwiegen wird, um so deutlicher wird die Doppelmoral. So wurde zur verdammenswerten Begehrlichkeit und «Anspruchsinflation», was gestern der Motor des Wachstums war und vorgestern eine bemerkenswert ungerechte Währungsreform rechtfertigte. Tödlich entlarvend wirkt dies auf dem Gebiet der Menschenrechte. Wenn der Iran «fortschrittlich» aus allerhöchstem Munde genannt wird, scheinen sie eine Funktion guter Geschäfte zu sein. In Katanga rechtfertigt der Wert eines Menschenlebens die militärische Invasion. Als aus Chile Menschen aus den Fußballstadien des Todes herausgeholt werden sollten, fielen sich bei uns «Rechts» und «Links» in den Rettungsarm. Wer keine Wert-Ziel bezogene Praxis hat, muß moralisch ständig straucheln. «Fundierte Sachkenntnis» ist so schwierig, daß die Experten sie sich wechselseitig abstreiten. Für Moral, Unmoral oder gar doppelte Moral hat jeder Mensch eine klare Meßlatte. Da gibt es viele Experten.

In der Krise wächst der Problemdruck überproportional. Staat, Organisation, Bürokratien können nicht so schnell schalten, wie ihnen die Probleme über den Kopf wachsen. Lösungsvorschläge und Geld bleiben mit ständig weiter wachsendem Abstand hinter den Problemen zurück. Häufig genug vermehren «die Lösungen» das Übel. Wenn die etablierten Problemlöser versagen, der Problemdruck aber wächst, werden die Menschen selbst tätig. Suchen Hilfe, Gegenwehr, andere Lösungen. Sie bilden neue Organisationen. Das schwächt die Macht der alten Organisationen. Die Menschen spuren nicht mehr so richtig. Macht ist eine Chance, für Wünsche oder Befehle Gehorsam zu finden. Schwindet die Chance, das heißt die Macht über Menschen, versucht man Gehorsam zu erzwingen. Da gibt es zwischen versteckter Drohung, Diskriminierung, Ministerpräsidentenerlaß und bürgerkriegsähnlichen Polizeiaufmärschen bei Anti-Atomdemonstrationen viele Möglichkeiten und Kombinationen.

Einerseits scheint der Kampf gegen den Terrorismus alles zu erfordern und zu rechtfertigen. Andererseits wächst die Ahnung für die Allgegenwart des Verfassungsschutzes. Da gibt es Schnüffeleien in Bibliotheken. Der Personalchef soll den direkten Telefondraht zum Verfassungsschutz haben. Gewerkschaftsverwaltungen sollen mittels seiner Erkenntnisse die Mitgliederkarteien überprüfen und bereinigen. Da werden Bürgerinitiativen handfest eingeschüchtert.

Die höchstrichterliche Rechtsprechung hat seit Jahren die über die heutige Interessen- und Machtstruktur hinausweisenden Rechte und Postulate ständig eingeengt. Wen wundert's. Wenn die Kunst nach Brot geht, dann arbeitet die Justiz nach den sozialen Interessen und Machtverhältnissen. War vor 25 Jahren die Parität der Macht zwischen Kapital und Arbeit ein unumstritten verfassungskonformes Ziel, so haben die Gewerkschaften heute den kommenden Spruch über das sogenannte Mitbestimmungsgesetz schon zu fürchten. Unter dem Krisendruck wird der Positivismus in der Justiz noch knöchener, neigt er noch mehr dazu, Funktion und Mechanik der Apparate über den Sinn und die humanen Inhalte und Postulate der Verfassung zu setzen.

Der Druck von «oben» auf «unten» wächst. Der «deutsche Blick» kehrt wieder. Als «Skandal» bezeichnen wir, was aus einer schlimmen sozialen Wirklichkeit publik wird. Was ist, aber nicht sein dürfte. Diese Wirklichkeit ist schlimm. Sie wird schlimmer dadurch, daß die Spitzen des Eisbergs «sensationalisiert» werden. Damit wird die heilende Folgenwirkung verflüchtigt. So kommt es, daß in den Köpfen vieler Menschen sich diese schlimme Wirklichkeit noch schlimmer malt, als sie es tatsächlich ist. Was einem da begegnet, ist böser als schwarzer Humor.

Das ist Repression als Antwort auf eine soziale Strukturkrise und eine soziale Bewegung. Diese Antwort ist für Liberalität und Rechtsstaat, das heißt für Demokratie als Lebensform, tödlich. Diese Todesdrohung hat ganz handfeste soziale Ursachen. Sie wirkt unter den gegebenen Bedingungen als permanente Tendenz. Sie droht, sich zu verstärken.

Wenn Staat, Organisationen mit ihren Bürokratien der in sich vielfältigen sozialen Bewegung repressiv entgegentreten – verlieren sie zu Recht an Vertrauen. Dieser Schwund wird dadurch beschleunigt, daß es offenbar eine Kleinigkeit ist, 40 000 Demonstranten mit tausend gewaltlüsternen Chaoten zu identifizieren, polizeilich den Bürgerkrieg zu üben, aber ebenso offenbar – es unmöglich ist, der Verantwortung gegenüber den Menschen nachzukommen. Das zeigt die zufällig nicht stattgefundene Katastrophe des Kernkraftwerkes Brunsbüttel. Oder die Unfähigkeit, Straßenbaufirmen darüber zu unterrichten, wo unter der Straße Rohre mit radioaktivem Abwasser verlaufen.

Die Inhaber der Macht und der legitimen Gewalt, die sich vielfach darauf noch berufen, daß der Staat als Verkörperung der sittlichen Idee verpflichtet sei, die Moral einer Gesellschaft zu bestimmen, praktizieren über das sachliche Versagen hinaus – selbst Unmoral. Daß man überhaupt erörtert, die Steuerhinterziehung via Parteispende *nachträglich* gesetzlich zu sanktionieren! Wer will wem gegenüber Forderungen stellen, die er für sich selbst nicht gelten läßt? Wer soll da in «freudig erfüllter Pflicht» gehorchen wollen?

Die weitere Drehung der Schraube wäre dann – entsprechend der bisherigen Praxis – noch mehr Repression.

Das hält die lebendige Demokratie nicht aus. Die Organisationen der alten sozialen Bewegung, der Arbeiterbewegung, hielten das auch nicht aus. Sie können sich verdammt verändern und anpassen. Aber sie können nicht gegen praktische, lebendige Demokratie verstoßen. Das war ihre *raison d'etre.* Dazu waren sie da, und dadurch sind sie geworden. Durch freiwillige, zielgerichtete freie Tätigkeit der «kleinen Leute». Schneiden sie sich davon ab, sind sie tote Apparate, die schnell verfaulen. Da gibt es lehren und Beweise!

Tendenz heißt, daß es so kommen kann. Es muß nicht so kommen. Dagegen muß man etwas tun!

In einer solchen Situation muß der Volksvertreter öffentlich zeigen, auf wessen Seite er steht. Und danach handeln. Auf jeden Fall ist in einer solchen Situation der Dschungelkampf in den Institutionen nicht mehr ausreichend. Er ist viel zu zeitraubend angesichts des schnell wachsenden Problemdrucks. In wenigen Tagen war der Ministerpräsidentenerlaß durchgezogen. Nach vielen Jahren ist seine Handhabung immer noch nicht liberalisiert und rechtsstaatlich lupenrein. Das war jahrelanges Hauen und Stechen, endlose Debatten, Reibungsverluste, persönliche Feindschaften, noch ein Antrag, noch ein Kompromiß . . . immer noch kein Erfolg.

Vor allem scheint es mir erforderlich, neben der Zelebrierung des Ministeropfers endlich die Schreibtischtäter dingfest zu machen. Wer waren jene wackeren, verfassungskonformen Beamten, die nicht verfassungskonforme Zeitschriftenlisten erstellten – so heißt es ja wohl – und sie zur Benutzung weitergaben? Wird das überhaupt intern geregelt? Muß das nicht öffentlich verhandelt werden? Hoffentlich hat keiner Angst davor, daß solche Untersuchungen ebenso verlaufen, wie die zu Fibag, Starfighter, Lockheed. Marke Hornberger Schießen. Wäre es hier auch so, dann wäre dieser Staat demokratisch unregierbar geworden.

Anlage 2: *Süddeutsche Zeitung*, 27/28. Mai 1978

Wer in den letzten Tagen den durch den deutschen Blätterwald rauschenden «Sturm der Entrüstung» über die Praktiken des Bundesgrenzschutzes bei der Überprüfung «potentieller Linksextremisten» registrierte, mußte wieder einmal glauben, der demokratische Rechtsstaat gerate durch seine eigenen Organe in Gefahr . . .

Erschütternd für mich und all jene, die sich diesem Staat verpflichtet fühlen, ist viel eher die Tatsache, daß man nach so kurzer Zeit bereits wieder einen Teil unserer Mitbürger daran erinnern muß, daß ein von Drenkmann, ein Buback, ein Ponto und ein Schleyer das Opfer fanatisierter, unmenschlicher und sich ihrer Verbrechen auch noch rühmender Linksextremisten wurden. Ins Gedächtnis zurückrufen muß man sich in diesem Zusammenhang aber auch die Einmütigkeit und die Nachdrücklichkeit, mit der die öffentliche und die veröffentlichte Meinung ein konsequenteres und wirksameres Vorgehen gegen die Mörderclique forderten.

Bund und Länder haben in den Bereichen der Gesetzgebung und der Exekutive ihre Anstrengungen verstärkt, dieses Kreises habhaft zu werden. Dabei geht es aber nicht nur um die Verhaftung der Täter, sondern auch um die Identifizierung des «Logistik-Bereichs», der Szenerie der fördernden Helfershelfer und Sympathisanten, ohne die ein subversiv arbeitender Clan nicht operieren kann. In Verfolgung dieses Ziels sollten auch die vom BGS durchgeführten Überprüfungen als notwendig und legitim betrachtet werden, auch wenn sie dem einzelnen Unannehmlichkeiten bereiten. Im demokratischen Rechtsstaat gibt es Bürgerpflichten, zu denen ich auch die Duldung solcher Maßnahmen rechnen würde.

Verwunderlich ist nicht, daß orthodoxe und neue Linke traditionsgemäß die von dort kommende Gefahr für den demokratischen Rechtsstaat vertuschen und bagatellisieren und den Organen dieses Staates Unkorrektheit, ja einen Bruch der Verfassung unterstellen. In höchstem Maße bedenklich aber ist es, wenn sich ein Innenminister und seine Exekutivorgane zur Verantwortung ziehen lassen müssen, wenn sie das tun, was die überwältigende Mehrheit der Bundesbürger rechtmäßig von ihnen erwartet und fordert: «Diesen Staat zu bewahren und zu schützen und der Geißel des Terrorismus ein Ende zu setzen.»

Wenn sich bei der Beurteilung dieses Problems öffentliche und veröffentlichte Meinung wieder zur Deckung bringen ließen – was in der Geschichte der Bundesrepublik selten genug der Fall war –, wäre damit mehr gewonnen als mit traumtänzerischer Kommentierung verfassungsrechtlicher Grenzfragen. Oder sollte die oft zu hörende Behauptung richtig sein, daß ein nicht geringer Teil publizierender Journalisten dem Kreis zuzurechnen ist, den ich oben als Sympathisantenszene bezeichnete? Dann allerdings wäre es um diesen Journalismus traurig bestellt.

Alfred Baumann, Leitender Polizeidirektor
Polizeipräsidium München
Holbeinstraße 9, 8000 München 80

Eine andere Sache ist das Vorbeugen. In der Anlage 2 findest Du einen Leserbrief des Münchner leitenden Polizeidirektors. Mich stört es nicht, daß er – geschickt formuliert – das Verleumdungslüftchen kräftig stürmen lassen kann. Schön nach dem vorgegebenen Muster. Von einem leitenden Polizeidirektor braucht man keine Originalität zu erwarten. Aber, er hat die Verfassung zu kennen. Das ist in diesem Fall zumindest zweifelhaft. Ein leitender Polizeidirektor hat zu wissen: In unserem System sind die verfassungsrechtlichen Grenzfragen entscheidende Fragen. Ihre Beantwortung prägt die Wirklichkeit der Demokratie. Dieser Mann hält – übrigens im Gegensatz zu dem damaligen Minister – die Zeitschriftenlistenpraxis für notwendig und legitim. Für ihn ist es Bürgerpflicht, diese Maßnahmen zu dulden. (Hat Strauß seine «Observateure» angeranzt und an ihrer Pflichtausübung behindert? Hat der Dr. Riedl, MdB, etwas gegen Abhören im Bundeshaus?) Gibt es eigentlich keine Volksvertreter mehr, die diesen leitenden Polizeidirektor vor das Brett holen? Wird Verfassungsschutz nur von *Bewerbern* für den öffentlichen Dienst erwartet?

Mir scheint es so weit zu sein, daß die Volksvertreter Vereine für Bürgerrechte und Bürgerfreiheiten mitbegründen, Beschwerden nachgehen, Mängel abstellen und Verstöße niedriger hängen müssen. Und – vor allem – die Verantwortlichen finden und vors Brett holen. Ich fürchte, da habt Ihr überreichlich Arbeit. Sie muß unbedingt getan werden.

Es ist schon ein schlimmes «Klima», das es unmöglich macht,

einem Mann wie Rudi Dutschke an einer deutschen Universität – beiderseits der Elbe – eine ordentliche Anstellung zu vermitteln. Da wenden und drehen sich alle, die es könnten und die es wissen, daß dies «eigentlich» außer Frage stehen müßte ... Auch so eine elende Sache, bei der einem elend wird. Daß die DDR ihn nicht vertragen kann ist klar. Das sind Stalinisten. Aber wir? Die Bundesrepublik? Wir schätzen nur die Dissidenten, die drüben ihr Fell zu Markte tragen?

Vieles, so scheint mir, ist in diesem Lande schon kaputt, das zum leidlichen Funktionieren einer Demokratie als Lebensform gehört. Viel darf da nicht mehr kaputtgehen.

Wir, lieber Wolfgang, hatten unlängst einen lebhaften Disput. Er ging um die Frage: Was tun? Du sagtest, man müsse kämpfen. Ich habe dagegengehalten, bevor man physisch und moralisch in Dschungelkämpfen zerrieben wird, wüßte ich gern, *wofür* und *mit wem*? Es lohne sich nicht, um Einfluß oder Macht zu kämpfen, wenn deren Ziele und Inhalte dich nicht dem näherbrächten, was den Ideen, den Prinzipien der Arbeiterbewegung, von der Befreiung der Arbeit und des Arbeitenden entspräche. Dann nähme nicht nur die gemeinsame Sache schweren Schaden, sondern auch der Mensch zerbräche in seiner Seele.

Wir stritten uns damals über eine alternative politische Strategie. Sie gäbe es, aber sie hat wohl (noch) keine Chance. Heute habe ich geschrieben, wofür heute, hier und jetzt, schon wieder gekämpft werden müßte. Heute geht es schon wieder darum, daß die Vorbereitungen der Befreiung der Arbeit – Bürgerrechte und Bürgerfreiheit – verteidigt werden müssen. Ohne sie gibt es keine humane Emanzipation. Durch deren Existenz und dauernde Benutzung durch die Menschen selbst, wird sie erst möglich. Mit wem? Das ist eine Frage an Dich und alle jene, die Prinzipien der Arbeiterbewegung, an die ihr Gewissen gebunden ist, nicht den Fetischen falscher Loyalitäten opfern wollen. Übrigens dürfte dieser Kampf für Bürgerrechte und die Freiheit, sie nutzen zu können, weder der Koalition schaden noch den Terrorismus fördern oder Arbeitsplätze gefährden. Es geht «nur» um den Lebensatem praktischer Demokratie. Eine Sache, so billig, daß man sie um nichts in der Welt verkaufen sollte, weil sie so wertvoll ist.

Es grüßt Dich
Dein Jochen Steffen

Autorenhinweise

Carl Amery, freier Schriftsteller, München
Heinrich Böll, freier Schriftsteller, Köln
Kristina Bonhage, Doktorandin in Frankfurt
Marion Gräfin Dönhoff, Journalistin, Herausgeberin der *Zeit*
Freimut Duve, Herausgeber rororo-aktuell
Bernt Engelmann, freier Schriftsteller
Iring Fetscher, Professor für Politikwissenschaft, Frankfurt
Jürgen Habermas, Philosoph, Starnberg
Hartmut von Hentig, Erziehungswissenschaftler, Bielefeld
Horst Herrmann, Professor für Theologie
Rolf Hochhuth, freier Schriftsteller, lebt in Basel
Robert Jungk, Zukunftsforscher
Pit Klein, Rundfunkredakteur, Baden-Baden
Ulrich Klug, Professor für Rechtswissenschaft, Köln/Hamburg
Ilse Kreuter-Braun, Ärztin, lebt in Saarbrücken
Oskar Negt, Professor für Politikwissenschaft, Hannover
Fritz J. Raddatz, Feuilleton-Chef der *Zeit*
Luise Rinser, freie Schriftstellerin, lebt in Italien
Fritz Sänger, war Chefredakteur bei dpa, lebt in Wedel/Holst.
Richard Schmid, ehemaliger Richter, Stuttgart
Klaus Staeck, Graphiker, Heidelberg
Joachim Steffen, politischer Publizist, lebt in St. Peter-Ording
Klaus Traube, ehemaliger Atommanager, heute als Schriftsteller tätig
Thaddäus Troll, freier Schriftsteller, Stuttgart
Margarethe von Trotta, Schauspielerin und Regisseurin in München

---

Richtigstellung zu dem Band ‹*Briefe zur Verteidigung der Republik*›:

In der Vorbemerkung zu diesem Band stand der Satz «Die Briefe zu diesem Band wurden geschrieben, bevor Luise Rinser von einer württembergischen Volkshochschule wegen ‹Sympathisantentum› wieder ausgeladen wurde . . .» Die Leiterin dieser Volkshochschule machte uns darauf aufmerksam, daß der Volkshochschule der Saal durch zwei Stadträte verwehrt wurde, die es fertigbrachten, durch Androhung von Aktionen die Lesung mit Luise Rinser zu verhindern. Die Herausgeber bedauern, daß die Leiterin, eines der Opfer der damaligen Hysterie, durch diesen Satz in einem falschen Licht erscheinen konnte.

Hinweis: Die Beiträge von Marion Gräfin Dönhoff, Jürgen Habermas und Fritz J. Raddatz sind bereits in der *Zeit* erschienen.